Möbel reparieren und restaurieren

Kitty Grime

Möbel reparieren und restaurieren

Verlagsgesellschaft Rudolf Müller
Köln-Braunsfeld

CIP – Kurztitelaufnahme der Deutschen Bibliothek

Grime Kitty
Möbel reparieren und restaurieren
Kitty Grime
[aus dem Engl. übertragen von Sylvia Gohl]
Köln-Braunsfeld: Müller, 1981, 1982, 1984, 1986

ISBN 3-481-25731-7

Die englische Originalausgabe
wurde unter dem Titel
"Furniture Repair & Restoration"
im Verlag Marshall Cavendish Books Limited,
London, veröffentlicht.

Gedruckt in Jugoslavia

ISBN 3-481-25731-7

Verlagsredaktion: Ingeborg Roggenbuck
Satz: Fotosatz Klaus Götten, Köln

Vorwort

Die Auswahl von Möbeln ist eine sehr persönliche Angelegenheit, und kein Möbelstück wird allen gleich gut gefallen. Es kann zum Beispiel recht schwierig und oft auch teuer werden, für ein Wohnzimmer das richtige Sofa oder die besondere Sitzgruppe zu finden. Eine Möglichkeit ist, alte und beschädigte Stücke zu kaufen — man kann immer noch „Schnäppchen" beim Trödler finden — und sie aufzumöbeln. Aber um solch einen Kauf zu machen, braucht man Geduld und einige Kenntnisse.

In leicht verständlichen Abschnitten wird hier gezeigt, worauf man beim Möbelkauf achten sollte, wie man die Möbel verändern kann, Glanz wiederherstellt, und welches Werkzeug benötigt wird. Wenn man noch keine Erfahrung hat, ist es ratsam, sich zunächst die grundlegenden Fähigkeiten wie das Holzfreilegen, Beizen und Lackieren anzueignen, und dann mit einfachen Reparaturen zu beginnen. Wenn Sie erst sicherer sind, können Sie sich an Schwierigeres wie das Furnieren oder das Reparieren geflochtener Stuhlsitze heranwagen.

Das Kapitel über die Polsterung zeigt Schritt für Schritt, wie man den herausnehmbaren Sitz eines Eßzimmerstuhls mit Schaumstoff repariert und baut dann weiter auf bis zur Restaurierung eines echten Chesterfield-Sofas mit traditioneller Polsterfüllung. Das Buch kann gleichgut benutzt werden vom Anfänger wie vom fortgeschrittenen Heimwerker, der sich auch mal an etwas Anspruchsvollerem versuchen will. Alles Beschriebene kann sowohl auf alte wie auf neue Möbel angewendet werden.

Was auch immer Sie probieren werden, die anfänglichen Stunden harter Arbeit werden mehr als belohnt, wenn Ihr renoviertes Einrichtungsstück die Wohnung schmückt, bewundert von allen, und kaum wiederzuerkennen von dem, woraus es entstanden ist. Sie werden überdies ein Hobby entdeckt haben, das nicht nur kreativ ist, sondern außerdem auch noch Spaß macht.

Inhalt

Die Kunst, alte Möbel zu kaufen

Zu wissen, worauf man beim Kauf von alten oder antiken Möbeln achten muß, ist eine Kunst, die man oft erst nach vielen Jahren — und einigen Fehlern — beherrscht. Es gibt sogar Leute, die meinen, daß man ein wirklich feines altes Möbelstück nur instinktiv erkennen kann, und dies nicht erlernbar ist. Man muß jedoch nicht so viel Zeit, Mühe und Geld aufwenden, wenn man sich mit gewissen grundlegenden Erkennungszeichen von handwerklicher Kunst vertraut macht.

Jeder Hinweis auf die Qualität des handwerklichen Könnens soll auf keinen Fall den Marktwert eines Stückes bestimmen, sondern nur ein Merkmal für gut gemachtes Mobiliar darstellen. Dies schließt also Reproduktionen aller Art ein, denn viele von ihnen wurden höchsten Ansprüchen gerecht gefertigt. Oft ist die einzige Gefahr bei Reproduktionsmöbeln, daß sie als echte Stilmöbel angesehen werden.

Worauf man achten sollte

Die im folgenden beschriebenen Möbel sind Qualitätsproduktionen (im Gegensatz zur Massenproduktion) und vor dem Zweiten Weltkrieg hergestellt. Möbel, die aus den nachstehend genannten Materialien hergestellt oder damit versehen wurden, werden ausgeschlossen:

1 Alle Kunststoffe wie Polyäthylen, Klebefolien, Vinyl und Acryl.
2 Aus gepreßten Teilen bestehende Arten wie Span- und Hartfaserplatten.
3 Sperrholz — Platten aus querverleimten Furnieren.
4 Tischlerplatten — Platten aus zusammengeleimten Holzleisten, die auf beiden Seiten mit einem dicken Furnierholz bedeckt sind.
5 Nahezu alle tropischen Hölzer, z. B. Maranti, Iroko.
6 Japanische Hölzer, z. B. Japanische Eiche, Japanische Ulme.
7 Gepreßte Metallscharniere und Eisenbeschläge.
8 Versilberte und/oder lackierte Metallteile.

9 Gummibezogene Laufrollen.
10 Drahtnägel oder Kreuzschlitzschrauben.

Beim Möbelbau ergibt sich immer das Problem, daß Holz arbeitet — es dehnt sich an kalten, feuchten Tagen und schrumpft an warmen Tagen. Zusammen mit der Tatsache, daß Holz in seiner Länge am stärksten ist und am schwächsten in seiner Breite, hat dies die Konstruktionsmethoden für ein Möbelstück bestimmt. Es ist deshalb wichtig zu beachten, daß die Holzmaserung von nebeneinander liegenden Stücken in dieselbe Richtung verläuft, sonst wird der Druck, der durch das Schrumpfen und Dehnen entsteht, das Holz zum Splittern bringen.

Ein typisches Schränkchen

Hierbei kann es sich um eine Kommode, ein Schreibpult, einen Schreibtisch oder einen Schrank handeln — irgendein Möbelstück, das kein Massenprodukt ist.

Als Holz wurde dafür wahrscheinlich ein Hartholz verwendet wie Eiche aus England, Jugoslawien oder Österreich, Walnuß aus Frankreich oder England, Spanisches Mahagoni, Bergahorn, Buche, Birke, Esche, Kastanie oder irgendein anderes Hartholz, das für Handwerker leicht erhältlich war.

Oberplatte. Ein typisches Schränkchen aus nahezu jeder Stilepoche wird eine Oberplatte und andere große Flächen aus mehreren Brettern Massivholz haben, um ein Verziehen zu vermeiden. Diese Bretter wurden entlang ihrer Längskanten gehobelt, bis sie flach und im Rechten Winkel zur Vorderseite des Kabinetts sind. Sie wurden dann aufeinandergelegt und aneinander gerieben, bis sie perfekt zusammenpaßten. Schließlich wurden sie entlang diesen Kanten verleimt oder, bei sehr dicken Brettern, verzinkt.

Rückwand. Auch auf der Rückseite ergeben sich dadurch Probleme, daß das Holz arbeitet. Traditionell wurde die Rückwand aus einer oder mehreren Platten (je nach Weite) hergestellt, jede mit vertikal verlaufender Maserung. Die Seiten wurden in ähnlicher Weise konstruiert. Diese Bretter wurden dann miteinander verbunden, wenn nötig durch vertikale Holzleisten, die etwa 75 mm breit und 20 mm dick sind und an beiden Kanten genutet. Die Platten wurden für diese Nuten passend hergestellt, so daß nicht geleimt werden mußte. Die Rückwände wurden dann in Nuten im Holz der Seitenwände, der Oberplatte und des Bodens eingepaßt.

Die hier beschriebene Konstruktionsmethode erlaubte der ganzen Rückwand, sich auszudehnen und zusammenzuziehen ohne zu splittern.

Seitenwände. In einem gut gearbeiteten Schränkchen wurden die Seitenwände aus Platten hergestellt, die in vertikal verlaufende Leisten vorn und hinten geleimt wurden. Leisten und Seitenwände wurden aus Hartholz hergestellt, und die Maserung verlief auch hier vertikal. Wenn Leisten auch oben und unten verwendet wurden, dann wurden die Platten nicht verleimt, so daß das Holz arbeiten konnte.

Vorderseite. Die Vorderseiten der meisten Schränkchen bestanden aus horizontal und vertikal verlaufenden Leisten, die den Rahmen für Schubladen und Türen bildeten. Man sollte darauf achten, daß sie mit den Seiten des Stücks sicher durch Verzapfung verbunden sind. In dieser Art Verbindung wird ein Holzkeil an einem Stück der-

Schauen Sie sich diese Funde vom Trödler genau an — alle können verändert werden.

art geschnitten, daß er genau in einen Schlitz im anderen Holzstück paßt. Die beiden werden dann mit Leim oder Holzdübeln zusammengehalten.

Schubladen. Die traditionelle Bauweise einer Schublade war immer dieselbe, egal in welcher Größe. Die Vorderseite der Schublade wurde aus Hartholz hergestellt, normalerweise passend zum Äußeren des Schränkchens, während Seiten, Rückwände und Boden gewöhnlich aus irgendeinem festen, stabilen Holz hergestellt wurden. Wenn Sperrholz für die Schubladen verwendet wurde, dann deutet dies darauf hin, daß sie seit neuerem hergestellt worden sind. Die Seiten sollten mit Vorder- und Rückseite durch Schwalbenschwanzverzinkung verbunden sein.

Ältere Schwalbenschwanzverbindungen waren immer handgeschnitten und können an der unterschiedlichen Größe der Schwänze erkannt werden; maschinell hergestellte Schwalbenschwänze sind gleichgroß. Der Schubladenboden sollte von hinten in Nuten an beiden Seiten geschoben werden und an der unteren Kante der Rückseite befestigt werden. Eine sorgfältig hergestellte Schublade sollte auf Hartholzlaufschienen sitzen und gleiten, und sie sollte Seitenstreifen haben, die das Verrutschen nach einer Seite hin verhindern. Dies kann man überprüfen, indem man versucht, mit nur einer Hand die Lade zu öffnen. Wurde sie gut hergestellt, wird sie sanft herausgleiten ohne zu wackeln oder an einer Seite hängenzubleiben.

Türen. Die Türen wurden aus einem Hartholzrahmen gemacht, oben genutet und mit Leisten an den Seiten und unten versehen, um eine Hartholzplatte aufnehmen zu können. Das Brett wurde nicht in den Rahmen geleimt, damit das Holz arbeiten konnte.

Oberflächenbeschaffenheit

Im allgemeinen ist die Qualität der äußeren Beschaffenheit ein guter Hinweis auf die Qualität und den Wert des ganzen Möbelstücks. An alten Möbeln wurden wahrscheinlich folgende Polituren verwendet: Öl für Teak, Eiche, Tanne, Buche; Beize und Kalkbleiche für Eiche mit einem helleren oder mittleren Farbton; selbstgemachter Bienenwachs und Terpentin-Politur um eine Schutzschicht zu erzeugen; oder ein Schellack für Mahagoni, Walnuß und exotischere Hölzer. Die spiegelartige Oberfläche, die man mit der Schellack-Behandlung erzielen konnte, war das „Gewußt wie?" erfahrener Kunsthandwerker. Die Oberfläche wurde so glatt gemacht wie möglich. Dann wurde ein Auftrag nach dem anderen mühsam ins Holz gerieben, um auch die winzigsten Spalten zu füllen, bis die letzte Schicht aufgetragen wurde. Durch diese Prozedur werden die Tiefe und das Schillern der Maserung zum Vorschein gebracht. Es ist in der Regel einfach, zwischen dem maschinell oder dem von Hand aufgetragenen Lackfirnis zu unterscheiden. Alte Lacke sollten das Holz schützen und sein natürliches Aussehen hervorheben, und es nicht kaschieren. Schwere, klebrige Lackfirnisse sind nicht an guten Möbeln zu finden. „Alter Lack" ist leicht zu erkennen; er macht ein Stück oft wertvoller. Sie sollten deswegen vor der Restaurierung oder dem Entfernen des Lacks den Rat von Experten einholen.

Es gibt nur wenige Lacküberzüge, die man nicht wiederherstellen kann; gehen Sie deswegen nicht an einem attraktiven Stück vorbei, nur weil die Oberfläche in schlechtem Zustand ist.

Großmutters alter Schrank erhält ein modernes Äußeres, sind alle Lackschichten erst einmal entfernt.

Wenn man sich ein Stück ansieht, sollte man die Qualität des Lacks beachten, insbesondere die Patina auf der Oberfläche. Diese Bezeichnung bezieht sich auf die Oberfläche, die Holz nach Jahren sorgfältiger Behandlung und Politur erhält, und ist die sicherste Art, ein echt antikes Stück zu erkennen, da sie nicht nachgeahmt werden kann. Eine Oberfläche mit einer guten Patina sollte einen fast durchscheinenden, sanften Ton haben. Sie wird im allgemeinen etwas dunkler sein als die ursprüngliche Holzfarbe (oder heller, wenn sie vom Sonnenlicht ausgeblichen ist). Seien Sie skeptisch bei stark glänzenden, perfekt polierten Stücken — hier handelt es sich um eine neue Arbeit — und bei Stücken, die dunkel gebeizt worden sind, um ihre minderwertige Holzqualität zu kaschieren.

Noch ein Tip: Es ist für den Kunsttischler immer möglich, ein Stück echten antiken Holzes zu erstehen, um eine Nachahmung herzustellen oder ein altes Stück zu reparieren — besonders an der Oberseite und den Seitenwänden — aber es ist fast unmöglich, echte Patina herzustellen. Nachdem Sie das „Wahre" einmal gesehen und angefaßt haben, werden Sie wissen, wonach Sie schauen müssen.

Furniere

Ein Furnier ist eine dünne Holzschicht, die ursprünglich mit der Hand seit dem 19. Jahrhundert jedoch maschinell geschnitten wurde. Exotische, reich-gefärbte und wunderschön strukturierte Hölzer waren immer schon selten und teuer. Das Furnieren kam im 18. Jahrhundert in Mode. Es versetzte die Handwerker in die Lage, dekorative, aber instabile und teure Hölzer in Verbindung mit preiswerten, stabilen, aber wenig strukturierten Hölzern zu verwenden. Die wertvollsten Arten gerieten nur in die Hände der erfahrensten Kunsttischler. Sie haben die Kunst entwickelt, Furniere einander anzupassen, indem sie nebeneinander liegende Bretter vom selben Baumstamm nahmen und sie in symmetrischen Mustern anordneten, um große Flächen zu bedekken. Der Gebrauch von Furnieren machte auch so komplizierte Techniken wie Einlegearbeiten möglich. Kaufen Sie aber keine Möbel, deren furnierte Oberfläche sich hebt und verzieht. Oft kann man dies reparieren, aber man tut gut daran, den Zustand von einem Spezialisten begutachten zu lassen, bevor man viel Geld dafür ausgibt.

Friese und Verzierungen

An wertvollen Möbeln sind Friese und Verzierungen in die festen Leisten oder Platten geschnitzt. Wenn sie jedoch aufgesetzt sind, dann sollten sie angeleimt oder eingefügt — also nicht einfach mit dünnen Stiften festgehalten — werden. Glauben Sie nicht ohne weiteres, daß ein Stück „echt" sein muß, weil es Intarsien hat. Dies wurde mitunter getan, um es schmuckvoller und damit attraktiver aussehen zu lassen und schließlich seinen Preis anheben zu können.

Scharniere und Eisenbeschläge

Die besten Beschläge wurden aus Messing oder Bronze hergestellt, entweder gegossen oder aus einer Platte handgeschnitten und mit Silber verlötet. Natürlich sind die Beschläge an wirklich alten Stücken etwas stumpf und durch

Die richtige Größe, die richtige Form, der richtige Preis — dieses Stück müßte lediglich aufgearbeitet werden.

Abnutzung zerkratzt. Außerdem wird es einen bemerkenswerten Unterschied zur Holzfarbe unter diesen Teilen ge ben und höchstwahrscheinlich Verfärbungen im Holz.

Andere wichtige Kennzeichen

Einige Unterschiede in der Konstruktion ergeben sich durch die verwendeten Werkzeuge, Nägel und Schrauben. Im 19. Jahrhundert wurden die Kreissägen eingeführt, die das Holz schneller schnitten und einen Grat um das Gesägte zurückließen, den man mit den Fingern spüren konnte. Im allgemeinen sind Nägel und Schrauben kein guter Hinweis auf die Qualität und die Echtheit eines Stückes, weil sie leicht zu fälschen sind. Bis 1790 waren Nägel handgefertigt, danach wurden sie maschinell gepreßt. Holzschrauben wurden zum ersten Mal vor 300 Jahren hergestellt. Sie liefen nicht spitz zu (bis zum 19. Jahrhundert), und die Schlitze im Kopf waren meist nicht im Zentrum. Das Gewinde war handgefeilt mit einer nur flachen Spirale. Wenn man ein Stück mit Nägeln bewertet, sollte man auf die Oxydierflecke im Holz achten. Dies ist ganz offensichtlich ein Zeichen von Alter.

Natürlich gibt es viele feine Möbel, die später hergestellt wurden und nicht nach diesen traditionellen Konstruktionsmethoden. Aber wenn Sie von einem Stück annehmen, daß es ziemlich alt ist, dann überprüfen Sie alle erwähnten Punkte bezüglich Qualität und Echtheit. Echtheit ist ein Problem für sich: vielleicht ist sie gar nicht so wichtig. Wenn ein Stück gut gemacht ist, seine Funktionen erfüllt und dazu wirtschaftlich ein guter Kauf ist, warum sollte man dann nicht mit einer Reproduktion vorlieb nehmen?

Auf jeden Fall gibt es keine hundertprozentigen Merkmale, um die Qualität von antiken Möbeln sofort beurteilen zu können. Die Anzahl der Leute, die eine Fälschung erkennen können, ist deshalb sehr gering. Überprüfen Sie an den vorliegenden Richtlinien, wenn Sie in ein Qualitätsstück investieren wollen. Die beste Sicherheit ist eine schriftliche Garantie vom Verkäufer. Wenn sich diese als vollkommen falsch erweisen sollte, dann können Sie das Stück zurückgeben und Ihr Geld zurückverlangen.

Kümmern Sie sich nicht um Beschmutzes oder beschädigte Beine; das Stück ist jedoch in zweifelhaftem Zustand, wenn die Fugen lose sind (ganz gleich wie viele), Platten große Sprünge haben oder wenn das Holz deutlich der Feuchtigkeit ausgesetzt war. Ganz besonders scharf müssen Sie auf alle Anzeichen von Pilzbefall oder Holzwurmangriffen achten. Lernen Sie den Unterschied, zwischen Staub und Moder zu riechen. Meiden Sie Stücke mit groben Reparaturen, die den ursprünglichen Charakter zerstören: sichtbar angebrachte Schrauben, genagelte Stellen, Metallstangen oder Drähte. Die meisten gebrochenen Beine können repariert werden, die einfachen sogar ersetzt. Aber wenn Sie vor einem kunstvoll geschwungenen Bein mit einem komplizierten Bruch stehen, der entlang der Maserung gesplittert ist und wo Holzstücke fehlen, dann denken Sie daran, daß Sie dies nur reparieren können, wenn Ihre Fähigkeiten denen des ursprünglichen Herstellers gleichkommen.

Wenn Sie nicht viel Geld für die Einrichtung ausgeben wollen, sind diese Stücke gerade richtig. Nach sorgfältigem Restaurieren werden sie kaum wiederzuerkennen sein.

Holzauswahl und Möbelverwertung

Holzauswahl

Die meisten alten und antiken Möbel, die Sie finden werden, sind aus Hölzern hergestellt, die für den Handwerker in früheren Zeiten leicht zugängig waren. Je mehr man über Holz weiß, um so besser kann man Gebrauchtmöbel einschätzen. Da es buchstäblich tausende von Holzarten und Unterarten gibt, müßten Sie ein wahrer Experte sein, um diese auf einen Blick erkennen zu können. Wenn Sie vollkommen neu auf dem Gebiet sind, sehen Sie sich am besten erst einmal ein paar Beispiele an, oder Sie holen sich ein Buch aus Ihrer Bibliothek und studieren die verschiedenen Maserungen, da diese als Anhaltspunkt sicherer sind als die Farbe (oft durch sorgfältiges Lackieren verändert). Sehen Sie sich, wenn möglich, Museumsstücke an. Das wird Ihnen eine Vorstellung geben von den Hölzern, die typischerweise in jeder Periode und für jede Art Möbel verwendet wurde. Versuchen Sie, die Oberflächenbeschaffenheit nicht mit dem Holz zu verwechseln.

Harthölzer

Harthölzer und Halbharthölzer kommen von Laubbäumen und schließen ein: Esche, Buche, Birke, Kirsche, Ulme, Gummi, Mahagoni, Ahorn, Eiche, Pappel, Palisander, Sykomore, Teak, Walnuß.

Der größte Teil der Hartholz-Zufuhr kommt aus den tropischen Ländern; Afrika (besonders West-Afrika), Burma, Sri Lanka, Indien, Japan, Thailand und der Karibik. Einige wichtige

Harthölzer wachsen auch in Australien. Mittel-, Nord- und Südamerika werden zu wichtigen Zufuhrquellen, da der Holzreichtum der Welt dahinschwindet. Harthölzer sind dauerhaft, haben eine dichte Textur, und ergeben Oberflächen, die man einfach zu einer feinen Beschaffenheit glätten und lakkieren kann.

Das „reife" Hartholz, das für die Möbelherstellung verwendet wurde, ist das „Herzholz". Kunsttischler konnten das richtige Holz für die Arbeit wählen, weil sie über das Verhalten und die Besonderheiten jeder einzelnen Sorte wußten.

Esche — ist ein europäisches cremeweiß gefärbtes Holz mit einer Maserung, die der Eiche ähnlich ist. Es ist widerstandsfähig und sehr hart, aber es läßt sich auch leicht biegen und wird deswegen oft für die gebogenen Rükkenlehnen, beispielsweise an Windsor-Stühlen, benutzt. Traditionell wird es wegen seiner Dauerhaftigkeit für Werkzeuggriffe verwendet.

Buche und Birke. Beide sind harte, dichte Hölzer mit wenig offensichtlicher Maserung. Die Buche wird für alltägliche Gegenstände wie Bänke, Zimmerer-Werkzeuge, Metzger-Blöcke, Küchen- und Brotbrettchen verwendet (das Holz verdirbt nicht den Geschmack des Essens), wie auch für allgemeine Haushaltsmöbel, besonders Stühle. Die Oberflächen sind glatt und rein und haben wenig Vertiefungen in der Maserung. Sie können daher fein poliert werden. Buche variiert im Farbton von einem bräunlichen Rosa bis zu einem gelblichen Weiß; Birke ist normalerweise weißlich.

Kirschbaum. Dies ist ein ziemlich leichtes, aber solides Holz mit einer lebhaften, dichten Maserung und mit winzigen Strahlen, die das Licht reflektieren und dem Ganzen einen goldenen Schein geben. Es wird in vom Handwerker hergestellten Möbeln verwendet und überdies in Schmuck-Holzgegenständen wie Obstschalen und Schmuckdöschen.

Ulme. Dieses Holz wurde traditionell für unbearbeitete Möbel sowie landwirtschaftliche Geräte benutzt, weil es für feine Möbel als schwierig zu bearbeiten galt. Nach dem großen Verlust die die holländische Ulmen-Krankheit an den Baumbeständen verursachte, ist Ulmenholz nun wieder weithin erhältlich, da die Krankheit nur die Borke angreift und nicht das tatsächliche Holz. Moderne Möbel-Herstellungsmethoden haben die Ulme „bezwungen"; das Holz ist widerstandsfähig, attraktiv und reagiert gut auf Holzbeize und Politur und wird für die verschiedensten Möbel verwendet. Die englische Ulme ist Hell- bis Rötlichbraun, offen und grob-gemasert, mit großen Variationen in der Maserung, was das interessante Aussehen des Holzes noch verstärkt.

Hier sind einige Beispiele von typischen Harthölzern, die beim Möbelbau verwendet werden. Die obere Reihe zeigt jeweils die Farbe des rohen Holzes, die untere die Farbe nach dem Bearbeiten.

Oben von links nach rechts:
Afrikanische Walnuß,
Afrormosia,
Europäische Esche,
Europäische Buche,
Europäische Ulme,
Iroko.

Unten von links nach rechts:
Rio palisander,
Sapelli,
Seidenholz,
Kastanie,
Sykomore, Bergahorn,
Burma Teak.

Mahagoni. Das antike Mahagoni hat die reiche, dunkle, rötliche Färbung, an der die meisten Menschen diese Holzart erkennen. In den vergangenen Jahrhunderten wurde diese exotische Naturfarbe noch durch dunkle Beize und Lackfirnis betont. Das moderne Mahagoni ist viel heller in der Farbe, nicht so hart, und es hat nicht oft dieselben ausgesprochen wilden und dekorativen Muster in der Maserung. Wenn man Mahagoni in der Sonne stehen läßt, kann es zu einem Goldgelb bleichen. Die dunkleren Arten kommen aus West-Afrika, die helleren, rötlichen aus Mittelamerika und Guayna. Sipo ist eine Art Mahagoni; mit seiner einzigartigen gestreiften Maserung wird es oft als Furnierholz an modernen Möbeln verwendet.

Eiche. Die englische Eiche ist wahrscheinlich die kräftigste Eiche, die es gibt, aber zu einem vernünftigen Preis kann man sie nur auf dem Altmaterialmarkt erstehen — z. B. von alten Möbeln, Gebäuden, Booten. Eiche widersteht Holzwürmern und Fäulnis, und deswegen haben viele sehr gute antike Eichenmöbel Jahrhunderte überdauert. Im Alter wird Eiche oft schwarzbraun. Reproduzierte Möbel erhalten dieses Aussehen durch Beizen. Eiche läßt sich schwer bearbeiten, aber die geschnittenen Oberflächen haben klare, scharfe Kanten. Es hat eine offenporige Textur, die bei der Oberflächenbehandlung gefüllt wird. Die Säure im Eichenholz verfärbt Stahl- und Eisenschrauben oder Beschläge und läßt sie rosten. Benutzen Sie Zinkschrauben oder, wie früher üblich, schrauben Sie eine Stahlschraube ein, nehmen Sie sie wieder heraus und setzen Sie dann eine aus Messing ein.

Palisander. Dies war schon immer sehr rar und seiner exotischen Farbe und Maserung wegen beliebt. Die zwei Hauptarten sind indisches (ein dunkles lila-braun) und brasilianisches Holz oder „Rio"-Palisander (ein braunes Herzholz mit exotisch wilder Maserung). Beide Arten werden hauptsächlich als Furnierhölzer verwendet.

Seidenholz. Ein helles, manchmal sogar zitronenfarbiges Holz mit reicher Zeichnung, oft auf anderen Holzarten imitiert, die Handwerker für Reproduktionen benutzen. Das Holz hat eine feine Oberfläche und ist oft hochglanzpoliert.

Bergahorn, Sykomore. Ein starkes, blaß-weißliches Holz, das sehr ausgeprägte Ringe und Strahlen zeigt und eine Mischung von gerader und wellenhafter Maserung, die eine attraktive Wirkung erzielt. Es wird für Furniere und Tischplatten sowie dekorative Tafelbretter verwendet.

Teakholz, Afromosia, Iroko — sind keine traditionellen Hölzer für antike Möbel. Solide Teakhölzer aus Burma, Siam und Indien werden jedoch selten und teuer, so daß wahrscheinlich moderne Qualitätsmöbel aus Teak die Antiquitäten der Zukunft sind. Heute sind furnierte und „teak-artige" Möbel die gebräuchlichsten. Das richtige Teak ist bekanntlich eines der härtesten, schwersten und dichtesten Hölzer, es verlangt keine Pflege außer einer gelegentlichen Behandlung mit Teak-Öl.

Walnuß. Dies ist ein qualitativ sehr gutes Holz, das sich leicht schnitzen und bearbeiten läßt und traditionell für elegante Möbel benutzt wurde. Es ist gewöhnlich hellbraun mit braunen bis schwarzen Markierungen.

Harthölzer reagieren gut auf Möbelpolitur oder Wachspolitur. Übertreiben Sie jedoch nicht mit der Politur: zu viel davon bildet einen klebrigen Film, der den Schmutz anzieht. Denken Sie daran, daß Sie das Holz schützen und nicht „füttern" wollen.

Weichhölzer

Weichhölzer kommen von Nadelbäumen oder Koniferen, oft einfach als „Tannen" bezeichnet. Da sie schneller als Laubbäume wachsen und in kühleren Gegenden gedeihen, sind sie im allgemeinen billiger und leichter erhältlich. Hierzu zählen: Zeder, Douglas-Fichte, Hemlock-Tanne, Lärche, Kiefer, Redwood, Rottanne, Eibe. Die größten Bestände an Weichhölzern gibt es in Kanada und anderen Teilen Nordamerikas sowie in Rußland.

Weichhölzer werden mitunter „Dielen" genannt, obwohl es keinen „Dielenbaum" gibt. Andere Namen sind Rotholz und Weißholz, jeweils auf die Holzfarbe bezogen. Weichhölzer werden für alle Teile des Häuserbaus und für Schmuck verwendet. (Rottanne aus Amerika läßt sich schwer verarbeiten und zieht sich leicht zusammen, und Eibe — europäisch oder amerikanisch — ist selten und schwierig zu verarbeitendes Holz, hauptsächlich als Furnier benutzt.) Sie sind schon immer für die Möbel in den weniger repräsentativen Teilen des Hauses verwendet worden, für Kinderstuben, hintere Schlafzimmer, Küchen und Vorratsräume. Weil das billigere Holz gewöhnlich nicht besonders hübsch anzusehen war, hat man es zumeist angestrichen. Heute ist es beliebt, ein altes bemaltes Stück anzukaufen, die Farbe zu entfernen und dann die Holzoberfläche mit einer transparenten Versiegelung zu schützen, um das natürliche Aussehen zu bewahren. Farbige Holzbeizen werden auch benutzt, um die Oberfläche zu färben, die Maserung dabei aber zu erhalten. Eine Versiegelung muß aufgebracht werden, sonst verfärben sich Weichhölzer und sehen sehr schnell unansehnlich aus.

Gestern stand diese einfache Kommode noch auf dem Speicher. Ohne den alten Lack ist sie wieder sehr schön.

Das Aufmöbeln

Sie werden grundsätzlich doch wohl ein wertvolles, altes und besonders schönes Stück vom Fachmann restaurieren lassen. Aber es gibt auch sogenannte Schnäppchen, die „Sonderangebote“ unter den Gebrauchtmöbeln, die zunächst weder praktisch noch attraktiv erscheinen, in kleinere und zweckmäßigere Einheiten zerlegt jedoch neu bearbeitet werden können, um noch für viele Jahre nützlich zu sein.

Geeignete Gegenstände

Sehen Sie sich ruhig nach ganz gewöhnlich aussehenden Stücken wie der nebenstehenden Frisierkommode um, die in mehrere nützliche Gegenstände verwandelt wurde, und nach Kommoden, alten Sideboards, Schränken und Anrichten. Die Konstruktion muß stabil und die Struktur intakt sein. Überprüfen Sie die Möglichkeiten eines geeignet aussehenden Stücks. Das Holz muß solide sein, das vereinfacht die Neubearbeitung, das Sägen und das Wiederzusammensetzen. Überprüfen Sie das Gerippe — d. h. die innere Konstruktion oder den Rahmen, der die äußeren Flächen zusammenhält. Die Außenflächen sind oft nur Platten und nicht Teil der tragenden Struktur. Sehen Sie sich an, wie der Rahmen zusammengebaut ist und wo er bequem zersägt werden kann. Beachten Sie, wie die Frisierkommode zerteilt wurde; die oberen beiden Schubladen sind komplett mit einem neuen Untersatz; mit einem neuen Oberteil wurde aus der untersten Schublade ein Telefonsitz gemacht.

Nachdem Sie entschieden haben, das Ganze zerteilen zu wollen — ist es ratsam, vor dem Sägen zu überlegen, womit die Unterstützung ersetzt werden soll, die manche horizontalen Bestandteile am oder im ursprünglichen Möbelstück zwei verschiedenen Abschnitten gleichzeitig geben, nach der Zersägung aber nur noch einem geben können. Die beste Lösung ist in vielen Fällen eine Tischler- oder Spanplatte, mit oder ohne Furnier, je nach Position. Im allgemeinen ist es am besten, von oben auszugehen und direkt unter den waagerechten Teilen zu trennen. Wenn Sie einen Bestandteil des Rahmens neben einer Platte ersetzen müssen, dann denken Sie daran, daß die Platten in ihren Rillen nicht geleimt sind, sondern man sie frei schrumpfen läßt, wie alles Holz im Laufe der Zeit dies quer zur Maserung tut.

Das Zersägen der Einheit

Wenn Sie nicht die ganze Außenfläche mit Farbe, Klebefolien oder einem farblosen Lack beschichten wollen, sollten Sie versuchen, Brüche sowie Splittern des Holzes beim Sägen zu vermeiden. Jeder Schaden an den sichtbaren Außenflächen muß ausgebessert werden.

Arbeiten Sie vom Rand aus in die Platten hinein, und sägen Sie nicht sofort ganz durch. Gehen Sie mit einem Universalmesser die Schnittlinie entlang, und durchtrennen Sie die Fasern an der Oberfläche bevor Sie sägen. Da Sie nach der Trennung beide Teile gebrauchen wollen, ziehen Sie doppelte Schnittlinien — etwa 3 mm voneinander entfernt —, und sägen Sie dazwischen. Achten Sie vor dem Sägen darauf, daß es entlang der Schnittlinie keine Nägel und Schrauben gibt. Notfalls müssen Sie einen Teil mit irgendeiner Vorrichtung zusammenhalten, während Sie die tragenden Teile durchsägen.

Benutzen Sie eine scharfe, feinzahnige Säge mit einem geraden Blatt, z. B. einen Fuchsschwanz; achten Sie darauf, daß das Blatt für die Arbeit tief genug ist. Gesägte Stellen können mit einem scharfen, fein eingestellten Hobel geglättet werden. Die Messer-„Richtli-

An dieser Frisierkommode ist nichts Besonderes. Was sich jedoch aus ihr machen läßt, steht auf einem anderen Blatt (Seite 21).

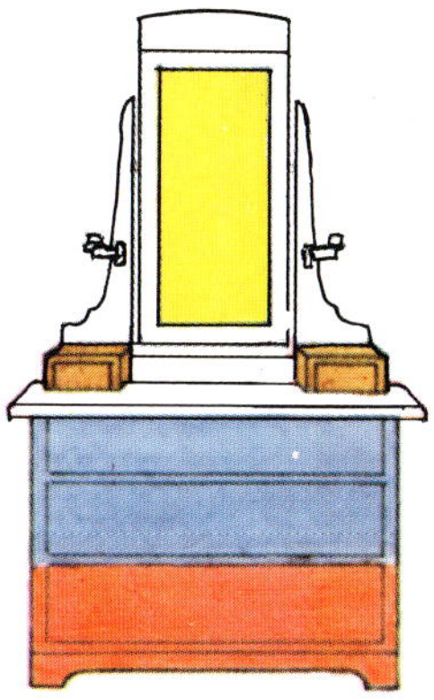

Die Frisierkommode wurde in fünf Teile zerlegt.

Der Spiegel wurde abgeschraubt, der Bogen darüber abgesägt, so daß er als Schmuckstück verwendet werden kann.

Die Kerzenhalter wurden abgeschraubt und anderweitig befestigt.

Unten rechts: *Die beiden kleinen Schubladen wurden von der Frisierkommode abgeschraubt, gesäubert und ergeben zusammengeleimt ein hübsches kleines Schränkchen.*

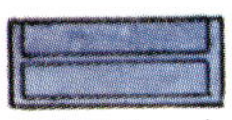

Unten links: Aus den oberen Schubladen entstand eine Truhe mit Messinggriffen, -beschlägen und -rollen.

Gegenüber: *Nach dem Zersägen wurde das untere Teil mit neuer Deckplatte und Griffen versehen, so daß es als „Telefon-Sitz" dienen kann.*

nien" werden sich als nützlich erweisen beim Abhobeln auf eine wirklich klare und gerade Linie, wenn sie akkurat angelegt wurden —, dies ist wesentlich, wenn man eine saubere Verbindung mit einem neuen Boden oder Oberteil erreichen will.

Sicherung eines neuen Bodens oder Oberteils

Es gibt verschiedene Methoden, um neue Flächen zu befestigen. Sie können sie z. B. von oben in die zertrennten Rahmenteile schrauben. Wenn Sie ein neues Oberteil festschrauben, dann senken Sie die Schraubenköpfe mit dem Spitzsenker oder Krauskopf ein. Dies hinterläßt eine Vertiefung, die mit Holzkitt ausgefüllt werden kann. Da die neuen Einheiten vermutlich nicht dieselbe Größe haben werden wie die üblichen furnierten Span- oder Tischlerplatten, müssen Sie dem Brett neue Kanten geben, damit es wieder einheitlich aussieht. Sie können einen passenden biegsamen, bereits vorgeleimten Umleimer verwenden, den man an einer sauberen, rechtwinkligen Kante anbringen kann. Holzstreifen können an rauhe Kanten genagelt, geschraubt oder geklebt werden. Benutzen Sie Leim, wenn möglich, da Sie Schrauben oder Nägel versenken und verspachteln müssen. Halten Sie die Holzstreifen mit Zwingen fest, während der Klebstoff trocknet, oder improvisieren Sie, indem Sie eine alte Strumpfhose um das Brett und den Kantenstreifen wickeln und mit einem Stöckchen festdrehen.

Eisenteile

Rollen können ein Stück nützlicher und beweglicher machen, aber achten Sie darauf, daß Sie einen Satz kaufen, der dem Gesamtgewicht der Einheit mit Inhalt entspricht. Schwächere würden zusammenbrechen. Rollen sind nur so stark wie ihre Befestigung. Die Befestigungsschrauben müssen also lang genug sein, um sie fest in einem soliden Holzabschnitt zu verankern. Wenn nötig, schrauben und leimen Sie dicke Eckenstücke auf die Unterseite des Möbels und befestigen Sie die Rollen daran. Es kann sein, daß Sie neue Eisenteile anbringen oder ersetzen müssen. Wenn diese nicht einfach aufgelegt und direkt in die Oberfläche geschraubt werden können, müssen Sie eine neue Vertiefung schneiden. Zeichnen Sie sorgfältig um das Eisenteil, genau dort, wo Sie es haben wollen. Benutzen Sie dazu einen harten, scharfen Bleistift oder die Spitze eines Messers. Schnitzen Sie in das Holz mit einem Stemmeisen, den Umrissen folgend, dann schneiden Sie den Rest auf dieselbe Tiefe weg.

Das Werkzeug im Gebrauch

Hier sind einige Vorschläge für die Zusammenstellung einer Werkzeuggrundausstattung, mit der Sie die meisten in diesem Buch beschriebenen Möbelreparaturen ausführen können. Wenn Sie Werkzeug kaufen, betrachen Sie jedes als eine Investition, da es vermutlich regelmäßig für ihre häuslichen Reparaturen benutzt werden wird. Leihen oder mieten Sie alles Besondere, Gerät und Zubehör das Sie seltener brauchen. Sie werden jedoch einiges Spezialwerkzeug benötigen, beispielsweise zum Polstern, zur Sitzaufarbeitung, zum Furnieren und zum Firnissen. Einzelheiten darüber finden Sie in den entsprechenden Kapiteln.

Halten

Ein Schraubstock ist das wichtigste Gerät, um Material festzuhalten, während man daran arbeitet. Ein tragbarer Schraubstock — man braucht mindestens einen 25-cm-Schraubstock zum Bearbeiten von Holz — kann an jede feste Oberfläche geklammert werden. Wenn Sie keine Werkbank haben, benutzen Sie den Küchentisch. Zwingen sind auch nützlich, um ein Arbeitsstück an einer festen Fläche zu halten, oder um geleimte Reparaturen zusammenzuhalten. Machen Sie einen „Bankhaken", um Ihre Arbeitsfläche zu schützen, wenn Sie kleine Holzstücke sägen. Sie brauchen einen Holzabfall von 15 cm × 30 cm und zwei Weichholzstopstreifen, jeder 50 × 25 mm und in entgegengesetze Ecken des größeren Stückes geklebt. Klammern Sie den „Bankhaken" an Ihre Arbeitsfläche.

Messen und Markieren

Ein Stahlbandmaß für allgemeine Meßarbeiten; einen 1 oder 2 m langen Gliedermaßstab; ein 30 cm langes Stahllineal; ein Universalmesser zur Holzmarkierung (akkurater als ein Bleistiftstrich); einen Anschlagwinkel, um Rechte Winkel zu überprüfen und markieren; ein Streichmaß, mit dem man Linien parallel zur Kante markieren kann.

Schneiden

Ein durchschnittlicher Fuchsschwanz ist eine 55 cm lange handliche Säge, mit der man große Stücke gegen die Faser schneidet (mit Spaltsägen sägt man der Faser entlang). Die Rückensäge wird bei feineren Arbeiten eingesetzt. Sie hat einen verstärkten Stahlrücken, um gerades Sägen zu ermöglichen. Mit der Bügelsäge sägt man unregelmäßige Formen. Ein Universalmesser mit einer Anzahl verschiedener Klingen komplettieren das Schneidwerkzeug.

Formen und Glätten

Mit einem mittleren, etwa 25 cm langen Hobel kann man Holz auf der Bank an Kanten und Oberfläche abhobeln. Um Kanten an einem Werkstück hobeln zu können, brauchen Sie einen flachwinkligen, etwa 18 cm langen Handhobel. Stechbeitel werden für grundlegendes Formen benutzt, ferner zum Schnitzen von Fugen und um kleine Flächen überstehenden Holzes auszuschnitzen. Ein fester Stechbeitel wird für Grundarbeiten benutzt, ein abgeschrägter für feinere Arbeiten.

Bohren

Ein Handbohrgerät mit einer Anzahl unterschiedlichen Holzbohrern ist nützlich, aber ein Stoßbohrer mit Spiralantrieb ist unerläßlich für einfache Schrankarbeiten. Ein Handbohrer oder eine Ahle (Vorstecher) ist nützlich, um Schraubenlöcher vorzubohren.

Hammer. Für viele ist der Hammer ein Werkzeug, mit dem Nägel eingeschlagen werden. Verschiedene Hämmer erfüllen jedoch auch andere Funktionen, und jeder Typ ist in verschiedenen Gewichten erhältlich. Einige der gebräuchlichen Hämmer haben eine spezielle Funktion.

Zimmermannshammer. 200 bis 850 g schwer, wird für allgemeine Zimmerarbeiten gebraucht, besonders um Nägel einzuschlagen und zu entfernen. Beim Entfernen von Nägeln beachten Sie bitte, daß der Nagel richtig in der „Klaue" sitzt und, ziehen Sie ihn dann erst gleichmäßig heraus.

Schlosserhammer. 170 bis 450 g schwer, wird zum Nageln, für Tischlerarbeiten und zum Metallbeschlagen benutzt.

Treibhammer, Kugelhammer. 110 g bis 1,4 kg schwer, wird für Metallarbeiten benutzt. Er besteht aus erhärtetem Stahl und wird nicht abgeschlagen.

Niethammer. 100 bis 110 g schwer, wird zum Befestigen von Reißzwecken, Stiften und kleineren Nägeln benutzt. Mit dem keilartigen Ende fängt man an, kleine Nägel einzuschlagen, die man zwischen den Fingern hält.

Holzhämmer, Schlegel. Es gibt zwei Typen — einen für Tischlerarbeiten und den Holzhammer für Schnitzarbeiten.

Schraubendreher. *Standard-Schlitzschraubendreher:* Er wird zum Eindrehen von Schrauben mit einem einzigen Schlitz im Kopf benutzt.
Elektroschraubendreher: Er treibt Schrauben automatisch rein oder raus,

Behandeln Sie Ihr Werkzeug pfleglich. Gehen Sie so sorgfältig mit dem Holzhammer um, daß Sie seine Holzgriffe nicht beschädigen können.

sofern man den Griff reindrückt. Die Sperrklinke schließt und erlaubt es, die Schraube rein- und rauszuschrauben, ohne den Schraubendreher vom Schraubenschlitz zu entfernen. Man kann Klingen für Schrauben verschiedener Größe einspannen und hat dadurch ein vielseitiges Werkzeug.

Kreuzschlitz-Schraubendreher: Dieser wird für moderne Kreuzschlitz-Schrauben verwendet, um mehr Halt zwischen Schraubendreherspitze und Schraubenkopf herzustellen.

Werkzeug und seine Pflege

Am einfachsten ist es, man geht pfleglich mit ihm um. Bewahren Sie Werkzeug sorgfältig auf, benutzen Sie es nur für das, wofür es gedacht ist, lassen Sie es nicht fallen. Trotz sorgfältiger Behandlung braucht das Werkzeug von Zeit zu Zeit aber auch Pflege. Abgesehen vom Mißbrauch hat es hauptsächlich zwei Feinde: Rost und Abnutzung.

Rost. Gute Bedingungen beim Aufbewahren sind erforderlich, um Rost fernzuhalten. Selbst an einer „trockenen" Stelle kann es Korrosion, z. B. während des kalten Wetters, geben, wenn die Werkzeuge nicht nahe genug bei rostabweisendem Papier liegen, oder geölt oder gelackt worden sind. Leinöl ist zum Bestreichen, nicht aber zum Schmieren geeignet. Tragen Sie es mit dem Wattebausch auf. Wenn ein Werkzeug Rost ansetzt, entfernen Sie ihn am besten mit Stahlwolle und feinem Öl. Wenn der Rost hierfür zu dick ist, kann er das Werkzeug schon ruiniert haben.

Abnutzung. Die meisten Werkzeuge sollten ein Leben lang oder länger überdauern. Von vielen sagt man: je älter, je besser. Was Werkzeuge verschleißt, ist lediglich fehlendes Abschmieren. Werkzeuge brauchen nicht viel Öl, aber sie brauchen die richtige Art und geschmiert sein an der richtigen Stelle.

Schmierstoffe. Eine gute Regel ist: wenig und oft. Ob Werkzeug täglich oder einmal in der Woche benutzt wird, seine Teile brauchen ein oder zwei Tropfen. Nach geeignetem Öl für Ihre Werkzeuge fragen Sie am besten Ihren Eisenwaren- oder Heimwerkerbedarfshändler.

Hochleistungs-Schmierstoffe. Es ist verlockend, einen Hochleistungs-Schmierstoff in unregelmäßigen Abständen zu verwenden, und manchmal geht das sehr gut, aber es hat seine Grenzen. Öle und Schmierstoffe, die Hochdruckschmierstoffe enthalten wie Molybdaen DiSulfide oder Graphit, sollten vermieden werden, denn ihre Moleküle brechen nicht leicht auseinander, wenn sie weniger Druck ausgesetzt sind, als dem, wofür sie hergestellt sind (z. B. in einem Automotor). Solch ein Druck kommt in Handwerkzeug nie vor. Dies bedeutet, daß ihre superharten Partikel als feines Scheuerpulver bleiben und das Werkzeug schnell abnutzen.

Schmieren. Alle Fette haben einen Nachteil — sie nehmen leicht Staub und Sand auf. Sie werden also am besten nur für geschlossene Gehäuse verwendet. Wenn Sie Fett benutzen müssen, dann nehmen Sie ein leichtes Vielzweck-Silikon-Fett. An Handbohrgeräten, Bohrern und Bohrwinden brauchen die beweglichen Teile einschließlich der Beschläge des Bohrwinden-Kopfes und des Gewindes nur leicht geschmiert zu werden. Das Werkzeug muß dazu nicht auseinandergenommen werden. Von elektrischen Geräten sollten das Kabel und der Motor professionell nach je 50 Stunden Gebrauch überprüft werden. Je nach Häufigkeit des Gebrauchs kann dies bedeuten, alle sechs Monate oder alle zwei Jahre. Man sollte ein elektrisches Gerät nie ohne regelmäßige Wartung benutzen, nur weil es gut funktioniert. Ölen oder schmieren Sie kein elektrisches Werkzeug. Wenn das Gerät regelmäßig gewartet wird, dann ist eine weitere Schmierung nicht nötig.

Ein Stahlbandmaß braucht keine Schmierung, außer wenn es zufällig

naß geworden ist. In diesem Fall sollte das Band voll ausgerollt und dann trokkengerieben werden. Rollen Sie das Band zurück ins Gehäuse, ziehen Sie es wieder heraus, und reiben Sie es mit einem leicht geölten Lappen ab, während es zurückgleitet.

Bänke und Zwingen. Ihre Werkbank ist ein Werkzeug, eine Haltevorrichtung und eine Richtlinie für Kanten und Flachheit der Oberfläche. Wenn man die Werkbank mit gebührender Vorsicht benutzt, dann sollte sie nur ein gelegentliches Abreiben mit einem fein eingestellten flachwinkligen Hobel erfordern, außer dem Ölen oder Lakkieren zum Schutz des Holzes. Eine sehr rauhe oder unebene Fläche deckt man besser mit einem neuen dicken Brett ab: Spanplatte ist besonders gut geeignet, da sie flach und zudem relativ preiswert ist.

Wenn ein Schraubstock sich verkantet oder wackelt, wird er für Sie mehr Hindernis als Hilfe sein, wenn nicht sogar Gefahr bedeuten. Ziehen Sie deshalb Bolzen und Schrauben von Zeit zu Zeit fest. Nehmen Sie den Schraubstock teilweise auseinander, um ihn zu säubern und zu ölen.

Ersetzen Sie die hölzerne Backenverkleidung eines Schraubstocks bevor sie so abgenutzt ist, daß sie das eingespannte Holz markiert, und benutzen Sie dazu ein Hartholz. Sägen Sie die neue Verkleidung auf dieselbe Größe wie die bisherige, und befestigen Sie sie mit Schrauben oder Bolzen an ihrem Standort.

Schraubzwingen. Ein bißchen Öl am Gewinde und am kleinen Kugelgelenk am Gewindeende sollte eine Schraubzwinge wirksam arbeiten lassen. Die Zwingen sind aus biegsamem Eisen hergestellt und können wieder gerade gehämmert werden, wenn sie verbogen oder anderswie beschädigt worden sind.

Schlagwerkzeuge. Schraubendreher, Hämmer und Holzhämmer werden besonders oft mißbraucht. Hämmer müssen regelmäßig daraufhin geprüft werden, ob der Griff noch fest sitzt.

Wenn der Hammerstiel einmal lose ist, dann weichen Sie das Werkzeug auf keinen Fall in Wasser ein. Dadurch schwellen lediglich die Fasern im Hammer-„Auge“, und ihre Stärke wird zerstört. Lassen Sie den Griff ersetzen, oder, wenn auch der Kopf abgenutzt ist, kaufen Sie einen neuen Hammer, bevor der alte jemandem Schaden zufügt. Prüfen Sie die Schlagfläche häufig. Jedes Anzeichen von Rissen oder Absplittern deutet an, daß der Kopf ersetzt werden muß. Ein Splitter, der von einem beschädigten Hammerkopf fliegt, kann große Geschwindigkeit erreichen und viel Schaden anrichten.

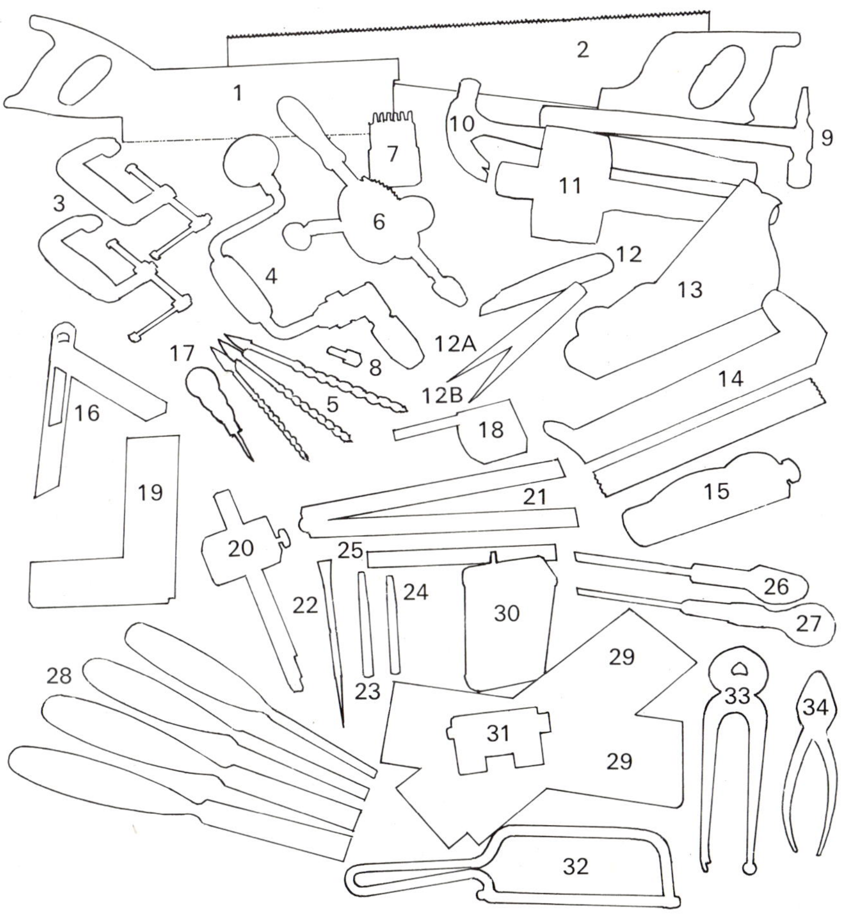

1 Rückensäge
2 Fuchsschwanz
3 Schraubzwingen
4 Bohrwinde
5 Holzbohrer
6 Handbohrmaschine
7 Spiralbohrer
8 Spitzsenker (Krauskopf)
9 Schlosserhammer
10 Zimmermannshammer
11 Holzhammer
12 Universalmesser
13 Hobel
14 Raspel
15 Handhobel
16 Schmiege
17 Ahle (Vorstecher)
18 Bandmaß
19 Anschlagwinkel
20 Streichmaß
21 Zollstock
22 Anreißnadel
23 Durchschlag
24 Körner
25 Tischler-Bleistift
26 Kreuzschlitz-Schraubendreher
27 Schraubendreher
28 Stechbeitel
29 Ölstein
30 Maschinenöl
31 Gerät zum Schärfen der Säge
32 Kleine Bügelsäge
33 Kneifzange
34 Kugelzange

Säubern Sie also die Schlagfläche mit Schleifpapier, so daß man jede schadhafte Stelle leicht erkennt. Brüche in den hölzernen Griffen, die man nicht sofort repariert, können ebenfalls Schaden anrichten.
Holzhämmer sind aus Hartholz, Buche oder Esche hergestellt. Ein Tropfen Leinöl von Zeit zu Zeit verhindert das Austrocknen. Gelegentlich sollten sie mit einem fein eingestellten, scharfen Hobel ein wenig bearbeitet werden, aber beim richtigen Gebrauch mit Material, das weicher ist als das eigene Holz, wird dies nur selten nötig sein. Einen losen Kopf befestigt man derart, indem das Werkzeug andersherum auf eine feste Oberfläche geklopft wird.

Bürsten, Pinsel. Pinsel werden nach Gebrauch oft vernachlässigt. Sie erhalten wenig Pflege, bis sie getrocknete Farbe und Lack so verhärtet haben, daß man große Mengen Farbentferner benötigt —, und dann ist es oft zu spät. Um einen guten Pinsel in gutem Zustand zu halten, sollte er nach Gebrauch in der entsprechenden Lösung gereinigt und danach in warmem Wasser und Reinigungsmittel ausgewaschen werden. Trocknen Sie die Bürste, glätten Sie die Borsten in Form, und bewahren Sie sie in einem Plastikbeutel auf, der um den Griff mit einem Gummiring zugebunden ist. Bewahren Sie sie liegend oder hängend auf. Wenn Bürsten regelmäßig gebraucht werden, können Sie sie auch in eine Dose mit Bürsten-Reiniger hängen. Die Flüssigkeit sollte bis an das Ende der Borsten reichen und aufgefüllt werden, wenn sie verflogen ist. Bürsten sollten nie auf den Borsten stehen, da sie sich sonst verformen.

Stechbeitel. Obwohl Stechbeitel zu den wirksamsten Werkzeugen zählen, die es gibt, sind es gleichzeitig auch die gefährlichsten. Sorgfältige Aufbewahrung und ein richtiges Schärfen sind notwendig, um die Stechkante effektiv zu halten. Sie werden einen Karborund-Ölstein benötigen und ein paar Tropfen Öl. Halten Sie den Stechbeitel mit der abgeschrägten Seite flach auf den Stein in einem Winkel von etwa 30°. Arbeiten Sie vor und zurück, während Sie die Stellung des Werkzeugs auf dem Stein verändern, um Abnutzung zu verhindern. Drehen Sie den Stechbeitel um, und ziehen Sie die Rückseite über den Stein, um den „Grat" zu entfernen.

Schraubwerkzeuge. Die zwei gebräuchlichsten Typen sind der Schraubendreher und der Elektro-Schraubendreher. Jeder Typ schließt Schraubendreher verschiedener Größe ein oder Spitzen, die in die Köpfe der entsprechenden Schrauben passen. Versuchen Sie weitgehendst, die Schraubendreherspitze und den Schraubenschlitz passend zu halten, um an beiden Schäden zu vermeiden.

Schraubendreher. Sowie es Zeichen von Abstumpfung oder Schäden an der Spitze gibt, muß diese zurechtgefeilt werden. Kleine Schraubendreher werden leicht beschädigt, indem sie für große Schrauben verwendet werden. Um die Spitze eines Schraubendrehers zu erneuern, klammern Sie ihn in einen Schraubstock, wenn nötig zusammen mit Holzstückchen. Benutzen Sie eine flache Metallfeile, und feilen Sie das vordere Ende flach und eckig. Dann feilen Sie alle vier Seiten nacheinander.

Elektro-Schraubendreher. Diese benötigen nur gelegentlich ein oder zwei Tropfen Öl am Spannfutterärmel. Ziehen Sie das Spannfutter so an, als ob Sie eine neue Spitze einsetzen wollten, und geben Sie etwas Öl auf die vordere kleine Stelle. Das Öl wird sich dann langsam zum Sperrklinkenmechanismus zurückarbeiten. Zuviel Öl oder Schmiere auf dem gerillten Triebstab trägt Schmutz zurück in den Mechanismus und nutzt ihn ab. Es ist besser, hier zuwenig als zuviel Öl zu verwenden.

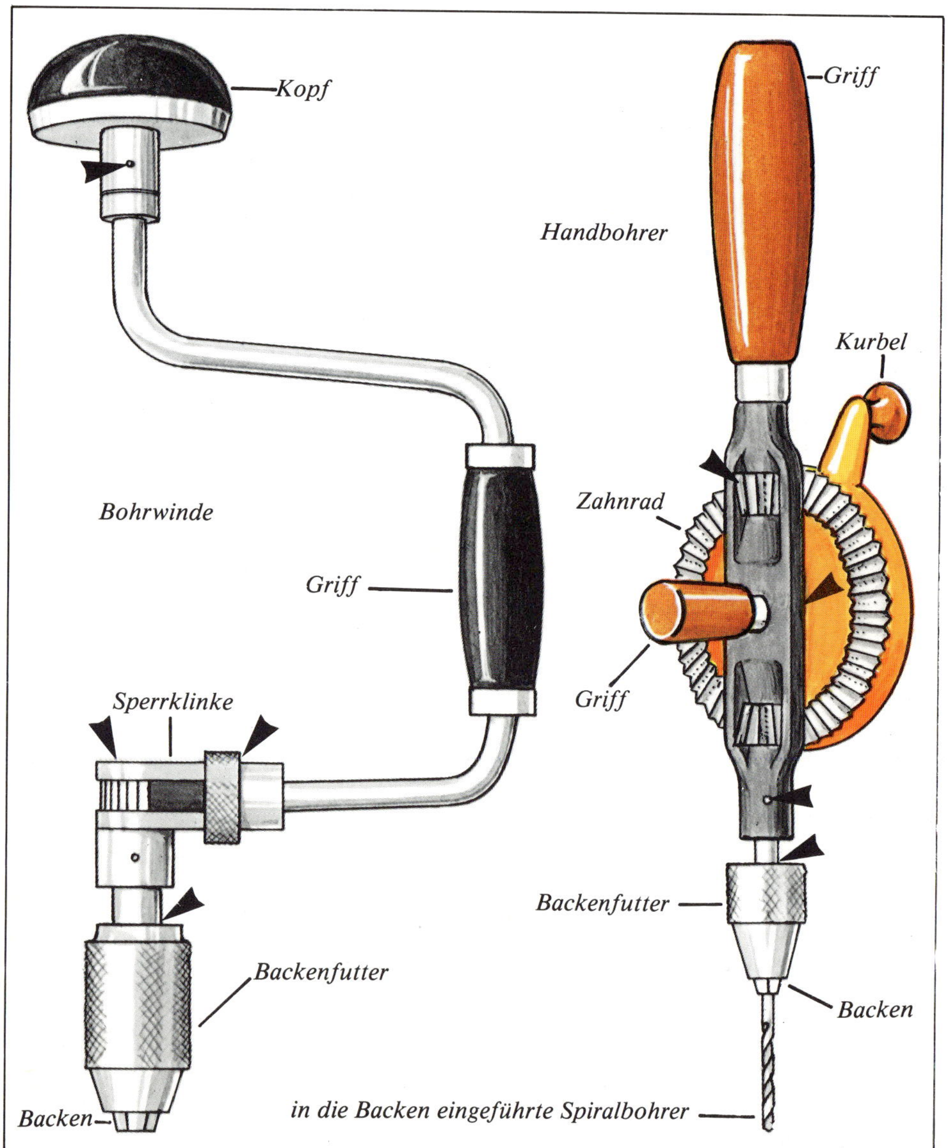

Pfeile zeigen die Teile an, die geschmiert werden müssen. Benutzen Sie Haushaltsöl dazu.

Fangen Sie mit einfachen Reparaturen an

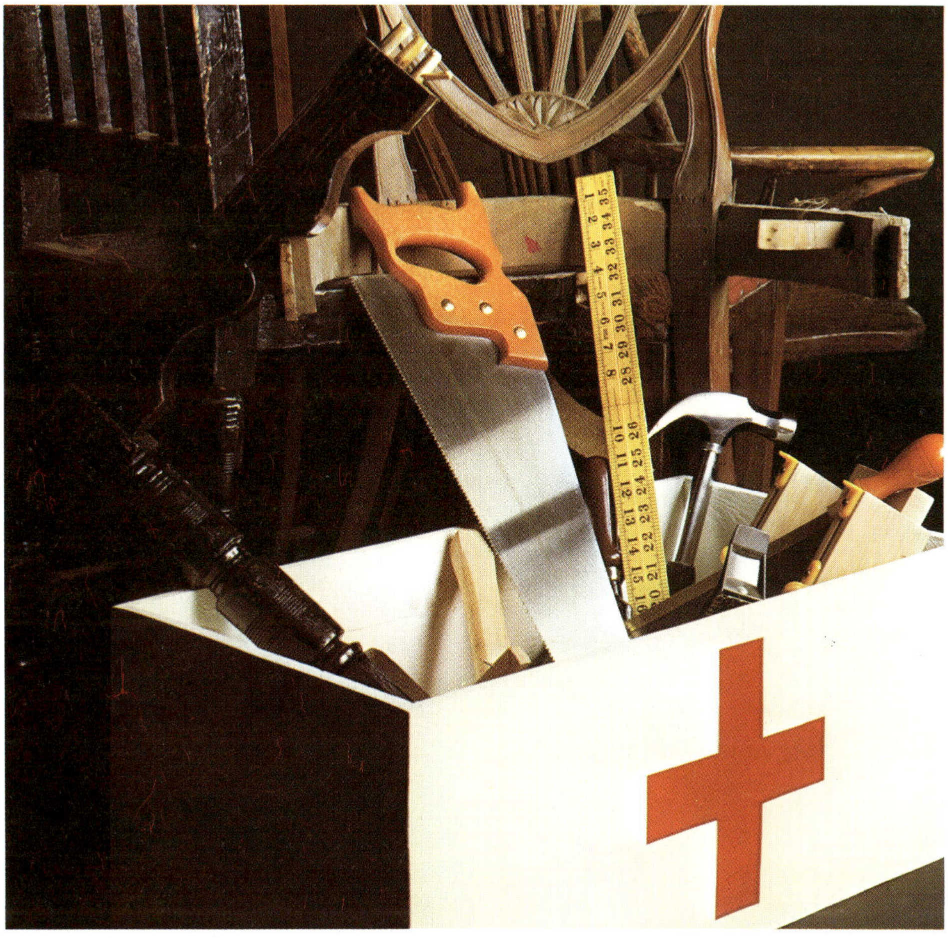

Stuhlbeine werden wackelig, oder eine Rückenlehne arbeitet sich lose. Ein gedeckter Tisch wackelt beim Essen hin und her. Schubladen klemmen oder fallen heraus. Scharniere und Rollen werden lose. Dies sind einige der Schäden, die an alten und viel benutzten Möbeln vorkommen können, die aber verhältnismäßig einfach zu reparieren sind.

Ein guter Doktor weiß jedoch, wann man einen Spezialisten zu Hilfe rufen sollte, genau wie ein geübter Heimwerker weiß, wann es sinnvoll ist, ein Möbelstück vom Fachmann aufarbeiten zu lassen, und wann man es zu Hause reparieren kann. Dies gilt für alle Probleme, die Sie nicht klar erkennen können, sowie für alle wertvollen Antiquitäten. Wenn durch eine Reparatur eine gute Politur oder das Furnier beschädigt würde, das danach nicht leicht zu ersetzen ist; wo nach der Reparatur komplizierte Formen hergestellt werden müssen; wenn Sie eine spezielle Ausrüstung kaufen müßten, die in keinem Verhältnis zu den möglichen Erfordernissen steht, dann ist eine professionelle Behandlung ratsam.

Dies sind jedoch spezielle Fälle. Ein großer Teil der üblichen Reparaturen, das Befestigen und Glätten, das von Zeit zu Zeit nötig ist, kann mit einer Werkzeug-Grundausrüstung erfolgreich ausgeführt werden. Fangen Sie mit einfachen Reparaturen an, um sich später allmählich zu vervollkommnen.

Kleber

Extra-starke, schnell-trocknende moderne Klebstoffe sind größtenteils an die Stelle der früher bei Möbelherstellern üblichen organischen Klebstoffe getreten. In manchen Fällen wirkt ein moderner Klebstoff besser als ein Nagel am richtigen Fleck. Kaltleime für Holzarbeiten binden in 30 bis 60 Minuten, müssen mit Zwingen gehalten werden und trocknen in 24 Stunden. Epoxidharzleim klebt so schnell, daß man eine kleinere Reparatur manchmal nur ein paar Minuten zusammenhalten muß und keine Zwingen benötigt. Beachten Sie vor dem Leimen die Anweisungen auf der Packung. Kein Klebstoff wird beispielsweise in schmutzigen oder feuchten Spalten haften.

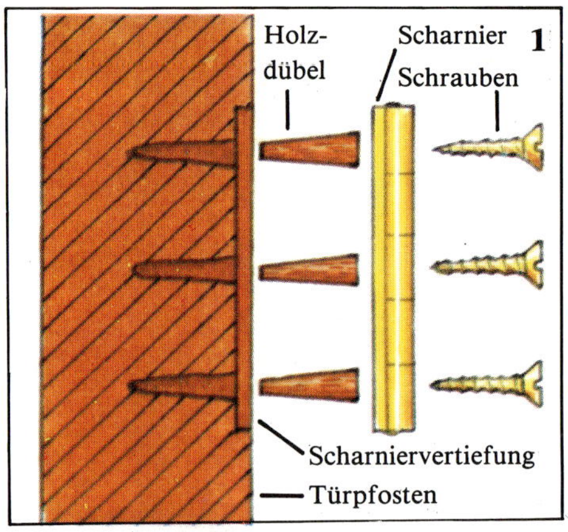

1 Reparatur eines losen Scharniers mit Dübeln.

Korrektur ungleicher Stuhlbeine

2 Prüfen Sie mit Hilfe von Holzstückchen, wieviel abgesägt werden muß.

3 und 4 Sägen Sie die langen Beine kürzer, und achten Sie darauf, waagerecht zu sägen.

Lose Scharniere und andere Metallteile

Es ist verhältnismäßig einfach, Scharniere, Schlösser und dergleichen zu ersetzen oder neu zu befestigen.

Das Holz zieht sich zusammen, und auf die Schrauben wirkt durch das ständige Öffnen und Schließen der Türen eine Hebelkraft. Zusammen verursacht dies, daß sich die Schraubenlöcher vergrößern und der Eisenbeschlag hin und herrutscht und sich schließlich lockert. Solange das Holz am Rand nicht stark weggesplittert ist, können die meisten losen Schrauben wieder fest eingedreht werden. Nehmen Sie kleine Dübel, die etwas länger sind als die Schrauben und sich am Ende verjüngen. Sie müssen genau in die Schraubenlöcher passen und am Ende auf einer Fläche mit der Oberfläche abschließen. Ersetzen Sie das Metallteil, und schrauben Sie die Schrauben in die Dübel. Wenn das Holz ringsum stark zersplittert und eingebrochen ist, sollten Sie das Loch etwas größer bohren und einen entsprechend dickeren Dübel nehmen.

Das Ersetzen von Rollen

Sind die Löcher zwecks Rollenbefestigung zu groß geworden, dann füllen Sie sie mit entsprechend langen Dübeln und etwas Holzleim aus, damit Sie die Rollen wieder befestigen können. Wenn das Bein eingebrochen ist, dann heben Sie die Rolle vorsichtig mit dem Schraubendreher aus ihrem Gehäuse heraus, und entfernen Sie es. Stecken Sie den Schraubendreher in das Loch im Bein, und drücken Sie den Riß vorsichtig auf. Drücken Sie Klebstoff in die Spalte. Halten Sie sie dann fest mit einer Zwinge zusammen, notfalls mit Weichholzblöcken geschützt, bis der Leim trocken ist. Säubern Sie das Loch, und passen Sie die Rolle wieder ein.

Ungleiche Beine

Verlassen Sie sich nicht allein auf gefaltete Pappe, um ein Stuhl- oder Tischbein vom Wackeln abzuhalten. Prüfen Sie zuerst, ob das Bein oder der Fußboden uneben ist. Stellen Sie dazu das Möbelstück auf eine Fläche, von der Sie wissen, daß sie eben ist. Eine Spanholzplatte ist wahrscheinlich eben, weil sie ziemlich stabil ist und sich nicht verzieht. Wenn der Boden uneben ist, dann versetzen Sie einfach den Stuhl.

Um ungleiche Beine zu reparieren, müssen alle vier Beine auf dieselbe

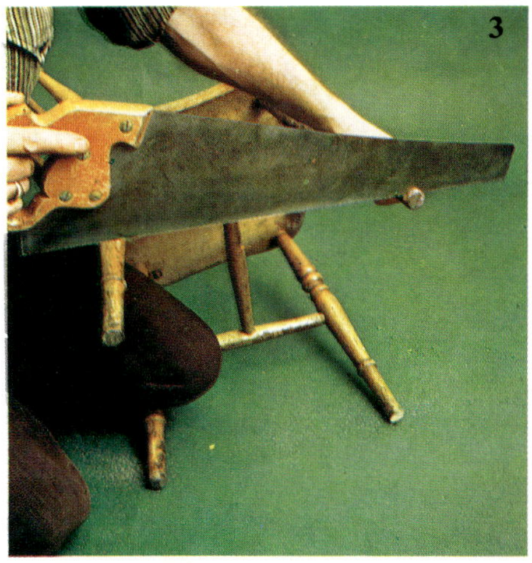

Sägen Sie die Beine waagerecht!

Länge gesägt werden. Achten Sie besonders darauf, ob die hinteren Beine im Winkel stehen. Stellen Sie den Stuhl auf eine feste Fläche. Legen Sie kleine Stücke Holzabfall oder Pappe unter das kurze Bein (oder die kurzen Beine), bis der Stuhl gerade steht. Sägen Sie ein Stück Holz ab, das etwas dicker ist als die Abfälle unter dem zu kurzen Bein. Halten Sie dann dieses Stück auf die feste Fläche, und markieren Sie die Dicke gegen jedes Stuhlbein. Sägen Sie diese Enden sorgfältig ab, und halten Sie das Ganze im rechten Winkel. Säubern Sie die gekürzten Beine mit Schleifpapier.

Brüche, Risse, Splitter

Gerade Brüche in Armlehnen, Beinen und dergleichen von Tischen oder Stühlen können mitunter auch repariert werden ohne das ganze Stück auseinanderzunehmen. Prüfen Sie zuerst, ob der Bruch durchgehend ist und keine Stücke fehlen, so daß die Kanten so eng zusammengeklammert werden können, daß man keine stark markierte Linie sieht. Öffnen Sie den Riß sorgfältig, und drücken oder pinseln Sie sodann Holzleim so tief wie möglich hinein. Streichen Sie den Leim mit einem Holzabfall oder einem Stück Pappe rasch in die Spalte, ehe er getrocknet ist. Wischen Sie überschüssigen Leim vor dem Klammern ab, da er nach dem Trocknen schwierig zu entfernen ist. Zum Klammern können Sie Zwingen benutzen und das Holz mit zwei Holzstücken schützen. Sie können jedoch auch aus einer Wäscheleine und einem Stück Holz eine Art Drehkreuz herstellen oder aber Gewichte oder einen tragbaren Schraubstock verwenden. Der Druck muß fest sein, darf jedoch nicht so fest sein, daß die Reparatur auseinanderklappt. Füllen Sie alle Spalten mit Holzfüller an, bevor Sie die Oberfläche neu behandeln. Frische Brüche in Beinen aller Form können zusammengeleimt werden, aber sie brauchen eine Stütze durch einen Verbindungsdübel. Hauen Sie zuerst einen kleinen Nagel in einen Abschnitt des Bruches, feilen Sie den Nagelkopf scharf, und pressen Sie dieses Ende in den anderen Abschnitt des Bruchs. So erhalten Sie eine genaue Markierung, wohin der Dübel letzten Endes soll. Entfernen Sie den Nagel, und bohren Sie mit der Hand ein kleines Loch in jede Seite des Bruchs. Benutzen Sie dazu einen Bohrer vom gleichen Durchmesser wie der Dübel hat. Runden Sie die Enden des Dübels etwas ab, und machen Sie der Länge nach eine Rille in den Dübel, durch die der überschüssige Leim austreten kann. Tauchen Sie ein Ende in Leim, und schlagen Sie es in ein Loch, leimen Sie den anderen Abschnitt und klopfen Sie ihn auf den Dübel. Zuvor geben Sie etwas Leim auf die gebrochene Oberfläche.

Holzplatten werden nicht in die Nuten an den Seiten der Schränke geleimt, damit das Holz arbeiten kann. Es ist meist möglich, die Fugen zwischen den Platten neu zu leimen, indem man sie vorübergehend von innen mit Schrauben oder Nägeln zusammenhält, bis der Leim getrocknet ist. Alte Platten verziehen sich oft oder brechen durch. Wenn es nicht möglich ist, diese Brüche zu leimen, dann füllen Sie kleine Risse mit Holzkitt aus, der etwas dunkler ist als das rohe Holz.

Lose Fugen

Fugen lockern sich oft durch das natürliche Arbeiten des Holzes, weil es im Laufe der Jahre austrocknet. Beim Trocknen schrumpft es — nur sehr wenig in Maserungsrichtung, aber meist ganz entschieden quer zur Maserung. Die Schlitze von Verzinkungen und Verzapfungen erweitern sich, und die hineinpassenden Zapfen ziehen sich zusammen. Schließlich kann auch der organische Leim (der ziemlich elastisch ist) die Bewegung nicht mehr mitmachen, und die Verbindung beginnt sich zu lockern. Wenn man das Ganze nicht schnell repariert, kann leicht etwas Holz ausbrechen, und die Bewegung an den Zapfen wird so noch größer. Nachstehend werden die hauptsächlich vorkommenden Verbindungen beschrieben, die Ihnen wahrscheinlich begegnen werden.

Holzverbindungen

Dübeln. Hier werden zwei Stücke durch Dübel zusammengehalten, die jedoch meist nicht an der Oberfläche zu sehen sind.

Schwalbenschwanz-Verzinkung ist die mehrfache Verzahnung keilförmiger Zapfen hauptsächlich als besonders haltbare Eckverbindung. Dazu gehören die einfache, offene und die halbverdeckte sowie die Gehrungsverzinkung. Die lockeren Verbindungen können leicht auseinandergeklopft und neu geleimt oder repariert werden. Ein festes Ziehen an jedem Teil genügt oft, sonst können die Teile mit Hilfe eines Holzspans und eines Holzhammers getrennt werden. Bevor Sie jedoch daran gehen, überlegen Sie, welche anderen (unbeschädigten) Teile zuerst entfernt werden müssen. Wenn z. B. die lockere Verbindung an einer Querstange an der Rückenlehne eines Stuhles ist, dann müssen alle darüberliegenden Querstangen entfernt werden. Ist jedoch das gebrochene Stück eine Querstange zwischen zwei Stuhlbeinen, dann kann es sein, daß die Beine genug nachgeben, damit die beschädigte Stange entfernt und neu befestigt werden kann, ohne daß zuvor der ganze Stuhl auseinandergenommen werden müßte. Zwingen Sie die Beine jedoch nicht mit Gewalt auseinander, Sie könnten sonst vollkommen intakte Verbindungen im Rest des Stuhls beschädigen. Die beschädigten Teile können wie folgt entfernt werden: Legen Sie einen Abfall-Holzblock auf das zu entfernende Teil, direkt neben

Grundlegende Holzverbindungen

Einige mit Variationen — wie die Finger-Zapfen-Verbindung im Schränkchen unten, die die Enden der Zapfen in den Schlitzen versteckt.

Die Beine des „Windsor"-Stuhls sind gedübelt. Wenn das Bein gebrochen oder wacklig ist, kann es entfernt, neu gebohrt und wieder angebracht werden, wie auf dieser Seite beschrieben. Die Querleisten des Tisches sind mit Keil-Zapfen-Verbindungen befestigt. Wenn sich diese gelockert haben, kann der Zapfen mit winzigen Keilen erweitert werden.

Schwalbenschwanz-Verzinkungen werden an Schubladenecken benutzt. Sie müssen vorsichtig auseinandergeklopft und der alte Leim ersetzt werden. Er muß vollkommen entfernt werden, sonst passen die Schwalbenschwänze nicht wieder ineinander.

der Verbindung und auf derselben Seite. Halten Sie das zu entfernende Teil fest, und hämmern Sie mit dem Holzhammer den Block gegen das anschließende Holzstück, bis die Verbindung auseinander geht. Es kann sein, daß Sie dazu Hilfe benötigen.

Wenn das Stück in der Verbindung gebrochen ist, dann muß es vom Rest des Stücks abgesägt werden. Die Verbindung kann mit Dübeln zusammengehalten sein. In diesem Fall führen Sie einen Stechbeitel in die Verbindung, und wenn die Spitze den Dübel erreicht, dann schlagen Sie fest mit dem Holzhammer darauf, um den Dübel zu brechen. Schleifen Sie die Enden der Dübel auf die Oberfläche runter, und bohren Sie die Dübel aus beiden Enden heraus. Messen Sie die Tiefe der Löcher mit dem Bleistift. Nehmen Sie neue Dübel vom gleichen Durchmesser wie die Löcher, ein wenig kürzer als die Löcher tief sind. Leimen und klopfen Sie die Dübel in die Löcher auf einer Seite, leimen Sie dann die vorstehenden Stücke der Dübel und die anderen Löcher. Klammern Sie die Verbindung zusammen, bis der Leim sich gehärtet hat.

Zapfen, die durch ein Rahmenteil ganz hindurchgehen, zeigen sich z. B. als Rechtecke von unterschiedlicher Maserung auf der anderen Seite des Rahmenteils. Oft können diese durch Keile so erweitert werden, daß sie genau in ihr Zapfenloch passen. Keile sollten aus Hartholz geschnitten werden. Buche und Mahagoni sind dazu sehr nützlich.

Vergrößerung eines Zapfens. Sägen Sie zwei oder drei dünne Keile, die langsam spitz zulaufen, in der Breite vom Ende des Zapfens. Schneiden Sie mit dem scharfen Stechbeitel Schlitze in den Zapfen, die etwas schmaler sind als der Zapfen selbst. Bestreichen Sie die Keile mit Leim, und klopfen Sie sie mit einem leichten Hammer und einem Holzabfall in die Schlitze. (Zwei oder drei kleine Keile sind besser als ein großer.) Hobeln Sie die Keile bis auf die Oberfläche ab, nachdem der Leim getrocknet ist. Der Zapfen muß ganz drin stekken, wenn die Keile eingeklopft werden.
Schwalbenschwanz und blinde Zapfen-Verbindungen können nicht auf diese Weise behandelt werden. Beide Arten

können jedoch vorsichtig auseinandergeklopft und neu geleimt werden.

Spreizen eines Zapfens. Nachdem man blinde Zapfen-Verbindungen einmal auseinandergenommen hat, kann man kleine Schlitze einsägen, in die entsprechende Keile passen. Diese werden geleimt, teilweise in die Schlitze eingeführt und schließlich ganz hineingetrieben, wenn die Verbindung zusammengesetzt wird. Der Zapfen spreizt sich dadurch und sitzt fest. Diese Methode ist sehr wirksam, jedoch problematisch für ungeübte Heimwerker, da ein zweiter Versuch fast ausgeschlossen ist.

Am häufigsten gibt es Probleme mit übergroßen Keilen. Vergewissern Sie sich deshalb, wie stark der Zapfen vergrößert werden muß, damit er genau in das Loch paßt. Sägen Sie die Schlitze dazu etwas länger, als nötig scheint; formen Sie die Keile mit einer schwachen Verjüngung und zur genauen Länge (ein bißchen kürzer als die gesägten Schlitze, die ihrerseits nicht tiefer als zur Hälfte in den Zapfen reichen sollten). Messen Sie die Gesamtbreite der Keile an deren dickem Ende. Sie sollte nicht wesentlich größer sein als die Breite, um die Sie den Zapfen vergrößern wollen. Sie muß jedoch um einen Bruchteil größer sein, damit die Reparatur hält. Bedenken Sie, daß Sie die Keile nicht kleiner sägen können, nachdem Sie die so reparierte Verbindung zusammengeklammert haben.

Da Sie eine ganze Verbindung auseinandernehmen müssen, werden Sie auf alle zusammengehörigen Teile Leim geben müssen, d. h. auf alle Teile, die ineinandergreifen, nicht nur auf die Keile. Es ist am besten, denselben Leim zu benutzen, der vorher verwendet wurde, da das Holz damit bereits getränkt ist. Spuren von bräunlicher Masse lassen auf organischen Leim schließen, weißliche Ablagerungen auf modernen Kunstharzkleber.

Entfernen Sie alten Klebstoff von Winkeln und Ecken, bevor Sie eine Verbindung neu zusammensetzen. Kleber wird beim Klammern mit Zwingen herausgedrückt. Sie können einen organischen Leim erhärten lassen, bevor Sie den Überschuß abschneiden. Die meisten modernen Arten werden aber so hart, daß Sie die geleimten Ränder besser mit einem feuchten Tuch abwischen sollten, nachdem die Zwingen befestigt sind. Die Klammer-Zeit wird vom ersten Auftragen des Leims an gerechnet, und die Trockengeschwindigkeit kann kürzer sein, als die Gebrauchsanleitung angibt, wenn Sie im warmen Zimmer arbeiten. Setzen Sie zum Üben alles ohne Leim zusammen. Kleine Stifte halten die Verbindung dabei zusammen.

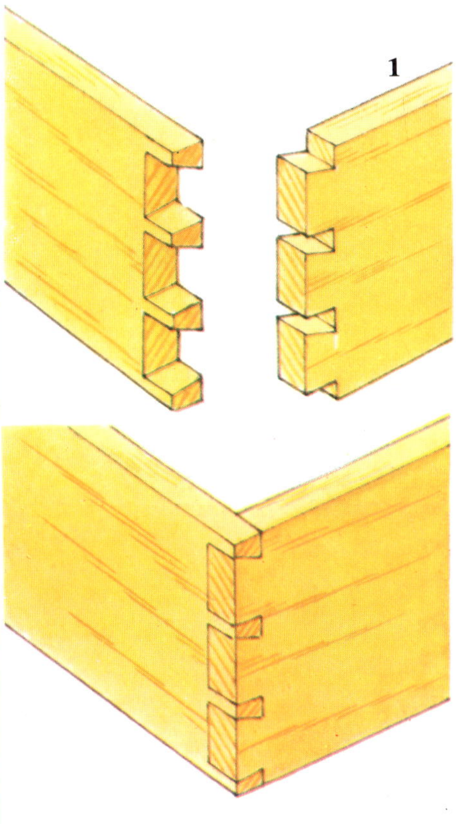

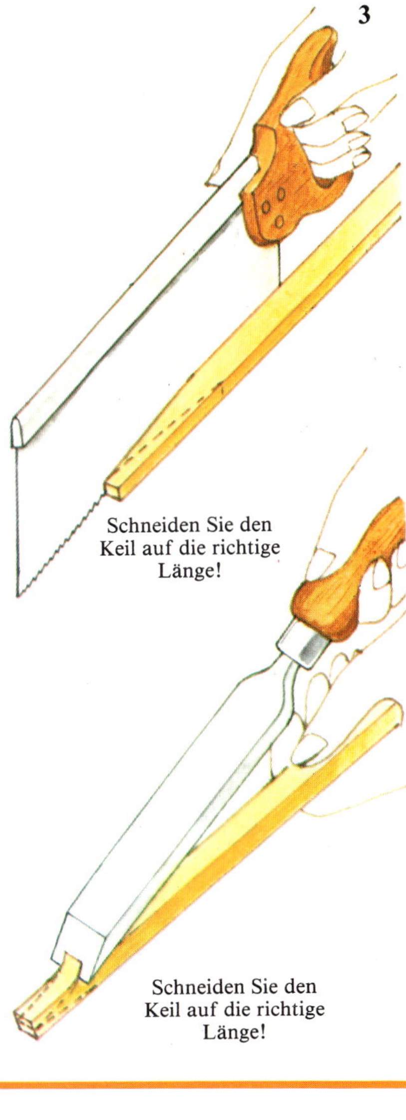

1 Detail einer Schwalbenschwanz-Verzinkung, oft an den Seiten von Schubladen benutzt.
2 Das Erweitern eines Zapfens ist sehr effektiv, erfordert jedoch Geduld und Sorgfalt.
3 Stellen Sie einen Keil mit Säge oder Stechbeitel her, feilen und schleifen Sie ihn dann auf die richtige Größe.

Die gute Behandlung des Holzes

Beim Trödler übersieht man oft derart attraktive Stücke, weil sie schmutzig und vernachlässigt sind.

Viele alte Möbel sind jahrelang schlecht behandelt worden, obwohl ihre Konstruktion noch in gutem Zustand ist. Weisen Sie also kein gutes Stück vom Trödler zurück oder etwas von Verwandten Vererbtes, nur weil die Oberfläche abgenutzt ist. Es gibt nur wenige Oberflächen an soliden alten Möbeln, die nicht mit etwas Geduld und Geschick restauriert werden könnten. Manche Menschen gehen oft an alten, wenn auch nicht gerade antiken oder besonders wertvollen Möbelstükken vorbei. Dicke Anstrichschichten oder schmutzige Farbe, beschädigter Lack, Kratzer, Brandstellen oder Wasserflecken sind zu sehen auf ursprünglich feinem Holz — all' das kann gesäubert werden oder notfalls abgehobelt und wesentlich verbessert. Es ist erstaunlich, wie gut das natürliche Holz wieder zum Vorschein kommt nach nur wenig Aufwand und geringen Kosten. Versuchen Sie es zuerst an einem kleinen Stück, ehe Sie die vernachlässigten Schätze bearbeiten und wieder gebrauchen können.

Wenn Sie glauben, daß das Stück, das Sie gerade sehen, antik und wertvoll sein kann, dann lassen Sie es auf jeden Fall von einem Experten begutachten, bevor Sie irgend etwas damit tun. Es kann sein, daß es in seinem Originalzustand, selbst wenn beschädigt, mehr wert ist, als wenn ein Laie daran repariert. Die Patina, die sich nach jahrelanger liebevoller Pflege und mühsamem Polieren gebildet hat, kann durch keine verkürzte moderne Methode vorweg genommen werden: verhalten Sie also, bevor Sie sie zerstören.

Als erstes ist beim Renovieren von alten Möbeln das gründliche Säubern wichtig. Danach werden Sie eine bessere Vorstellung haben von der Qualität des verwendeten Holzes, und Sie können dann entscheiden, welche Restaurierungsmethode am besten geeignet ist, oder ob Sie es nicht besser ganz unberührt lassen. Nachdem der Schmutz entfernt wurde, kann es sein, daß das Stück überhaupt nur noch eine gute Politur nötig hat.

Das Säubern von Möbeln

Schütten Sie niemals Seifenlauge über Holzgegenstände. Das Holz kann sich leicht derart voll Wasser saugen, daß es sich verzieht. Feine Oberflächen, besonders furnierte, können damit für immer ruiniert werden. Wenn Ihr Stück nur leicht verschmutzt ist, dann reicht zum Säubern ein gut ausgewrungenes Leder mit einem milden Reinigungsmittel. Wischen Sie es danach sofort trocken. Schwere, dreckige Wachspolitur-Ansammlungen können mit einem in Terpentin getauchten Lappen gesäubert werden. Seien Sie sorgfältig mit furnierten Flächen, besonders mit solchen, die dekorative Muster aus Furnieren haben. Diese sind sehr dünn und wahrscheinlich mit einem Eiweißleim befestigt. Wenn Sie Wasser oder ein Lösungsmittel zwischen das Furnier rinnen lassen, kann sich der Klebstoff lösen, das Furnier wellt sich, und Sie werden vor einer komplizierten Restaurierungsaufgabe stehen. Wenn Sie sich nicht sicher sind, ob das Stück tatsächlich mit einer dünnen Furnierplatte belegt ist, dann sehen Sie sich die Kante einer flachen Fläche genauer an. Man kann normalerweise sehen, wo die Furniere verbunden sind. Diese Warnung gilt auch für alle dekorativen Verzierungen sowie Einlagen aus Elfenbein, Ebenholz und anderen Materialien.

Ein einfaches Möbelstück aus Massivholz kann etwas rauher behandelt werden; die feinste Stahlwolle, in Terpentin getaucht, wird verdickten Lack entfernen. Mit einem milden Scheuerpulver auf einem angefeuchteten Tuch kann man weniger wertvolle Stücke säubern. Nachdem Sie ein Stück gesäubert haben, kann es sein, daß Sie es lediglich überpolieren, und die Oberfläche mit einer der nachstehend beschriebenen Methoden wiederbeleben müssen. Andererseits kann es sein, daß Ihnen jetzt erst Kratzer, Kerben und andere Makel auffallen, die Sie zuerst behandeln müssen.

Alte Lacke

Alte Möbel wurden oft mit Materialien behandelt, die heute nicht mehr im Gebrauch sind. Es kann deswegen kompliziert sein, einen alten Lack mit modernen Mitteln auszubessern. Hier gibt es keine für alle Fälle geltenden Richtlinien. Im allgemeinen ist es für einen Anfänger einfacher, ein Stück bis aufs rohe Holz freizulegen, als kleine Flekken aufzufrischen. Gewisse Techniken wie z. B. „Französische Politur" erfordern Übung.

Geölte oder gebeizte Oberflächen verdunkeln das Holz, aber verdecken nicht die Maserung. Wenn es sich über Jahre hinweg gesammelt hat, dann ist die Oberfläche ziemlich widerstandsfähig, nicht-glänzend und wasser-abweisend. Eiche, Tanne und verschiedene Fichten- und Buchenhölzer wurden traditionell mit Öl und Wachs behandelt, oder mit Öl und einem speziellen Lack. Weichhölzer sind im allgemeinen nicht zum Ölen geeignet. Man erkennt, ob ein Stück als Firnis lediglich Wachs und Öl hat, indem man eine kleine Fläche mit Terpentin und einem weichen Tuch abreibt. Nach kurzer Zeit kommt das Rohholz zum Vorschein.

Wachspolituren. Diese sind traditionell immer aus einer Mischung von Bienenwachs und Terpentin hergestellt worden, oder mit Karnauba. Moderne Polituren haben Silikon-Bestandteile und die Oberflächen sind widerstandsfähiger gegen Wasserflecken. Eine Wachspolitur ist nicht sehr dauerhaft auf rohem Holz. Die Oberfläche sollte zuerst mit einem modernen Lack versiegelt werden. Wachspolitur kann jedoch hervorragend nach anderen Überzügen verwendet werden und um eine „Französische Politur" zu verbessern. Wenn nach Ihrem Terpentin-Test immer noch eine polierte Oberfläche zu sehen ist, dann reiben Sie ein wenig Spiritus ein. Wenn dann die Oberfläche weich und klebrig wird, dann ist sie „französisch" poliert worden.

Französische Politur. Dies ist ein sehr traditioneller Überzug, der oft auf antiken und weniger alten Möbeln gefunden wird. Er wird aus Schellack und Spiritus hergestellt, aber die charakteristische spiegelartige Oberfläche erhält das Möbelstück durch die eigentliche Anwendung. Es ist eine feine, die Maserung hervorhebende Politur, die jedoch leicht durch Flüssigkeiten oder Hitze beschädigt wird.

Lackierungen. Sie sind durch eine harte, glänzende, normalerweise durchsichtige Schicht charakterisiert. Es gibt unzählige Arten von Lacken — einige basieren auf natürlichem Harz, andere auf Zellulose und anderen Synthetika. Die meisten massen-produzierten Möbel in den letzten 50 Jahren wurden mit einem Zellulose-haltigen Lack bedeckt. Dies kann man am dicken, bräunlichen, schichthaften Auftrag erkennen.

Moderner synthetischer Oberflächenschutz. Oft haben Polyurethan-Harze denselben Effekt wie ältere Lacke. Kunstharzlacke sind widerstandsfähiger gegen Hitze, Wasser, Kratzer und Flecken als Zellulose-Lacke oder „Alte Lacke". Sie lassen sich auch schwieriger entfernen.
Ein weiterer Test, um die Art des Firnis festzustellen, ist, einen kleinen Fleck mit einer Rasierklinge abzukratzen. Von „Alten Lacken" sollten sehr dünne Schnitzel oder Kräusel kommen; Öllakke ergeben dickere Schnitzel; und Zellulose-Lacke lassen sich nur als Pulver abkratzen.

Einige mögliche Funde aus Trödlerläden oder von Auktionen; obwohl sie zunächst wenig versprechen, sind sie solide gemacht und leicht aufzuarbeiten.
Nachdem Sie bei allen Stücken das rohe Holz freigelegt haben, kann man das natürliche Aussehen durch eine spezielle Behandlung betonen. Der Stuhl wurde mit einem klaren Lack gestrichen (Reste des alten Lacks sind noch in der Maserung); das Schränkchen wurde gekalkt und klar lackiert; der Bank wurde mit verdünnter Beize ein neuer Farbton gegeben.

Das Wiederbeleben der Oberfläche

Nach dem Säubern können Sie feststellen, daß eine „alt lackierte“ Fläche intakt ist, aber daß Sie sie auffrischen wollen. Stellen Sie den Glanz wieder her mit einer Mischung aus fünf Teilen Spiritus, zwei Teilen aufgekochtem Leinöl und einem Teil echtem Terpentin. Tragen Sie die Mischung sparsam mit einem weichen Tuch auf die Fläche auf, ständig in Kreisen oder Achten reibend, und halten Sie das Tuch nie still auf einem Fleck. Die Ecken und Kanten müssen genausogut wie die Mitte der Fläche behandelt werden, denn hier zeigen sich Abnutzung und Schmutz am stärksten. Schwabbeln Sie die Fläche mit einem sauberen, trockenen Tuch, und bringen Sie sie auf Hochglanz.

Wenn eine Oberfläche mit „Altem Lack“ in feine Haarlinien gerissen ist oder leichte Kratzer hat, können Sie versuchen, sie „neu zu verschmelzen“. Reiben Sie sie zuerst mit derselben Mischung wie oben ein, und überstreichen Sie sie dann leicht und schnell mit Spiritus. Das wird den Schellack in der Politur auflösen, und wenn Sie Glück haben, wird er verlaufen und eine glatte Oberfläche erzeugen. Lassen Sie die Oberfläche vollkommen trocknen, bevor Sie Ihren Erfolg überprüfen, danach reiben Sie sie mit einem weichen Tuch ab. Wenn Sie nicht vorsichtig genug waren, um die Makel auszuglätten, ohne die Oberfläche anzugreifen, dann müssen Sie den „Alten Lack“ vollkommen entfernen und das Stück neu beschichten.

Stark beschädigte Flächen mit „Altem Lack“ können wiederhergestellt werden mit Füller, der die Brüche füllt und gleichzeitig eine neue Oberfläche schafft. Gießen Sie die Flüssigkeit in eine Untertasse. Machen Sie einen Ballen aus weichem, fusselfreien Material, der gut in Ihre Hand paßt, und tauchen Sie ihn in den Füller. Tragen Sie ihn in ständig kreisender Bewegung auf, ohne abzusetzen oder den Lappen hochzunehmen (außer an den Kanten), sonst zeigt sich ein Fleck. Verstärken Sie den Druck langsam. Die Politur trocknet durch die mit dem Reiben erzeugte Wärme, aber wenn Sie am Anfang zu stark reiben, dann wird der Lappen kleben. Wiederholen Sie dieses Auftragen, bis die Fläche gleichmäßig glänzt. Dieser Prozeß erfordert Übung. Wenn die Politur für Ihren Geschmack zu glänzend ist, dann können Sie ihn zu einem matten oder satinartigen Aussehen abreiben mit feinster Stahlwolle und einem Schuß Möbelpolitur. Da der Prozeß dem des Auftragens von „Altem Lack“ sehr ähnlich ist, können Sie genausogut den beschädigten Lack entfernen und lernen, wie man „Alten Lack“ auf die traditionelle Weise aufträgt, als die Oberfläche auf die „zweitbeste“ Art zu renovieren.

Beschädigte Oberflächen

Kratzer. Feine Kratzer können oft mit einer im Laden erhältlichen Politur beseitigt oder mit einem feinen Scheuerpulver angefeuchtet in Leinöl weggerieben werden. Seien Sie dabei sehr vorsichtig, damit Sie die Schicht nicht verletzen, und polieren Sie nach.

Risse. Schmelzen Sie ein paar Späne Wachs in einem Löffel über einer Kerze, und färben Sie das Ganze passend zum Holzton mit etwas Künstlerfarbe. Gebrannte Siena hat den rötlichen Farbton des Mahagoni, rohes Umbra hat einen schwärzlich-braunen Ton, der gut zu vom Alter gedunkelten Holz paßt. Gießen oder reiben Sie die Mischung in den Sprung, und wenn sie hart ist, glätten Sie die Oberfläche mit einer Rasierklinge. Diese Methode funktioniert weniger gut auf einer stark abgenutzten Fläche. Sie können Holzfüll-Pasten kaufen, die in den meisten Farben erhältlich sind. Sie werden in

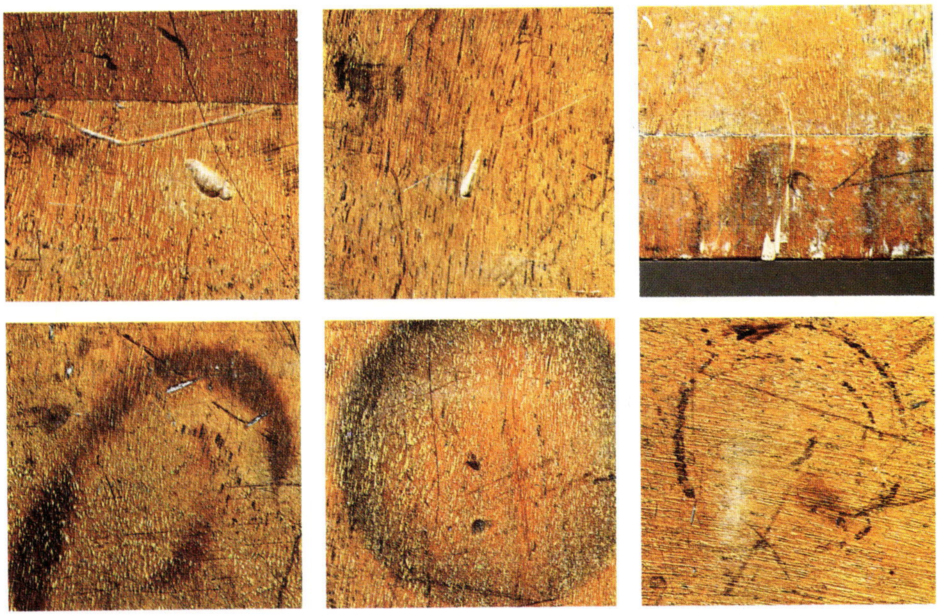

Typische Beschädigung und Abnutzung auf Oberflächen. Dellen, Kratzer, Brandstellen, schwarze Flecken können durchweg behoben werden.
Unten: Gebräuchliche Weichhölzer mit der Farbveränderung nach der Behandlung. Von links nach rechts: Parana Fichte, Sibirische Fichte, Britisch Kolumbische Fichte, Schwedische Fichte und westliche Rote Zeder.

die Risse gedrückt und nach dem Erhärten mit einem feinen Schleifpapier abgerieben. Sie können die Reparatur auch mit einer Fingerspitze gefärbter Ölfarbe überdecken.

Wärmeringe. Wärme hinterläßt weiße Flecken auf Zellulose und alt lackierten Flächen. Reiben Sie die Flecke mit einer Mischung aus einem Teil Terpentin und einem Teil Leinöl ab. Wischen Sie dann mit Weinessig darüber, und wiederholen Sie das, wenn nötig. Sie können es auch mit angefeuchteter Zigarrenasche versuchen oder mit einem im Laden erhältlichen Scheuerpulver zum Entfernen von solchen Ringen.

Schwarze Flecke. Diese werden meist durch Wasser, das unter die schützende Schicht geraten ist, verursacht. Sie werden die Schicht darüber entfernen müssen. Die meisten älteren Überzugsmittel sind wasserempfindlich, Terpentin entfernt Wachspolituren, Spiritus entfernt Schellackpolituren, oder die vorgeschriebene Nitroverdünnung entfernt Zellulosemattierungen. Sie können versuchen, den schwarzen Fleck mit sehr feinem Schleifpapier zu entfernen.

Stoßstellen. Diese können manchmal mit einem feuchten Lappen und einem warmen Bügeleisen wieder angehoben werden. Legen Sie den Lappen auf die Kerbe, und stellen Sie das Bügeleisen darauf. Die Feuchtigkeit läßt die Oberfläche anschwellen und sich ausebnen. Achten Sie darauf, die Oberfläche nicht zu verbrennen, weil das Bügeleisen zu heiß ist oder zu lange auf einer Stelle steht. Schützen Sie auch alles ringsum, besonders das Furnier.

Brandstellen. Leichte Brandstellen können mit Schleifpapier oder angefeuchteter Zigarrenasche weggerieben werden. Nehmen Sie feines Papier, und gehen Sie sanft damit um. Stellen Sie die Farbe wieder her mit etwas Künstler-Ölfarbe, Schuhcreme in der richtigen Farbe, gefärbter, kratzerverdeckender Politur oder ähnlichem. Wenn alles trocken ist, polieren Sie es sorgfältig nach.

Alkohol. Diese Flüssigkeit wird fast alle alten Oberflächen beschädigen, wischen Sie daher alles Vergossene sofort ab, und lassen Sie die Oberfläche trocknen. Wenn Sie Markierungen auf einer Fläche mit altem Lack haben, dann probieren Sie die vorher beschriebenen Techniken aus. Das mildeste Scheuerpulver (traditionell Zigarrenasche) wird helfen, gefolgt von einer sanften Politur mit Möbel-Wachs. Bei starken Schäden kann es sein, daß die Oberflächenschicht entfernt und das Möbelstück neu lackiert und poliert werden muß.

Das Entfernen von Lackschichten

Dies kann auf verschiedene Weisen geschehen: mechanisch, durch Hitze oder chemisch. Bedenken Sie, daß das Entfernen des Lacks, das Ausbessern von Fehlern und das neue Auftragen von Lack nicht unbedingt bedeuten, daß der Lack vom ganzen Möbelstück entfernt werden muß. Die Oberplatten von Möbeln erfahren im allgemeinen die stärkste Abnutzung und sind am stärksten beschädigt. Es ist deswegen eine gute Idee, den Lack von der Deckplatte zu entfernen und sie mit einem modernen, weniger empfindlichen Überzug zu bedecken.

Mechanisches Farbentfernen.
Sie benötigen: einen Schaber mit Doppelklinge, einen einfachen Schaber oder einen improvisierten Schaber wie beispielsweise ein Stück Glas in der entsprechenden Größe (zerbrechen Sie eine dickwandige Flasche in einem Plastikbeutel. Wählen Sie eine geeignete Scherbe, und umwickeln Sie die Kanten, die Sie in der Hand halten werden, mit Klebestreifen).
Für kleine beschädigte Flächen benutzen Sie einen Schaber mit Doppelklinge. Nehmen Sie die gezahnte Seite zum Anreißen der Farbe, und rasieren Sie den Farbfilm mit der anderen, glatten Klinge ab, indem Sie sie wie einen Hobel benutzen.
Die meisten Flächen können mit einer einfachen Ziehklinge ohne Griff abgekratzt werden. Dies ist ein einfaches, billiges Werkzeug, eine Stahlplatte von etwa 10 × 5 cm. Eine Seite davon ist absolut gerade, und jede der Kanten dieser Seite ist in einem Winkel von etwa 20° abgefeilt, oder mit einem Schraubendreher umgebogen, um einen Grat zu erzeugen, der sauber in den Lack schneidet. Sie halten die Ziehklinge mit beiden Händen mit der geschärften Seite nach unten. Pressen Sie beide Daumen auf die Mitte, so daß das Metall dadurch in eine leichte Kurve gebogen wird. Kratzen Sie dann den Lack ab, indem Sie das Werkzeug zu sich ziehen, und zwar der Maserung entlang, nicht quer zu ihr. Für Kurven und Beschläge ist eine kleine Glasscherbe nützlich, für die Stellen, an die man mit dem Spachtel nicht herankommt, nimmt man grobe und mittlere, danach feine Stahlwolle. Für Löcher und Ecken nehmen Sie einen alten, aber scharfen Fugenkratzer oder Stechbeitel.

Abbrennen. Achtung! Die folgende Technik sollte nur mit äußerster Vorsicht angewandt werden, und nur an Flächen, die neu gestrichen werden.

Sie benötigen: eine Lötlampe mit Abbrenneraufsatz, einen breiten Spachtel, 75 mm, eine Asbestplatte, zum Schützen der Arbeitsfläche, einen Behälter (nicht aus Plastik) für die Farbabfälle, Terpentinersatz, zum Säubern der Oberfläche, mittleres Schleifpapier, um saubere Flächen aufzurauhen.

Werkzeuge zum Lackentfernen: *Oben links: Ziehklinge. Oben rechts: Lötlampe mit Abbrenneraufsatz. Untere Reihe, von links nach rechts: Flächenstreicher, Spachtel, Allzweckschaber, Skarstenschaber mit Doppelklinge.*

Dies ist die schnellste Art, Farbe zu entfernen. Wenn Sie jedoch damit noch keine Erfahrung haben, sollten Sie die Flächen nur abbrennen, die später überstrichen werden sollen. Es ist nämlich fast unmöglich, die Farbe von der Oberfläche abzubrennen, ohne sie hier und da zu beschädigen. Die Farbe schmilzt durch die Hitze der Lötlampe. Es gibt verschiedene Farbabbrenneraufsätze, von einer punktuellen Flamme bis zu einem breiten Fächer für große Flächen. Wählen Sie die für Ihre Zwecke geeignetsten.

Behandeln Sie Ihre Lötlampe und die Flamme immer mit Vorsicht, und benutzen Sie Blech oder, besser, eine Asbestplatte, um Fußboden und Arbeitsfläche vor heißen Farbstreifen zu schützen. Wenn Sie die Lötlampe zum ersten Mal benutzen, dann nehmen Sie nur eine flache Fläche. Schwierige Flächen wie Beschläge oder Holzflächen rings um Spiegeln, sollten besser mit einer anderen Methode behandelt werden, da das Holz beschädigt werden und das Glas unter der Hitze springen kann, besonders dann, wenn die Flamme zu groß ist oder zu lange still gehalten wird.

Bewegen Sie das Gerät vorsichtig hin und her über der Oberfläche, und wenn sich die Farbe kräuselt, kratzen Sie sie mit dem Spachtel ab, den Sie im Winkel halten (so daß die erweichte Farbe nicht auf Ihre Hände fällt).

Gewöhnen Sie sich an, die Flamme während des Schabens von der Oberfläche wegzuhalten: dadurch vermeiden Sie unbeabsichtigte Verbrennungen der Oberfläche und das Entflammen der Farbabfälle.

Chemisches Farbentfernen.
Sie benötigen: Abbeizer — benutzen Sie einen im Laden erhältlichen Farbabbeizer; einen alten Pinsel, um den Abbeizer aufzutragen. Eine Zahnbürste ist nützlich, um ihn in die Lücken zu bekommen; einen Spachtel für ebene Flächen; eine dicke Schicht Zeitungen, oder eine Asbestplatte, um den Fußboden zu schützen; einen Behälter (nicht aus Plastik) für die Farbabfälle.

Mit Spiritus oder einem in Terpentin getränkten Lappen werden gewachste und geölte Flächen abgerieben. Für Farbschichten, Lackfirnis und die meisten modernen Oberflächenmaterialien braucht man einen im Handel erhältlichen Abbeizer. Feine Oberflächen, Furniere und Einlegearbeiten säubert man abschließend mit einem terpentinhaltigen Lappen.

Tragen Sie den Abbeizer mit einer alten Bürste sorgfältig auf, und arbeiten Sie ihn in alle Spalten und Risse ein. Lassen Sie das Mittel auf die Farbe allmählich einwirken, bis sie sich „anhebt". Wenn dann die behandelte Fläche Blasen bildet und sich kräuselt, dann stoßen Sie die Farbschicht mit einem Spachtel vorsichtig ab. Stoßen Sie den Spachtel von sich weg, und werfen Sie die stark ätzenden Farbstreifen sofort in einen Behälter. Die Abbeizer nehmen in der ersten Anwendung selten eine schichtartige Oberfläche bis aufs rohe Holz ab, sondern entfernen sie schichtweise. Mehrere Anwendungen können also nötig sein. Lassen Sie den Abbeizer alleine arbeiten, ohne mit dem Spachtel nachzuhelfen.

Wickeln Sie die Abfälle ein, und werfen Sie sie in die Mülltonne außer Reichweite von Kindern und Tieren. Tragen Sie alte Kleidung und Handschuhe, schützen Sie Ihre Augen. Arbeiten Sie draußen, oder lassen Sie die Fenster offenstehen. Vermeiden Sie, die chemischen Dämpfe einzuatmen. Waschen Sie die abgebeizten Flächen sofort mit viel Wasser ab.

Wenn die Fläche bis aufs Holz freigelegt ist, dann säubern Sie sie entsprechend den Anweisungen des Herstellers. Nachdem die Oberfläche trocken ist, arbeiten Sie mit feiner Stahlwolle oder Schleifpapier darüber. Dadurch werden die letzten Spuren des Abbeizers entfernt, und man vermeidet, daß Überreste mit neu aufgetragenen Oberflächenmitteln reagieren.

Antiquitätenhändler legen Hartholz und Fichten-Möbel frei, indem sie die Möbel in ein Gefäß mit chemischer Farbentferner-Lösung tauchen, die auf 66° angeheizt ist. Wenn Sie ein geeignetes Gefäß haben, dann mischen Sie etwa eine halbe Tasse Trisodium-Phosphat pro Liter Heißwasser, um eine gesättigte Lösung herzustellen (d. h. eine, in der sich keine weitere Menge der Chemikalie lösen würde). Tauchen Sie das Objekt hinein, erhitzen Sie die Lösung ein wenig, und dann werden sich die aufgetragenen Schichten lösen. Spülen Sie sie mit sauberem Wasser ab, und lassen Sie das Möbel langsam und gründlich trocknen, bevor Sie es neu lackieren. Dieses chemische Mittel ist billig und wenig ätzend, schützen Sie trotzdem aber Haut und Kleidung. Achten Sie auch darauf, daß Ihr Möbelstück diese Prozedur verträgt, die normalerweise das Holz aufquellen läßt, alten Leim löst und daher das ganze Stück zusammenfallen lassen kann.

Eine ebenso schnelle wie billige Methode, um alte Farbe zu entfernen, ist, das entsprechende Möbel an einem warmen Tag — über 21°C — nach draußen zu stellen (nicht in die Nähe von Gras und Blumen) und es mit einer Ätznatron-Lösung abzuscheuern. Beachten Sie die

Links: Wenn Sie Lack entfernen, schützen Sie Ihre Hände und den Fußboden, und geben Sie dem Lackentferner Zeit zum Einwirken.
Unten: Das Ergebnis ist die Mühe wert.

Hier sehen Sie verschiedene Arten, Holz freizulegen; wählen Sie die sorgfältigste Methode für wertvolle Möbel, um die Stücke für den neuen Klarlackauftrag vorzubereiten.

1 Sie können den alten Lack vorsichtig mit einem Schaber abkratzen. Dies ist die pfleglichste, aber auch anstrengendste Methode.

2 Ein Skarstenschaber mit Doppelklinge ist geeignet für kleine Flächen und weniger wertvolle Möbel.

3 Chemische Mittel erweichen und lösen Farbe und Lack, so daß sie vorsichtig abgekratzt werden können. Nehmen Sie den Allzweckschaber für schwierige Stellen, besonders Intarsien und Ecken.

4 Verwenden Sie eine Lötlampe für dick verkrustete Farbe auf einer Fläche, die Sie neu lackieren wollen. Stellen Sie die Flammengröße vorsichtig ein, so daß das Holz nicht ansengen kann.

5 Heben Sie die Farbe schnell mit einem Spachtel ab, wenn sie sich kräuselt.

1

2

3

4

5

Anweisungen auf der Packung, und fügen Sie das Mittel dem Wasser zu, und *nicht* umgekehrt, weil die Mischung sonst sprudeln und spritzen würde. Tragen Sie entsprechendes Arbeitszeug und Gummihandschuhe, und setzen Sie eine Schutzbrille auf, wenn Sie die Lösung mit einem alten Lappen auf dem Gegenstand verteilen. Lassen Sie die Oberfläche aufweichen, und spritzen Sie sie dann mit einem Schlauch ab. Etwas Essig neutralisiert das Ätznatron. Diese Behandlung macht das Holz dunkler und ist nur für Türen und dergleichen geeignet. Waschen Sie die Arbeitsfläche unbedingt gründlich ab, nachdem Sie die Arbeit beendet haben, denn empfindliche Haut kann durch Natronkristalle leicht verletzt werden.

Bleichen

Wenn das rohe Holz freigelegt wurde, kann es — wie gesagt — sein, daß die Farbentfernungsprozedur den Holzton verdunkelt hat oder daß Sie sowieso einen helleren Farbton vorziehen würden. Man kann den Holzton leicht aufhellen, indem man ein starkwirkendes Haushaltsmittel verwendet. Für einen besseren Gegenstand benutzen Sie Holzbleiche, die es im Handel gibt und beachten genau die Herstelleranleitung, wie lange die Bleiche auf dem Holz bleiben muß. Farbentfernungs- und Bleichmittel heben die Holzfasern an, besonders bei Weichhölzern. Nachdem das bearbeitete Stück vollkommen trocken ist, sollten Sie es vorsichtig mit Schleifpapier in Faserrichtung abschleifen, bevor Sie eine neue Grundierung auftragen. Beachten Sie stets, wertvolle, furnierte oder dekorierte Stücke nie zu naß werden zu lassen!

Unterschiedliche Holzbearbeitungen

Es gibt verschiedene Behandlungen für rohes Holz, die die Farbe oder seine Maserung hervorheben beziehungsweise eine Schutzschicht über dem Holz bilden. Wenn Sie Ihr Stück freigelegt und restauriert haben, wollen Sie dem Holz sicher ein neues Aussehen geben. Die nachstehend beschriebenen Methoden lassen sich auch gut auf neue unbearbeitete Holzflächen anwenden.

Kalken wird hauptsächlich für Eiche verwendet und soll die volle Schönheit der Holzmaserung betonen. Man füllt dabei alle Poren und Maserungslinien an der Oberfläche mit fein gemahlenem Kalk, so daß sie im Vergleich zum Holz blasser wirken. Das Kalken hat zwei weitere Vorzüge: die Füllung der Eichenoberfläche macht das Holz wesentlich glatter als es ohne Behandlung wäre. Außerdem bleicht die verwendete Kalk-und-Wasser-Paste die natürliche Gelbheit aus dem Holz und läßt es in einem attraktiven Grau-Braun erscheinen.

Kalk verträgt sich nicht gut mit bestimmten Versiegelungsmaterialien. Wenn Sie also eine endgültige Schutzschicht hinzufügen wollen, ist es ratsam, daß eigentliche Kalken zu unterlassen und statt dessen einen weißen Holzfüller zu benutzen.

Mit auf Gips basierenden Füllern, die zum Füllen von Löchern in Decken und Wänden benutzt werden, erzielt man ähnliche Resultate. Sie können auch modernen, durchsichtigen Maserungsfüller mit Titan-weißem Pulver vermischt verwenden. Bedenken Sie jedoch, daß diese Füller nicht denselben Bleich-Effekt haben wie Kalk.

Kalken wirkt am besten auf Hölzern, die eine offenporige Maserung haben wie Eiche, Ulme und viele Mahagoniarten. Buche und Obstbaumhölzer mit engporiger Maserung nehmen Kalk nicht so leicht auf. Um die Maserung etwas zu öffnen und sichtbarer zu machen, bürsten Sie mit einer feinen Drahtbürste in Faserrichtung. Arbeiten Sie sorgfältig und vorsichtig, so daß Sie die Holzfasern nicht zerstören.

Sie benötigen: Kalk (Gartenkalk) und Wasser. Achtung! Kalk ist ätzend! Tragen Sie Gummihandschuhe, und schützen Sie Ihre Arbeitsumgebung; grobe Lappen, feine Stahlwolle, feinkörniges Schleifpapier; eine feine Drahtbürste (wahlweise); weiße Wachspolitur: fügen Sie Zinkweiß-Pulver hinzu, um den Kontrast der weißen Ablagen in der Holzmaserung zu vergrößern.

Bereiten Sie die Holzoberfläche vor, sauber und staubfrei. Rauhen Sie, wenn nötig, die Maserung mit der Drahtbürste auf.

Fügen Sie 1 kg wasserhaltigen Kalk zu 3,5 l Wasser. Mischen Sie dies zu einer breiigen Paste. Damit sollten Sie eine ziemlich große Tischplatte behandeln können. Reiben Sie die Paste mit einem groben Lappen oder mit Stahlwolle in das Holz. Reiben Sie kreisförmig, so daß alle Poren und Maserungsvertiefungen gefüllt werden. Wenn der Kalk halbtrocken ist, reiben Sie allen Überschuß mit einem Tuch quer zur Maserung ab. Ist er vollkommen getrocknet, glätten Sie die Oberfläche mit feinkörnigem Schleifpapier. Danach wischen Sie sie mit einem sauberen Tuch ab. Mit dem Lappen oder Pinsel tragen Sie die Politur auf. Wenn alles trocken ist, reiben Sie nochmals nach. Auch einen anderen Füller können Sie benutzen, er wird mit Wasser zu einer Paste vermengt und wie Kalk aufgetragen. Schleifen und wischen Sie alles ab, wie oben beschrieben, und tragen Sie dann eine moderne Versiegelung auf. Ein wasserklarer Lack wird am besten aussehen. Bedenken Sie, daß die meisten Kunstharzlacke nach dem Auftragen etwas bräunlich wirken, selbst wenn sie als „klar" ausgezeichnet sind.

Räuchern. Achtung! Diese Methode sollten Anfänger nicht anwenden, da es hierbei auf große Genauigkeit ankommt. Die herkömmliche Methode, die natürliche Holzfarbe durch Räuchern zu verändern, ist, das rohe Holz den Dämpfen auszusetzen, die von entsprechenden chemischen Mitteln abgegeben werden — normalerweise Ammoniak. Es wird meist für Eichenholz verwendet und färbt dies dunkelbraun. Es ist schwierig, den Farbton zu überprüfen, der von einem hellen bis zu einem fast schwarzen Ton variieren kann. Die Dämpfe vieler Chemikalien verdunkeln das Holz, aber es ist schwierig, den Effekt vorauszusagen oder zu kontrollieren. Ein anderes Problem sind die Oberflächenbehandlungen, die nach dem Färben verwendet werden können. Es ist kompliziert, chemische Überreste zu entfernen, die nach dem Räuchern im Holz bleiben.

Ammoniakdämpfe sind für diese Methode am üblichsten. Sie setzen sich nicht danach im Holz fest und beeinflussen so den Lack weniger. Sie heben und rauhen die Fasern auch nicht zu sehr an und müssen nicht neutralisiert werden.

Anleitung: Bereiten Sie eine luftdichte Kiste oder Kammer als Räucherraum vor, groß genug, um das Möbelstück hineinzustellen. Große Möbel können nicht zu Hause geräuchert werden. Das Holz selbst darf mit dem Ammoniak

Nadelholz-Schränkchen, das mit Salpetersäure gebeizt wurde.

Die Säure wird mit einer Wasser-Soda-Lösung neutralisiert.

Das fertige Schränkchen

nicht in Berührung kommen. Das Möbel muß deswegen am besten auf einer Unterlage stehen oder irgendwie aufgehängt werden. Das Ammoniak wird in einen flachen Behälter gegeben, und die aus ihm aufsteigenden Dämpfe bewirken den Räuchervorgang. Der Effekt hängt davon ab, wie gut die Dämpfe eingefangen werden, so daß sie auf das Holz gründlich einwirken können, bevor sie entweichen. Am besten ist es, wenn Sie ein geräuchertes Möbelstück reparieren wollen — das neue Holz vor der Reparatur zu räuchern. Gutes Lüften sollte danach geschehen, am besten ist es jedoch, Sie arbeiten im Freien.

Sie benötigen: eine konzentrierte Ammoniaklösung (Salmiakgeist); Behälter für das Ammoniak — z. B. zwei oder drei Untertassen —; eine Vorrichtung, um das Möbelstück aufzustellen oder aufzuhängen; einen großen luftdichten Behälter.

Gießen Sie das Ammoniak in eine Schale. Atmen Sie die Dämpfe dabei nicht ein, und gießen Sie sie nicht über Ihre Haut. Stellen Sie das Möbelstück unmittelbar über die Ammoniakschale, und machen Sie den Behälter so luftdicht wie möglich. Prüfen Sie das Holz immer wieder, bis es den gewünschten Farbton hat, und nehmen Sie es dann aus den Dämpfen. Sie können dem Holz ein dunkles Aussehen geben, indem Sie das Ammoniak mit einem Schwamm oder Tuch auftragen. Die Farbe wird dann dunkler als durch das Räuchern. Tragen Sie dabei aber auf jeden Fall Gummihandschuhe, und arbeiten Sie in einem gut durchlüfteten Raum.

Beizen. Diese Bezeichnung kann für diverse Behandlungsmethoden angewendet werden. Früher wurden Fichtenmöbel mit Gips bearbeitet, um sie zum Streichen glatt zu machen. Der Gips blieb in der Maserung, wenn der aufgestrichene Lack entfernt wurde. Auch Beize, mit der man alte Farbe entfernte, hatte keinen Einfluß auf den Gips. Er blieb deswegen in den breiten Frühjahrs-Wachstumsringen des Holzes und betonte so das natürliche Maserungsmuster.

Heute wird ein gebeiztes Aussehen auf Fichtenholz erreicht, indem man verdünnte Salpetersäure auf das Holz streicht. Dies vertieft die natürliche Farbe, verbessert den Kontrast in der Struktur und kann auf Weichholz verwendet werden.

Sie benötigen: Verdünnte Salpetersäurelösung — zwei Teile Säure auf acht Teile Wasser. Beachten Sie: obwohl es sich nur um eine 20%ige Salpetersäurelösung handelt, so ist es doch ein gefährliches chemisches Mittel, das im Haus zu handhaben ist. Am besten kaufen Sie es bereits verdünnt. Wenn Sie es selbst mischen müssen, dann fügen Sie die Säure dem Wasser zu, Schuß für Schuß, so daß die entstehende Hitze sich besser verteilen kann. Gießen Sie nie das Wasser in die Säure; die Hitze, die sich bei dieser Mischung entwickelt, ist genug, um das Wasser zum „Kochen“ zu bringen beziehungsweise spritzen und sprühen zu lassen. Waschen Sie alle Spritzer mit viel Wasser sofort ab.

Glas- oder Porzellanbehälter für die Säure; einen alten Streichpinsel; Soda, feinkörniges Schleifpapier.

Das Holz sollte sauber und trocken sein. Tragen Sie mit dem Pinsel die Säurelösung so gleichmäßig wie möglich der Maserung entlang auf. Sowie Sie den gewünschten Farbton erreicht haben, neutralisieren Sie die Säure mit einer starken Lösung von Soda und Wasser — zwei Teile Soda auf ein Teil Wasser. Spülen Sie mit klarem Wasser ab. Die Feuchtigkeit quillt hierbei meist die Fasern auf, so daß die Oberfläche mit Schleifpapier leicht geglättet werden muß, wenn sie vollkommen getrocknet ist.

Brennen. Farbe und Maserung in Fichte und ähnlichen Weichhölzern können durch leichtes Brennen mit einer Lötlampe betont werden. Sie erhalten einen gleichmäßigen Effekt, wenn Sie eine flache, breite Düse anbringen. Die weicheren Holzteile verkohlen leichter als die harten. Bürsten Sie mit einer Drahtbürste die Maserung entlang. Dadurch werden die verkohlten Teile abgebürstet, und der Kontrast wird noch stärker. Die Oberfläche kann mit einem modernen Lack versiegelt werden. Variationen kann man erreichen, indem man eine dünne Schicht Öllack aufpinselt und den Überschuß mit dem Lappen abwischt, bevor er vollkommen trocken ist. Ein dunklerer Ton bleibt in den mit der Drahtbürste behandelten Flächen. Graue Farbe bewirkt einen Treibholz-Effekt, gelbe oder braune Farbe einen Blond-Ton.

Unten links: Durch Ansengen mit der Lötlampe erreichen Sie ein ungewöhnliches Aussehen des Holzes.
Rechts: Verkohlte Ringe werden abgebürstet.

Mit zwei Dosen farbiger Beizmittel wurde diese Weißholz-Truhe in ein hübsches Möbel verwandelt.

Holzbeizen. Es gibt sie in einer Vielzahl von Lösungen und in schönen Farben, mit denen jeweils ein natürliches oder farbig-dekoratives Aussehen erzielt werden kann. Die Beizen sind transparent, so daß die Maserung durchscheint. Eine dunklere Farbe kann durch mehrfaches Auftragen erreicht werden.

Wassergebundene Beizen sind in Pulverform erhältlich und mit Wasser zu mischen. Man kann sie leicht mit Lappen oder einer Bürste auftragen, sie dringen tief ein und verblassen nicht so schnell. Die Holzfasern heben sich durch das Wasser. Man muß also nach jeder Anwendung alles trocknen lassen und mit Schleifpapier glätten. Jedes farblose Anstrichmittel kann über Beizen, die mit Wasser gebunden sind, aufgetragen werden.

Ölgebundene Beizen. Sie enthalten Terpentin, Spiritus, Naphtha (Leuchtpetroleum), Benzol oder ähnliche Produkte. Diese Beizen heben die Fasern nicht an. Der Farbton kann verändert werden, indem man nach dem Auftragen das Ganze mit dem Lösungsmittel abreibt.

Alkoholgebundene Beizen. Sie enthalten Spiritus, sind trocken und wirken sehr schnell. Sie können jedoch verblassen, wenn sie dem Tageslicht längere Zeit ausgesetzt sind. Wie die ölgebundenen Beizen heben sie die Fasern nicht an. Nach einer Beize mit Alkohol müssen Sie eine Ölpolitur auftragen. Diese Beizen können auch altem Lackfirnis beigefügt werden und geben ihm so den gewünschten Farbton. Sie werden jedoch Probleme haben, den Ton gleichmäßig zu bekommen. Arbeiten Sie nicht überstürzt, und prüfen Sie den Farbeffekt erst an einem versteckten Teil des Möbelstücks.

Holzbeizen — selbsthergestellte.
Mahagoni: Bichromate von Pottasche-Kristallen in Wasser gelöst, verdunkeln Mahagoni. Stellen Sie eine konzentrierte Lösung her — 300 g Kristalle auf 9 Liter, und verdünnen Sie. Probieren Sie es immer zuerst an einer nicht sichtbaren Stelle aus, und warten Sie, bis die Beize vollkommen trocken ist, da sie beim Trocknen dunkler wird.

Eiche: Van-Dyck-Braun oder Walnußkristalle sind ideale Eiche-Beizen, wenn sie mit etwas starkem Ammoniak vollkommen in Wasser gelöst werden. Bismarck-Braun gibt eine rötliche Beize, die anderen Beizen ein wärmeres Aussehen gibt.

Ebenholz: Schwarzer Anilinfarbstoff ist am besten geeignet, um Ebenholz neu zu färben.

Die Auswahl der Beizen. Wenn Sie ein gleichmäßig gefärbtes Stück beizen wollen, nachdem alle Spuren des alten Oberflächenschutzes entfernt wurden, dann empfehlen sich wassergebundene Beizen oder tief eindringende Ölbeizen. Ölbeizen sind besonders gut für die Neubearbeitung von Möbeln, da sie über bereits bestehenden Beizen aufgetragen werden können. Wenn Sie bei der Behandlung merken, daß Ihr Stück aus verschiedenen Holzarten hergestellt wurde, Sie aber einen durchgehenden Effekt erreichen möchten, dann sind die markierenden Eigenschaften von Ölbeizen ideal. Für kleine Flächen und das Neufärben über gelackten Oberflächen nehmen Sie eine Alkoholbeize. Ein helles, farbiges Aussehen kann man mit einer Lackbeize erreichen.

Wahl der Farbe: Wenn Sie auf dem Beizen-Etikett Bezeichnungen wie „helle Eiche“, „Mahagoni“ und ähnliches finden, dann ist dies nur ein Hinweis auf die Farbe und kann sich gut von der gewünschten Farbe unterscheiden. Sie können Beizen derselben Art und Marke mischen, und Sie können sie mit dem entsprechenden Lösungsmittel verdünnen, um den gewünschten Effekt zu erzielen.

Andere Faktoren beeinflussen das Ergebnis. Zunächst sind alle Beizen durchsichtig, so daß Farbe und Maserung des darunterliegenden Holzes das Ergebnis beeinflussen werden. Außerdem wird das Mittel, das Sie darüber auftragen, um die Oberfläche zu versiegeln, die Farbe beeinträchtigen, sei es Wachs, Öl, Lack oder Schellack. Normalerweise wird die Farbe vertieft und bereichert. Sie können Holz mit Beize nicht erhellen. Wenn es also nach dem Säubern noch zu dunkel ist, werden Sie es bleichen müssen und dann das gebleichte Holz färben.

Prüfen: Probieren Sie die Farbe stets an einer nicht sichtbaren Stelle aus. Tragen Sie nach dem Trocknen auch Versiegelung auf, um zu sehen, wie die Farbe verändert wird.

Schleifen: Wenn Sie vor dem Beizen schleifen, dann benutzen Sie Schleifpapier gleicher Güte für das ganze Stück, denn die Beschaffenheit der Holzoberfläche beeinflußt die Aufnahme der Farbe.

Vermeiden von Streifen: Einige Hölzer, besonders Weichhölzer wie Fichte, haben weiche, poröse Flächen, die mehr Farbe aufnehmen als die übrigen. Wenn man diese, ohne die nötigen Maßnahmen getroffen zu haben, beizt, dann ist das Ergebnis seitens der Maserung unbefriedigend. Tragen Sie farblose Grundierung auf, um die porösen Teile zu versiegeln, bevor Sie Beize verwenden.

Ein einfacher Stuhl muß nicht unscheinbar bleiben. Die Farbe kann durch Bleichen aufgehellt oder durch Beizen vertieft werden.

Schellack-Schicht: Tragen Sie auf das Holz eine stark verdünnte Schicht Schellack auf: etwa ein Teil Schellack auf sechs Teile Alkohol. Verwenden Sie weißen Schellack auf hellen Hölzern, orangen Schellack auf dunklen. Sie können anschließend Politur auftragen, aber fügen Sie hier weniger Spiritus hinzu. Lassen Sie die Politur vor dem Beizen trocknen.

Ölbad: Pinseln Sie eine Schicht, bestehend aus einem Teil Leinöl mit drei Teilen Terpentin und etwas Trockenmittel gemischt auf, lassen Sie sie mindestens einen Tag lang vor dem Beizen trocknen.

End-Maserung: Die Maserung am Ende eines Holzstücks nimmt Farbe normalerweise stärker auf, demnach sollten Sie sie zuerst mit einem der zuvor genannten „Bäder“ behandeln.

Helle Bearbeitungen: Chemische Behandlungen wie Beizen, Anstreichen mit Ammoniak oder Beizen mit Ätznatron wird das Aussehen des natürlichen Alterns bewirken. Auch mit einfachem Lack kann man Fichtenmöbeln das moderne „unbearbeitete“ Aussehen verleihen. Es ist ferner gebräuchlich, freigelegte Türen und Holzteile zu lakkieren. Dazu benötigen Sie lediglich eine Versiegelung, zum Beispiel Bodensiegellack. Sie können den Versiegler so verwenden, wie er ist, oder ihn mit roher oder gebrannter Umbra-Ölfarbe leicht färben. Tragen Sie den Versiegler dick auf, so daß genug eindringen kann und außerdem noch reichlich auf der Oberfläche vorhanden bleibt. Wenn es vollkommen trocken ist — nach etwa fünf Stunden —, gehen Sie mit feiner Stahlwolle über die Oberfläche, die Sie danach wachsen.

Stellen Sie den Glanz auf Ihren Möbeln wieder her

Wenn Sie Ihren Kauf getätigt haben, braucht er meist noch etwas Politur. Früher benutzte man dazu selbsthergestellte Politur, deswegen sehen auch Erbstücke oft gut gepflegt aus. Traditionelle Bienenwachs-Polituren kann man mit Hausmitteln einfach und ohne spezielle Ausrüstung selbermachen.

Bienen waren wahrscheinlich die ersten Lebewesen, die der Mensch hielt, und sie haben ihm im Laufe der Jahrhunderte viele Bedürfnisse erfüllt: Honig für Speisen und Medizin, Met für Wein, Wachs, um Kerzen zu ziehen, Brüche in Dächern zu reparieren sowie Tische und Stühle zu polieren. Heute gibt es überall noch Honig zu kaufen, aber Bienenwachs ist, wie viele andere natürliche Produkte, teuer geworden und wird als Luxus betrachtet. Dies ist hauptsächlich wegen der Entwicklung synthetischer Möbelpflegemittel der Fall, die zwar billiger, aber nicht unbedingt besser als Naturprodukte sind. Erfreulicherweise haben wir noch die überlieferten Bienenwachsrezepte, und obwohl die Zutaten auch nicht mehr billig sind, ist die selbsthergestellte Politur doch noch besser und billiger als ein vergleichbares Mittel aus dem Laden.

Was ist Bienenwachs?

Bienen produzieren Honig und Wachs. Unter ihren winzigen Körpern haben sie acht Wachsdrüsen. Wenn sie ihre wächsernen Honigwaben bauen, nehmen sie Honig zu sich und hängen sich in langen Ketten aneinander. Sie entwickeln Wärme, und flüssiges Wachs bildet sich in ihren Drüsen. Wenn es mit der Luft in Verbindung kommt, verfestigt es sich zu winzigen zarten Waffeln, Fischschuppen-ähnlich. Die Bienen heben diese mit ihren Hinterbeinen auf und übergeben sie in die Vorderbeine, wo das Wachs gegen die winzigen Kiefer gehalten wird. Sie benutzen dann ihre Backenknochen wie eine Maurerkelle und bauen Zellen, die als Wiege für ihre Larven und als Vorratskammer für Pollen und Honig dienen. Die daraus resultierende Wabe ergibt, geschmolzen und in Blöcke gegossen, das Rohmaterial für Bienenwachs-Politur.

Bienenwachs schmilzt bei 63 bis 65°C und gehört so zu den härteren Wachsmitteln, bei weitem das beste für Politur. Sie erzeugt einen weichen, matten Schimmer auf Möbeln und Fußböden. Einziger kleiner Nachteil: Die Oberflächen werden etwas klebrig und ziehen Staub an.

Um einen reflektierenden Glanz zu erzeugen, müssen Sie dem Bienenwachs eine geringe Menge eines anderen Wachses zufügen — eine Technik, die auch in diesem Kapitel besprochen wird. Das zugefügte Wachs (Karnauba-Wachs genannt) ist pflanzlich. Bienenwachs-Politur wird dadurch weniger klebrig.

Bienenwachs ist ziemlich hart und läßt sich nur auf einer Fläche verteilen, wenn es weichgemacht wurde. Mit einer Terpentinlösung kann man es verflüssigen. Terpentin hat nicht nur einen

Der warme Farbton und die Maserung von guten Hölzern erfordern die richtige Pflege.

intensiven sauberen Geruch, sondern bringt auch das delikate Aroma des Bienenwachses hervor. Spiritus kann ersatzweise benutzt werden, hat aber nicht den charakteristischen Duft. Sie können auch eine Mischung aus einem Teil Terpentin und einem Teil Spiritus verwenden. Die Lösung wird verfliegen und das Wachs auf der Oberfläche zurücklassen.

Politur in Pastenform
Sie benötigen: Eine Dose oder einen ähnlichen Behälter, einen weiteren Behälter für heißes Wasser, einen Schneebesen oder ein elektrisches Handrührgerät, einen Meßkrug mit Milliliter-Markierung, saubere trockene Dosen mit Deckeln, 100 g Bienenwachs, 275 ml Terpentin oder Spiritus.

Schnitzeln Sie das Bienenwachs in ein Gefäß, das in heißem Wasser steht. Fügen Sie langsam das Terpentin hinzu, bis das Bienenwachs bedeckt ist, und rühren Sie die Mischung so lange mit dem Schneebesen oder Ihrem Rührgerät, bis eine Paste daraus wird. Man kann dies auch tun, wenn der Behälter nicht in heißem Wasser steht; es wird dann jedoch länger dauern, bis sich das Bienenwachs erweicht. Beachten Sie, daß keine offene Flamme in der Nähe der Mischung ist, denn sowohl Terpentin als auch seine Dämpfe sind leicht entflammbar. Erhitzen Sie das Ganze auch nie auf einem Herd.

Füllen der Dosen: Ihre Politur wird für den Gebrauch genau richtig sein, wenn beim Öffnen einer neuen Dose die Oberfläche unbeschädigt bleibt.
Tabakdosen sind nützlich zur Aufbewahrung von Politurpasten. Waschen Sie die Dose in heißem Seifenwasser, und trocknen Sie sie im kalten Herd. Dadurch verfliegt der Tabakgeruch.
Gießen Sie das Wachs seitlich in den Behälter, so daß an der Oberfläche keine Blasen entstehen. Versuchen Sie, Luftzug zu vermeiden, da sich sonst leichte Falten bilden. Bedecken Sie das Gefäß erst, nachdem die Politur erkaltet ist. Lassen Sie die Behälter einige Stunden unberührt stehen.

Emulsions-Politur. Emulsion ist eine Verbindung öliger und wässriger Teile. Emulsions-Politur besteht aus Wachs und Terpentin (das Wachselement), suspendiert in Wasser und Seife (das Wasserelement).

Für das Wachselement benötigen Sie: 125 g Bienenwachs; 550 ml Terpentin oder Spiritus beziehungsweise eine Mischung von beiden; einen geeigneten Topf in einer Schüssel mit Wasser.

Für das Wasserelement benötigen Sie: 15 g Seifenflocken oder Seifenpulver; 550 ml Wasser; einen Topf mit Gießtülle; Flaschen mit Schraubverschluß; einen Trichter; einen Herd mit elektrischem Ring oder Gasbrenner; einen Schneebesen oder ein elektrisches Rührgerät.

Schmelzen Sie das Wachs wie bei der pastenförmigen Politur in einem Behälter, der in heißem Wasser steht. Fügen Sie langsam das Terpentin und/oder Spiritus hinzu. Der Topf mit dem heißen Wasser muß auf 80°C gehalten werden. Lassen Sie das Wasser in dem Topf mit Gießtülle aufkochen, geben

Links: Bienenwachs gibt es in verschiedenen Brauntönen.
Rechts: Flaschen, Dosen und Töpfe mit Schraubverschlüssen sind gute Behälter für Emulsions- und Wachspolituren.
Mischen Sie Bienenwachs-Emulsionspolitur mit dem Handmixer.
Füllen Sie die Politur in Flaschen.

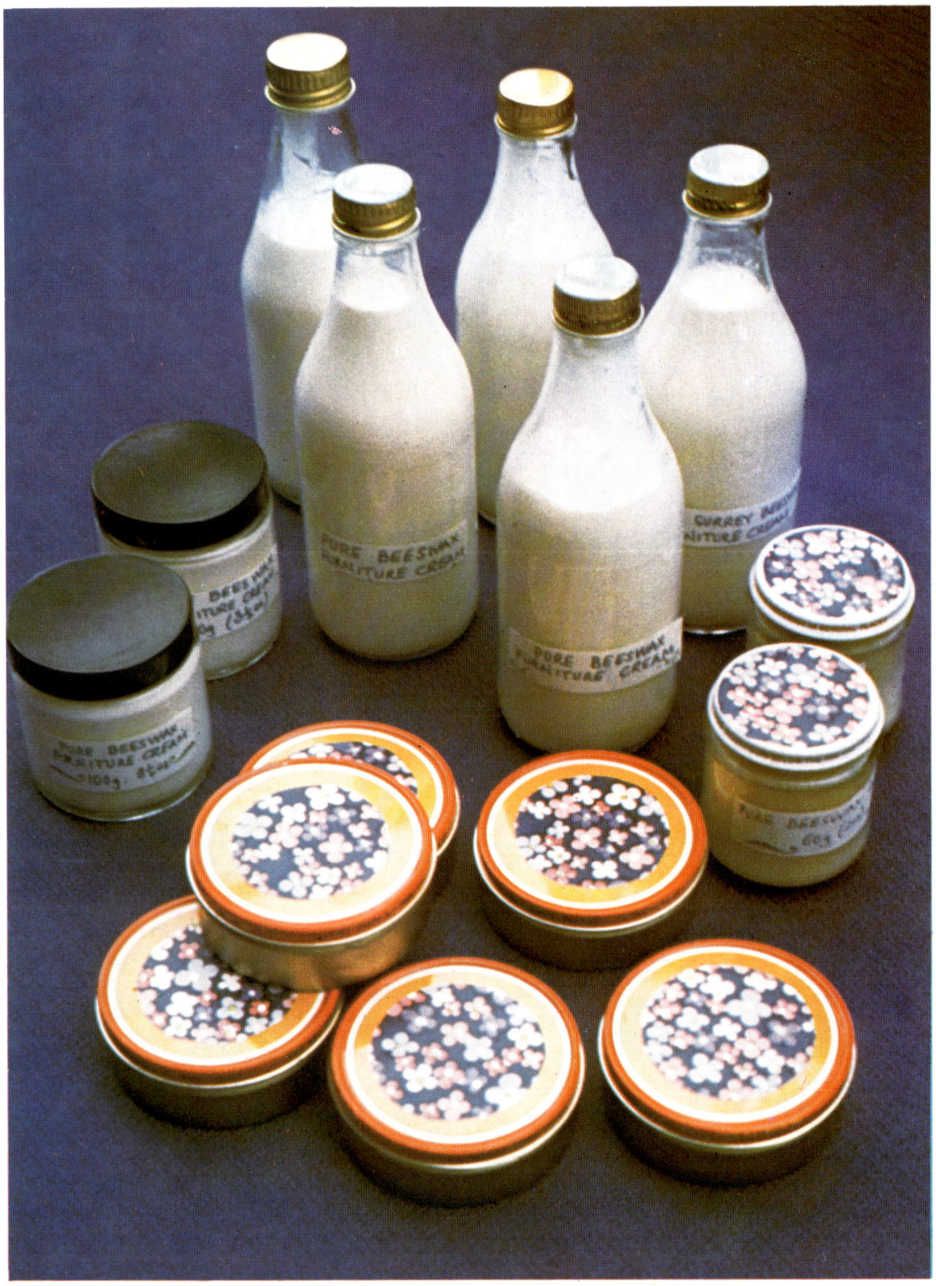

Sie Seifenflocken oder -pulver hinzu, und erhitzen Sie es auf 80°C. Wenn die beiden miteinander reagierenden Substanzen dieselbe Temperatur haben, dann ergeben sich die besten Emulsionen. Schlagen Sie dann die Wachsmischung langsam mit dem Schneebesen oder mit dem Rührgerät auf niedrigster Schaltstufe. Gießen Sie die Seifenlauge sehr langsam unter ständigem Rühren in das Wachs, und rühren Sie einige Minuten weiter, nachdem sich eine gute Emulsion gebildet hat. Gießen Sie das Ganze mit Hilfe eines Trichters in saubere, angewärmte Flaschen.

Karnauba-Wachs

Karnauba-Wachs kommt von Palmbäumen aus dem brasilianischen Dschungel. Um ihre Palmblätter vor dem Austrocknen in der brennenden tropischen Sonne zu schützen, bedeckt die Karnauba-Palme sie mit einer Wachs-Schutzschicht. Eine bestimmte Anzahl von Palmblättern kann jedes Jahr abgeschnitten werden, ohne den Baum zu gefährden. Sie werden in Reihen zum Trocknen ausgebreitet und mehrmals gewendet. Wenn das Wachs anfängt abzublättern, dann werden die Palmblätter mit Stöcken gedroschen, so daß das Wachs abfällt.

Die Karnauba-Wachsflocken werden über dem offenen Feuer geschmolzen und in rohe Blöcke gegossen. Karnauba-Wachs hat einen Schmelzpunkt von 83 bis 86°C und ergibt harte und glänzende Polituren. Er hat einen angenehmen Landgeruch, wie von frisch gemähtem Heu.

Karnauba- und Bienenwachs-Politur. Diese Pastenpolitur wird mit derselben Methode hergestellt wie die reine Bienenwachs-Politur. Sie ersetzen lediglich eine geringe Menge Bienenwachs mit Karnauba-Wachs.

Sie benötigen: 15 g Karnauba-Wachs; 85 g Bienenwachs; 550 ml Lösung (Terpentin, Spiritus oder eine Mischung aus beiden).

Bienenwachs und Karnauba-Wachs-Emulsion wird genauso hergestellt wie Bienenwachs-Emulsions-Politur, außer daß die Temperaturen bis auf 90°C erhitzt und 25 g Bienenwachs durch Karnauba-Wachs ersetzt werden können.

Variationen. Nachdem Sie mehrmals Politur hergestellt haben, kann es sein, daß Sie die Rezepte Ihren eigenen Bedürfnissen entsprechend abwandeln wollen. Wenn Sie lieber mit einer festeren Politur arbeiten, dann verringern Sie den Anteil der Lösung in der Pastenpolitur. Wenn Sie zusätzliche Lösung zur Emulsions-Politur hinzufügen, werden Sie eine flüssige Wachspolitur erhalten, die besonders gut für Fußböden geeignet ist. (Achtung! Wenn Sie Karnauba-Wachs zu Ihrem Bodenwachs hinzufügen, dann nehmen Sie nur eine kleine Menge, da der Boden sonst gefährlich glatt wird.) Wenn Sie Hochglanz auf Ihren Möbeln erreichen wollen, dann erhöhen Sie den Karnauba-Wachsanteil. Verwenden Sie nicht mehr als 30 Prozent Karnauba-Wachs im Gesamtwachs, sonst erhalten Sie einen zu harten Glanz.

Der Gebrauch der Politur

Bienenwachs-Politur säubert und poliert die Oberfläche in einem Arbeitsgang. Man braucht lediglich etwas Energie. Tragen Sie eine dünne Schicht Politur auf, und lassen Sie sie trocknen. Polieren Sie danach auf Glanz mit einem Staubtuch. Wiederholen Sie diesen Vorgang mehrmals, statt mehrere Schichten Politur auf einmal aufzutragen. Beachten Sie, daß dicke Wachsschichten die Oberflächen in eine Staubfalle verwandeln. All diese Polituren sind besonders geeignet für feine und antike Möbel, für Holzfußböden und altes Linoleum. Sie sind jedoch nicht für Bodenplatten und moderne Möbel geeignet, die extra mit aufgesprühtem Lack versiegelt sind. (Die meisten modernen Lacke sollten nur mit einem feuchten Tuch abgerieben werden.) Beachten Sie die Pflegeanweisungen oder fragen Sie den Möbelverkäufer.

Achtung! Geschmolzenes Wachs und Wachslösungen sind entflammbare Substanzen und sollten nicht auf offener Flamme erhitzt werden. Schmelzen Sie das Wachs in einer doppelten Pfanne oder in einem Topf, der in einer Schüssel mit Heißwasser steht. Beobachten Sie sorgfältig den gesamten Erhitzungsprozeß und halten Sie einen Deckel bereit, um eventuelle Flammen sofort zu ersticken. Versuchen Sie nicht, die Flammen mit Wasser zu löschen, da dies das Feuer nur weiter verbreitet. Ein großes feuchtes Tuch, Sand oder ein Feuerlöscher sind sicherer.

Holzpolituren

Nicht alle Polituren können für alle Typen von Oberflächen verwendet werden, und da es solch eine große Anzahl von Polituren gibt, ist es sinnvoll zu wissen, was mit den einzelnen erreicht werden soll.

Einige Möbel- und Bodenlacke müssen regelmäßig mit Mitteln behandelt werden, die gut eingerieben werden. Andere brauchen überhaupt keine Politur — ein leichtes Überwischen mit einem Spray genügt, wenn Staub gewischt wird.

Holzpolituren für Möbel. Es gibt vier grundliegende Arten von Möbelpolituren: Wachspasten, flüssige Wachse, Pasten und Sprays. Welche Politur Sie auch benutzen, denken Sie daran, daß der sparsame, aber regelmäßige Auftrag den Möbeln den gewünschten Glanz gibt. Stauben Sie die Möbel vor dem Polieren immer gründlich ab, denn Schmutz oder Sand könnte die Oberfläche zerkratzen. Wärmen Sie Wachspasten vorher an, damit sie besser aufzutragen sind.

Tragen Sie die Politur mit einem weichen, fusselfreien Tuch auf (ein altes Staubtuch ist ideal), reiben Sie mit kurzen, schnellen Strichen gegen die Maserung. So werden alle winzigen Risse in der Oberfläche gefüllt. Polieren Sie danach der Maserung entlang. Schneller geht es, wenn Sie die Politur jeweils auf eine kleine Fläche auftragen und sofort polieren. Wenn ein leichtes Aufdrükken vom Daumen auf der Oberfläche eine Markierung hinterläßt, dann ist das Wachs nicht vollkommen verteilt worden oder Sie haben zuviel aufgetragen. In beiden Fällen muß weiter gerieben werden, bis der Daumentest das gewünschte Ergebnis liefert. — Halten Sie Ihre Poliertücher immer sauber, und bewahren Sie sie in Plastikbeuteln auf.

Wachspasten: Diese basieren auf einer Lösung, sie müssen deshalb gut eingerieben und hart poliert werden. Sie überziehen Möbel mit einer dünnen Schutzschicht von hartem Wachs und sind besonders gut geeignet für Oberflächen auf Tisch- und Schreibtischflächen, die stark abgenutzt werden. Sie wirken wie Füller auf Holzflächen mit offenporiger Maserung, halten den Schmutz ab, und bilden eine glatte, glänzende Oberfläche. Sie sind reich mit Wachs — Mischungen natürlicher und künstlicher Sorten — gemischt, um das Auftragen der Politur zu erleichtern. Sie eignen sich hervorragend zum ersten Auftragen auf „wachshungrige" Möbel, weil sie gut füllen. Anschließendes Polieren kann dann mit Pasten geschehen, die weniger mühsam aufzutragen sind.

Einige Wachspasten enthalten Silikon wodurch sie wasserabweisend und vor Fingerabdrücken geschützt sind. Es ist jedoch empfehlenswert, diese nicht auf qualitativ wertvollen Möbeln oder Antiquitäten aufzutragen, die einen traditionellen Holzlack haben.

Viele Antiquitätenbesitzer benutzen für ihre Stücke gern Bienenwachs — den in Polituren traditionell verwendeten Wachs. Reine Bienenwachs-Polituren gibt es nicht überall zu kaufen, aber Sie können sie leicht zu Hause herstellen.

Flüssiges Wachs: Es enthält ebenfalls natürliche und künstliche Wachse, zusätzlich jedoch noch eine Lösung, die die Oberfläche auch säubert. Nach dem Polieren bleibt ein dünner Schutzfilm von Wachs zurück. Er läßt sich leichter einreiben als pastenförmige Politur.

Pasten: Traditionelle Politurpasten enthalten harte Wachse in einer Wasser-in-Öl-Emulsion. Die meisten enthalten kein Silikon und werden oft für ältere Möbel und Antiquitäten benutzt, wo eine Wachsbeschichtung nicht erwünscht ist, da sie auch ohne Aufpolieren einen guten Glanz haben. Sie enthalten mehr Reinigungsbestandteile als flüssige Wachspolitur und sind nützlich, um klebrige Fingerabdrücke zu entfernen.

Es gibt Silikon-Pasten mit einem niedrigen Wachsanteil, die Silikon-Öl als Hauptpoliturmittel enthalten. Diese sind für Hochglanzlacke gedacht, die man auf vielen modernen Möbeln findet.

Sprays enthalten eine Silikon-Politurpaste, und mittels der Sprühdose ist es

möglich, Creme aufzusprühen sowie gleichzeitig Staub zu wischen und zu polieren. Es gibt auch Allzweck-Reinigungspolituren in Sprayform. Sie enthalten Wachse, Emulgierer, Silikone, Lösungsmittel und andere Chemikalien, um die Politur zu erhalten. Sie sollten nur auf modernen harten Lakken verwendet werden — Zellulose- oder Polyesterlacken, die während der Herstellung aufgespritzt werden. Reinigungspolituren ergeben Hochglanz und brauchen nur leicht abgerieben zu werden. Sie lassen sich auch gut im Küchenbereich, für die Außenseiten von Kühl- und Gefrierschränken sowie an Waschmaschinen, Fenstern, Spiegeln und Jalousien verwenden, sowie zum Einfetten von Gardinenstangen, damit diese besser rollen.

Da diese Sprays wasserabweisend sind, helfen sie, den Rost von Metallteilen an Kühlschränken und ähnlichem abzuhalten. Sie schützen auch Gartengeräte vor Rost. Benutzen Sie sie jedoch nicht für Fußböden — abgesehen von den Kosten, erzeugen sie eine gefährlich rutschige Fläche.

Andere Lacke. Moderne Möbel, die aus Holz mit einer matten Oberfläche hergestellt sind, wie z. B. Teak und Afrormosia, sollten nie poliert werden. Wischen Sie regelmäßig den Staub ab, und reiben Sie sie gelegentlich mit Teaköl oder einem der flüssigen Sprays, die speziell für diese Hölzer gedacht sind, ab. Was Sie auch immer verwenden, nehmen Sie wenig und selten.

Möbel mit altem Lack werden am besten mit sparsam verwendeter Poliercreme behandelt, da man sonst eine Hochglanzfläche herstellt. Sie wird leicht durch Hitze und Flüssigkeit beschädigt und erfordert ständige Aufmerksamkeit. Wenn Möbel mit altem Lack zu oft poliert werden, nehmen sie den inzwischen unmodern gewordenen Hochglanz an. Sie sollten jedoch gelegentlich mit einer leichten Wachspolitur gesäubert und geschützt werden.

Diesen schönen Mattglanz erreichen Sie durch sparsames Auftragen der Politur.

Das Aufpolieren einer abgenutzen, gewachsten Oberfläche. Wischen Sie zunächst allen Oberflächenschmutz mit einem in Terpentin angefeuchteten Tuch ab. Das Terpentin wird einen dünnen Film der ursprünglichen Wachsschicht entfernen. Lassen Sie die Oberfläche trocknen, und reiben Sie sie mit einem Tuch ab, bevor Sie frische Wachspolitur sparsam auftragen. Tragen Sie sie mit einem trockenen, fusselfreien Tuch in kreisender Bewegung langsam über die ganze Fläche auf. Polieren Sie, indem Sie in Maserrichtung kräftig reiben. Um das Wachs nicht in ungleichmäßigen Klumpen aufzutragen, kann man die Politur zwischen zwei Gewebelagen, z. B. Musselin, geben.

Ölpolitur. Wenn Sie ein Möbelstück bis aufs Holz freigelegt haben, kann es sein, daß Sie ihm lieber einen traditionellen Ölanstrich geben wollen, als einen Anstrich mit Siegellack. Leinöl wird dafür in der Regel verwendet. Es dunkelt die Holzfarbe, und es wird deswegen am meisten für Mahagoni oder Kirschbaum eingesetzt, wo es den für diese Holzart typischen Schimmer bewirkt. Bei Nadelhölzern die Orange-Farbtöne haben sollen, benutzt man Olivenöl, einfach eingerieben. Dieser Anstrich zieht Schmutz an und bleibt an der Kleidung hängen, er ist also für Stühle nicht geeignet.

Ölpolituren sollten nur auf gut vorbereitete und glatte Flächen aufgetragen werden, da sich alle Unregelmäßigkeiten zeigen. Nach einem letzten feinen Abschleifen gehen Sie mit sehr feiner Stahlwolle in Maserrichtung über die Oberfläche.

Das Auftragen der Politur: Mischen Sie fünf Teile gekochtes Leinöl mit einem Teil Terpentin. Erhitzen Sie die Mischung zum Siedepunkt in einem Topf, der in einer Pfanne mit Heißwasser steht, so daß alle darin enthaltene Feuchtigkeit verdunstet. Lassen Sie sie leicht abkühlen, und tragen Sie sie dann mit einem weichen Tuch reichlich auf. Dann reiben Sie sie in Maserrichtung mit Ihren Händen, bis die Oberfläche sich nicht mehr klebrig anfühlt. Entfernen Sie allen Überschuß mit mehreren sauberen Tüchern, und achten Sie besonders auf Risse, wo es klebrig werden oder erhärten kann. Reiben Sie das Holz für etwa 15 bis 20 Minuten — die Reibung hilft der Mischung zu trocknen.

Lassen Sie das Holz für mindestens zwei Tage trocknen, bevor Sie eine zweite Schicht auftragen. Tragen Sie danach die Schichten in derselben Weise auf, einmal in der Woche (länger bei feuchtem Wetter), und dehnen Sie die Perioden zwischen dem Auftragen langsam aus. Prüfen Sie, ob die Politur getrocknet ist, indem Sie Ihre Hand für einige Minuten auflegen. Wenn sie danach ölig aussieht, dann lassen Sie die Schicht länger trocknen. Fünf bis zehn Schichten braucht man mindestens, um einen polierten Schimmer zu erzeugen. Danach kann man den Schimmer erhalten, indem man einmal im Monat für ein Jahr lang Öl aufträgt. Vergessen Sie nicht, die Unterseite einer Tischplatte ebenfalls zu ölen, damit sie sich nicht wirft.

Auffrischen einer alten Politur: Säubern Sie die Fläche mit einem Lappen, warmem Wasser und Seife. Wenn sie getrocknet ist, tragen Sie die Öl-Terpentin-Mischung sparsam auf. Polieren Sie sorgfältig in Maserrichtung.

Oberflächenbehandlung: So hübsch wie sie aussieht, eine frisch-freigelegte Fläche ist jedoch sehr empfindlich gegen Fingerabdrücke, Schmutz in der Luft, vergossene Flüssigkeit; all dies zieht leicht in die ungeschützte Fläche ein. Es gibt einige einfache Behandlungen, die die Fläche schützen, ohne den natürlichen Holzton oder die Maserung zu verderben.

Die einfachste Behandlung ist ein Schellackauftrag. Schellack ist ein Naturharz, der in verschiedenen Farben von klar bis bräunlich verkauft wird, gelöst in Spiritus. Mit zusätzlichem Spiritus auf die von Ihnen gewünschte Konsistenz verdünnt, läßt er sich leicht und glatt auftragen und trocknet sehr schnell. Dies war der einzige klare Firnis, der bis 1850 auf traditionellen Möbeln verwendet wurde. Er trocknet zu einem natürlichen Glanz, den Sie durch Abreiben mit feiner Stahlwolle abschwächen können. Er ist ideal als Versiegler auf gebeizten Flächen und für jede Fläche, die keiner sehr starken Abnutzung ausgesetzt ist. Das einzige Problem ist, daß Schellack sich in Alkohol wieder auflöst und daher empfindlich ist bei zufälligem Verschütten. Er läßt sich daher gut für vertikale Flächen verwenden, aber nicht ebenso für horizontale wie Tischplatten. Kaufen Sie jeweils nur einen kleinen Behälter Schellack, da er nach dem Öffnen leicht klebrig wird.

Um eine Holzfläche zu schützen, verdünnen Sie Schellack auf Streichfähigkeit mit etwas Spiritus, hiervon tragen Sie eine Schicht auf, die Sie trocknen lassen, sodann reiben Sie sie mit feinem Schleifpapier ab, um dann die letzte Schicht auftragen zu können. Damit das Ganze nach dem Trocknen natürlich aussieht, reiben Sie das Möbelstück mit Wachspolitur und feiner Stahlwolle ab.

Lackierte Flächen: Moderne klare Lakke sind Kunststofflacke — Polyurethan, Melamin oder Zellulose. Jeder dieser Typen kann sich auf modernen Möbeln befinden. Aber nur der erstgenannte ist für Heimwerker praktisch. Polyurethanlack ist erhältlich: klar oder gefärbt, in Hochglanz, Seide oder Matt, für den Innen- oder Außenanstrich.

Auftragen: Nehmen Sie stets eine neue Dose Lack, da Kunststofflacke sich nicht allzulange frisch halten. Gießen Sie etwas Lack in eine Schüssel und verdünnen Sie mit Spezialverdünnung (dadurch vermeiden Sie Blasen beim Auftragen). Arbeiten Sie mit einem neuen Pinsel gegen das Licht, so daß Sie ausgelassene Flächen leichter sehen können. Tragen Sie den Lack gleichmäßig und reichlich mit kräftigen Strichen auf. Wenn die ganze Fläche bedeckt ist, halten Sie den Pinsel im Winkel von 45°, und streichen Sie in langen Glättungsstrichen von einem Ende zum anderen. Da der Lack verdünnt wurde, werden Blasen und Streichmarkierungen verschwinden. Lassen Sie die Oberfläche sorgfältig trocknen. Den besten Erfolg werden Sie in einem warmen, staubfreien Raum erzielen können. Es ist wichtig, diese Schicht vorsichtig mit feinster Stahlwolle oder Schleifpapier abzuschleifen und die Oberfläche sorgfältig zwischen zwei Auftragungen abzustauben. Bedenken Sie, daß transparente Lacke jeden Makel im Holz zeigen, so daß die Vorbereitungsarbeiten sehr gründlich sein müssen.

Französische Politur von Holzflächen

Die Französische Politur ist eine Holzoberflächenbehandlung, die aus dem Frankreich des Mittelalters stammt. Im späten 17. und 18. Jahrhundert waren französisch polierte Möbel in vielen europäischen Ländern modern und sind noch heute ihrer wunderschönen Oberflächen wegen beliebt.

Französische Politur setzt sich hauptsächlich aus Schellack, in Spiritus gelöst, zusammen. Das Aussehen eines französisch polierten Möbels ist charakterisiert durch einen sanften und glänzenden Schimmer, der Maserung und Muster im Holz hervorhebt. Dies ist das Ergebnis der Poliertechnik — eine Methode, in der die Politurschichten aufeinander aufgebaut werden. Mit Geduld und Übung — am besten an einem nicht so wertvollen Stück — könne Sie sich die grundlegenden Fähigkeiten aneignen.

Polituren. Heute sind zahlreiche Flüssigkeiten in Flaschen und als Sprays erhältlich, die das Aussehen einer echten Französischen Politur imitieren sollen. So haben Sie einen einfachen Ausweg, und wenn Sie geschickt sind, können es sogar recht überzeugende Imitationen werden. Man muß jedoch kein Experte sein, um den Unterschied zwischen diesem Ersatz und der echten Französischen Politur zu sehen. Bedenken Sie auch, daß Französische Politur als traditionelle Politur ein altes Möbelstück nicht abwerten kann, wozu ein moderner Lack fähig ist.

Es gibt verschiedene Zusammensetzungen, die man zur Französischen Politur verwenden kann, einschließlich transparenter, weißer (für helle Holzarten), schwarzer (benutzt zum Schwärzen von Ebenholz), Granat-farbige (dunkelbraun) und der Knopfpolitur, sie ist etwas dunkelgelb.

Geeignete Flächen. Französische Politur ist genauso geeignet, ein neues Stück zu behandeln, wie einen alten Gegenstand „aufzupolieren“.

Die am häufigsten französisch polierten Möbel sind Tischplatten, Sideboards, Truhen und dergleichen. Dunkle Hölzer wie Mahagoni und Eiche wirken nach dieser Behandlung besonders ansehnlich. Aber andere Hölzer sind ebenfalls geeignet, und

selbst Weißholz (Nadelholz)-Möbel können im Aussehen durch Französische Politur wesentlich verbessert werden. Die sehr glänzende Politur kann auf einen Mattglanz abgeschwächt werden, der den Möbeln aller Stilrichtungen schmeichelt und heute modern ist. Französische Politur ist weder wasser- oder alkoholdicht noch hitzeabweisend, denken Sie daran, wenn Sie sie für Ihre Möbel auswählen, Sie müssen sie mit Tüchern, Läufern und Deckchen schützen.

Überarbeiten, Retuschieren. Wenn ein altes Möbelstück bereits französisch poliert ist, dann ist es wert zu überlegen, ob man die ganze Oberfläche freilegen sollte. Schmutzige Möbel können mit Schwamm, Wasser und Seife abgerieben oder mit einem gekauften Reiniger gesäubert werden. Kratzer können versteckt werden mit etwas passendem Öllack, Ölbeize oder kaschierender Politur. Wenn die Beize nach etwa einem oder zwei Tagen dann trocken ist, polieren Sie mit Möbelwachs oder -creme nach. Obwohl die Oberfläche vielleicht nicht wieder ganz vollkommen wird, können Sie ein altes Stück vielleicht „retten" ohne die Mühe einer vollständigen Neu-Politur. Es kann auch sein, daß nur die Deckplatte eines Möbels neu poliert werden muß, da sie am meisten abgenutzt ist.

Neubearbeitung: Wenn jedoch die alte Oberfläche für eine punktuelle Behandlung zu schlimm aussieht, dann muß der alte Lack ganz entfernt werden.

Nach dem Entfernen des alten Lacks lassen Sie das Möbel über Nacht trocknen, bevor Sie es sorgfältig abschleifen. Nehmen Sie immer ein feinkörniges Schleifpapier oder feinste Stahlwolle. Benutzen Sie niemals eine elektrische Schleifscheibe, die das Holz beschädigen kann. Die Vorbereitung einer Fläche für die Politur muß mit der Hand geduldig geschehen: immer der Maserung entlang, mit beiden Händen, und immer auf perfekte seidige Glätte prüfend (Französische Politur zeigt jeden Makel). Wischen Sie Staub und Schmutz gründlich ab, bevor Sie mit der Politur beginnen.

Meist genügt es, ein französisch poliertes Stück mit einem feuchten Lappen und Scheuerpulver kräftig vor dem Polieren abzureiben.

Neue Flächen: Flächen, die zuvor noch nie behandelt worden sind, müssen zunächst von Schmutz und Fett befreit werden. Dazu reiben Sie sie in Maserrichtung mit feinkörnigem Schleifpapier ab und entfernen anschließend Staub und Körner.

Wenn Sie bei der Vorbereitung Ihrer Möbel nachlässig sind, dann werden geringfügige Makel beim Polieren zu krassen Fehlern, und es wird zu spät sein, etwas daran ändern zu können. Prüfen Sie darum mehrmals, ob die gesamte Fläche glatt ist, alle Dellen und Beschädigungen beseitigt, Kratzer abgeschliffen, Risse gefüllt, Knoten mit etwas unverdünntem Schellack behandelt worden sind.

Fasern füllen: Eine bereits einmal französisch polierte Fläche wird kein Füllen der Fasern nötig haben, aber neue Flächen, besonders offenporige Hölzer

1

2

3

4

Französische Politur
1 Entfernen Sie den alten Firnis sorgfältig von dem Möbel, und reiben Sie allen Staub und Schmutz mit Schleifpapier ab. Beseitigen Sie alle Dellen.

2 Danach beizen Sie das Holz, wenn Sie den Farbton verändern wollen. Wenn sich die Fasern durch das Beizen anheben, dann schleifen Sie sie ab. Füllen Sie die Maserung, wenn nötig. Lassen Sie alles trocknen, und schleifen Sie noch einmal kräftig nach. Tragen Sie Französische Politur auf, um die Oberfläche zu versiegeln.

3 Die Französische Politur sollte zum Holzfarbton passen und mit einem Polierkissen in Kreisen in Maserrichtung aufgetragen werden. Schleifen Sie die Oberfläche ab, nachdem die erste Schicht getrocknet ist. Diese Schicht versiegelt die Oberfläche und bereitet sie für den Aufbau der Politur vor.

4 Das Möbelstück muß vollkommen staubfrei sein, bevor neue Politur aufgetragen wird. Sie können dazu einen Lappen benutzen, der mit Politur angefeuchtet wurde und so die Staubkörner von den frisch geschliffenen Flächen abnimmt.

5

6

7

8

Nehmen Sie zwischen den chichten die feinste Stahlwolle um Schleifen, so daß die Ober- läche eher matt als glatt ge- nacht wird. Die Dauerhaftig- eit und der Glanz der Politur verden dadurch bestimmt wie- iel Schichten Sie auftragen und orgfältig abreiben.

6 Wenn Sie die Oberfläche aufbauen, benutzen Sie ein we- nig Leinöl, sobald das Polier- kissen auf der Fläche zu kleben beginnt. Halten Sie das Kissen auf der Fläche nie ruhig, sonst ist Ihre ganze Arbeit umsonst. Sie lernen mit der Erfahrung, wann Sie genügend Schichten Politur aufgetragen haben.

7 Tragen Sie solange schnell und gleichmäßig Schichten von Politur auf, bis Sie das ge- wünschte Aussehen auf der Flä- che erreicht haben. Bewahren Sie das Polierkissen in einer luftdich- ten Dose auf. Öffnen Sie das Kis- sen, und geben Sie etwas Spiritus auf die Watte für die letzten Schichten, die dünn aufgetragen werden sollten.

8 Die Arbeit ist fertig: Sie können sehen, wie die Französi- sche Politur traditionellen Höl- zern schmeichelt, wie z. B. Ma- hagoni. Sie heben die Schönheit von Intarsien damit hervor. Sie können das Aussehen auch et- was abstumpfen, indem Sie es zum Schluß mit Stahlwolle et- was abreiben und dann mit Wachspolitur einreiben.

wie Walnuß, Mahagoni oder Eiche, können eine Behandlung vor der Politur erfordern, um eine glatte Fläche zu bekommen. Holzfüller ist in verschiedenen Schattierungen fertig gemixt im Handel erhältlich. Reiben Sie den Füller gut in die Maserung, wischen Sie ihn sauber und lassen Sie ihn trocknen. Wenn nötig, schleifen Sie die Fläche mit einem sehr feinen Schleifpapier glatt. Es ist wichtig, den Füller vollständig trocknen zu lassen.

Beizen: Wenn die Fläche glatt ist, kann der Holzton durch Beizen verändert werden. Dies ist wahlweise und beeinflußt die Politur nicht. Wählen Sie eine Beize, die die Fasern des Holzes nicht anhebt — Ölbeizen sind die gebräuchlichsten und einfachsten; Wasser- und Alkoholbeizen können die Fasern so anheben, daß sie nach dem Trocknen noch einmal abgeschliffen werden müssen. Prüfen Sie die Farbe der Beize an einem Holzabfall und verdünnen oder vertiefen Sie sie, wenn nötig.

Beschichten: Nach dem Füllen, Beizen und Schleifen lassen Sie die Fläche trocknen, und geben Sie ihr dann eine versiegelnde Schicht Politur mit einem Spezialpinsel. Lassen Sie die Politur wenigstens für eine halbe Stunde, wenn möglich länger trocknen. Die Fläche sollte zwischen den einzelnen Phasen so lange wie möglich in Ruhe gelassen werden, so daß Füller, Beize und Politur richtig trocknen können.

Sowie die Politur trocken ist, wird die Fläche wieder mit feinem Schleifpapier abgerieben, bis sie glatt ist. Arbeiten Sie immer der Maserung entlang. Nach dem Schleifen wischen Sie allen Staub mit einem trockenen Staubtuch sofort ab.

Auftragen der Politur: Stellen Sie ein Hilfsmittel zum Auftragen der Französischen Politur her aus einem Stück Watte, 15 cm im Quadrat, auf die Hälfte zu einem Dreieck gefaltet, dann dessen Ecken eingefaltet, so daß die Form einer Birne entsteht. Schneiden Sie ein Stück fusselfreie Baumwolle von etwa 18 cm im Quadrat. Tauchen Sie es in Spiritus, und wringen Sie es aus. Legen Sie die Watte in die Mitte des Lappens, und gießen Sie genug Schellack oder Französische Politur darauf, daß sie durchnäßt ist, aber nicht tropft. Wickeln Sie den Lappen um die Watte, und drehen Sie die Enden auf der Rückseite zusammen, machen Sie das Kissen flach, und sorgen Sie dafür, daß auf der Vorderseite keine Falten sind. Drücken Sie das Kissen auf ein Stück Holz, so daß die Politur herausquillt. Sie können den Fluß der Politur kontrollieren, indem Sie den Lappen auf der Rückseite zusammendrehen. Das Kissen sollte bequem in die Hand passen und sieht aus wie eine halbe Birne. Es ist wichtig, die richtige Menge Politur auf das Kissen zu geben, da zu viel davon Furchen und Klumpen verursacht, die Sie nur entfernen können, indem Sie die ganze Oberfläche wieder freilegen (mit Spiritus) und wieder von vorn anfangen. Aus demselben Grund sollten Sie das frisch gefüllte Kissen nicht zu fest aufdrücken.

Reiben Sie das mit Politur gefüllte Kissen auf die Fläche, zunächst quer zur Maserung (dies hilft, sie zu füllen) in langen Strichen von Kante zu Kante, ohne irgendwo anzuhalten oder über dieselbe Stelle zweimal zu gehen. Lassen Sie diese erste Schicht 20 Minuten trocknen, schleifen Sie sie dann sorgfältig ab, stauben Sie ab und wiederholen Sie das Ganze, bis Sie gegen das Licht sehen können, daß die Fläche gleichmäßig bedeckt und die Fasern gefüllt sind. Lassen Sie die Arbeit über Nacht stehen, das Polierkissen legen Sie in eine zugeschraubte Dose. Dieser Schritt gibt die grundlegende Schicht für die Oberfläche.

Bauen Sie die Politurschichten auf. Fangen Sie in einer Ecke an, und reiben Sie das Kissen in kleinen Kreisen über die Fläche zur anderen Seite und dann wieder zurück, in sich überschneidenden Kreisen, bis die gesamte Fläche bedeckt ist. Falten Sie das Kissen auseinander, wenn es trocken ist, und gießen Sie mehr Politur darauf. Wenn die Politurmenge im Kissen abnimmt, müssen Sie den Druck auf die Fläche verstärken, so daß das Kissen vollkommen trocken ist, bevor es neu aufgefüllt wird. Wie zuvor hören Sie nicht auf oder gehen noch einmal über bereits polierte Stellen, sondern lassen Sie das Kissen an den Kanten abgleiten. Die Politur trocknet in Minuten, und nach wenigen Schichten werden Sie sehen, wie die Oberfläche sich aufbaut. Wenn Sie Zweifel haben, dann hören Sie auf, denn es ist besser, eine dünne, gut aussehende Fläche zu haben, als das Ganze jetzt zu verderben.

Wenn Sie mit dem Aussehen zufrieden sind — und hier zeigt sich Erfahrung —, falten Sie das Kissen auseinander und gießen etwas Spiritus auf die Rückseite. Drehen Sie das Kissen wieder zusammen, und bewegen Sie es in langen Strichen der Maserung entlang von einer Seite der Fläche zur anderen. Wiederum setzen Sie nicht ab oder gehen über dieselbe Stelle zweimal. Lassen Sie alles über Nacht trocknen. Wenn Sie eine seidige Oberfläche vorziehen, dann kann der Glanz mit feinstem Schleifpapier oder Stahlwolle und ein wenig Möbelpolitur erreicht werden.

Beachten Sie, daß die Oberfläche jederzeit durch Reiben mit Spiritus entfernt werden und das Ganze von vorn begonnen werden kann. Etwas, was die Erfahrung Sie lehren wird, ist, die unbedachte Bewegung des Kissens zu vermeiden, die das Aussehen aller vorhergehenden geduldigen Arbeit verderben kann. Wenn Sie einmal das Gefühl dafür haben, dann geht das Ganze sehr schnell. Ein Profi könnte eine Tischplatte an einem Vormittag neu lackieren.

Perfektes Furnieren

Holz wird jedes Jahr teurer, besonders das zum Bauen zu verwendende Hartholz. Deshalb werden heute immer mehr Möbel aus den preiswerteren Weichhölzern oder Spanplatten hergestellt und dann mit einem dekorativen Hartholzfurnier bedeckt, was in etwa denselben Effekt hat. Einige Zierhölzer sind zu zerbrechlich, um sie als Massivholz zu verwenden. Auch hier benutzt man Furniere. Furnierte Möbel werden leider schnell beschädigt: Brandstellen von Zigaretten, Dellen, die auf unvorsichtige Behandlung zurückzuführen sind, Hängenbleiben an einer losen Furnierecke sind einige Ursachen, und schon ist die Oberfläche beschädigt. Furnierte Stellen können sich auch anheben und Blasen bilden, sofern sie in einem feuchten oder überheizten Raum stehen.

Furniere können Sie selbst aufbringen oder ausbessern, ohne spezielles Werkzeug. Befassen Sie sich anfangs jedoch nur mit glatten Flächen. Wenn Ecken furniert werden müssen, können Sie gute Ergebnisse erzielen,indem Sie die Furnierstückchen mit Kontaktkleber befestigen. Und mit diversen Tricks können Sie die Nahtstelle zwischen alten und neuen Flächen verbergen.

Kauf und Behandlung von Furnieren

Es ist nicht einfach, das richtige Furnier zu finden. Ideal ist es, einen Spezialhändler für Furniere zu finden, aber selbst in großen Städten gibt es nur wenige. Es kann sein, daß Antiquitätenhändler, die ihre Reparaturen selbst ausführen, kleine Furnierstücke haben und weiterverkaufen. Furniere sind fast immer gleich dick. Eine Ausnahme sind die Furnierkanten beispielsweise rings um die Lederflächen von manchen Tischen und Schreibtischen. Hier muß das Furnier dieselbe Dicke wie das Leder haben.

Um fehlende Stücke in Einlegearbeiten zu ersetzen, kann es sein, daß Sie die Furnierstücke aufbauen müssen, oder, wenn nötig, abschleifen müssen, um sie dem restlichen Holz anzupassen. Wenn Sie kein zum Holz passendes Furnier kaufen können, dann nehmen Sie ein helleres Stück, das Sie leicht dunkler machen können, bis es paßt. Bedenken Sie, daß das Holz beim Polieren sowieso dunkler wird. Um dies zu testen, feuchten Sie eine Ecke des verwendeten Furniers an. Dies vermittelt Ihnen in etwa den Farbton, der erreicht werden kann. Behandeln Sie Furniere, besonders die großen Stücke, vorsichtig: sie brechen allzuleicht.

Das Furnieren

Furniere können mit Warmleim, PVA-Leim oder Kontaktkleber aufgebracht werden. Bei diesen unterschiedlichen Klebern unterscheidet sich jeweils die Art der Anbringung. Benutzen Sie, wenn möglich, Warmleim für antike Möbel; wenn PVA-Leim und Warmleim nebeneinander benutzt werden, dann hält der PVA-Leim nicht gut. Warmleim ist fest und wird nur durch Erhitzung flüssig und klebrig. Wenn er abkühlt, wird er schnell zu dick, um einfach zu fließen. Er muß deswegen während des Gebrauchs warm gehalten werden. Im Gegensatz dazu ist PVA-Leim ein Kleber mit Wassergrundlage, der immer leicht fließt, und normalerweise erst nach Stunden bindet. Kontaktkleber läßt beide Flächen bei Berührung sofort zusammenhalten.

Die Warmleim-Methode. Bei der traditionellen Warmleim-Methode wird der heiße, flüssige Knochenleim auf beide Oberflächen verbreitet, das Furnier wird an seine Stelle gelegt, und dann wird überschüssiger Leim unter dem Furnier hervordrückt durch Reiben (nicht Klopfen, sonst wird das Holz beschädigt) mit einem Hammer, der eine gutgeeignete Glättungskante haben muß. So ergibt sich eine glatte, flache Fläche. Der Furnierhammer ist wichtig, da sonst der Leim leicht eine gewellte Oberfläche hinterläßt. Wenn der Leim trocknet, bevor die Arbeit beendet ist, kann er wieder erhitzt werden, indem man die Oberfläche des Furniers mit einem schweren Bügeleisen überstreicht. Der Leim hält das Furnier fest an der Stelle von dem Moment, wo es angebracht wurde. Aber er braucht

Links: Das richtige Furnier gibt dieser Holzkiste ein wertvolles Aussehen. Rechts: Dieses elegante Stück muß repariert werden. Beachten Sie den beschädigten Rand, wo eine furnierte Fläche eingepaßt und ersetzt werden muß.

etwa zwei Wochen, bis er vollkommen gebunden und seine volle Stärke erreicht hat. Außer bei der Reparatur antiker Möbel ist die Warmleim-Methode am besten für große Flächen geeignet, etwa ab 60 cm mal 60 cm.

Entfernen von alten Furnieren. Warmleim erweicht, wenn er naß wird. Legen Sie nasse heiße Lappen auf die Oberfläche, und gehen Sie mit dem Bügeleisen darüber, so daß die Feuchtigkeit dampft. Machen Sie das auch, während das Furnier sich abschält. Sodann fahren Sie mit einem Schnitzmesser oder Stechbeitel unter die Kanten und heben das Furnier ab. Kratzen Sie alle Leimreste vom Holz ab, zum Schluß säubern Sie die Fläche mit Spiritus.

Sie benötigen: Genügend Knochenleim; einen Leimtopf (Improvisieren Sie, indem Sie zwei Dosen benutzen, eine in die andere passend mit 2 bis 3 cm Zwischenraum ringsum. Füllen Sie den größeren Topf mit etwas Wasser, und werfen Sie einige Steine hinein. Tun Sie den Warmleim in den kleineren Topf, und stellen Sie ihn in den größeren auf die Steine. So kann der Leim erhitzen, ohne zu verbrennen.); eine Hitzequelle (Irgendein Herd.); ein Furnierhobel, um die neu zu furnierende Oberfläche aufzurauhen (Grobes Schleifpapier, um einen Block gewikkelt, ist genauso gut geeignet.); einen Furnierhammer; ein scharfes Messer, einen scharfen Stechbeitel und ein Metall-Lineal; einen sauberen Lappen und heißes Wasser; Schleifpapier mit unterschiedlicher Kornstärke, bis hin zur feinsten; eine Rolle braunen Klebestreifen; Holzfüller.

Entfernen Sie das alte Furnier, oder, beim ersten Furnieren, rauhen Sie die Oberfläche mit einem Furnierhobel oder grobem Schleifpapier auf, im Winkel von 45° zur Maserung gehalten, um einen guten Untergrund für den Leim zu haben. Wenn die Fläche sehr stark absorbiert, wie z. B. bei sehr offenporigem Holz, dann bestreichen Sie sie zunächst mit wasserverdünntem Warmleim. Dadurch wird nicht so viel Leim abgesaugt, so daß das Furnier hält. Nun passen Sie die Furnierstücke derart ein, daß Sie das am besten aussehende Maserungsmuster erhalten. Mit Messer und Metall-Lineal schneiden Sie die Furnierstücke, so daß sie an den Kanten je 3 cm überstehen. Wenn zwei oder mehr Platten nebeneinander gelegt werden, dann sollten sie sich an der Naht jeweils 2 bis 3 cm überschneiden.

Schneiden Sie dann durch beide Furnierstücke an einer Metallschiene entlang in der Mitte der Überlappung. Halten Sie das Messer dabei senkrecht. Werfen Sie die Abfallstücke weg, und befestigen Sie die Stücke Kante an Kante mit einfachem braunem Papier-Klebestreifen.

Erhitzen Sie den Leim, bis er schmilzt, und fügen Sie ein wenig Wasser dazu, um ihn dünn zu halten. Feuchten Sie das Furnier an beiden Seiten an. Streichen Sie den Leim dann gleichmäßig, aber so dünn wie möglich über die Holzfläche und die Rückseite des Furniers. Arbeiten Sie zügig, da der Leim schnell verdickt. Legen Sie die erste Platte auf. Ziehen Sie den Furnierhammer über das Furnier, der

Maserung entlang. Benutzen Sie den Furnierhammer immer nur mit einer schiebenden, nie mit einer klopfenden Bewegung, da Sie sonst die Oberfläche markieren würden. Versuchen Sie, den Druck auf den Hammer immer gleich stark zu halten. Wischen Sie allen Leim, der an den Rändern hervorquillt, mit einem heißen, nassen Lappen ab.

Wenn der Warmleim zu früh eindickt, können Sie ihn mit einem Bügeleisen wieder weichermachen.

Halten Sie die Oberfläche immer etwas feucht, der Furnierhammer gleitet dann besser darüber, und das Bügeleisen versengt nicht so leicht das Furnier. Erhitzen Sie den Leim so wenig wie möglich neu, da sonst das Furnier austrocknen, sich zusammenziehen und brechen kann.

Wenn Sie die ganze Fläche angedrückt haben, prüfen Sie, ob es noch Blasen oder Wellen gibt. Klopfen Sie die ganze Fläche sorgfältig mit den Fingernägeln ab. Wenn es irgendwo hohl klingt, dann liegt darunter eine Luftblase. Wenn die Oberfläche uneben ist, aber nicht hohl klingt, dann haben Sie einen Klumpen Leim darunter. Um diese Fehler zu beheben, bügeln Sie die Fläche, und schlitzen Sie die Oberfläche in Faserrichtung mit einer Rasierklinge oder dem Modelliermesser auf. Drücken Sie mit einem Furnierhammer Luft und überschüssigen Leim heraus. Kleben Sie dann einen Streifen braunes Papier über den Schlitz. Er kann sich so nicht öffnen und erneut Luft unter das Furnier ziehen. Kleben Sie aus demselben Grund braunes Papier um alle Kanten des Furniers.

Lassen Sie das Furnier zwei Wochen lang trocknen. Schneiden Sie dann die Kanten, ohne die Oberfläche zu beschädigen. An den Ecken überstehendes Furnier können Sie mit dem Stechbeitel abnehmen. Feuchten Sie das aufgeklebte braune Papier an, und ziehen Sie es ab. Reiben Sie die ganze Oberfläche leicht in Faserrichtung mit feinem Schleifpapier ab, danach noch einmal mit dem feinsten. Streichen Sie dann farblich passenden, mit Spiritus gemischten Holzfüller über die ganze Oberfläche, um die Maserung zu versiegeln und alle Nähte zu verstecken, und schleifen Sie danach noch einmal ab. Wenn Sie ein altes Möbelstück nur zum Teil neu furnieren, dann beizen Sie das neue Furnier passend zum alten. Nehmen Sie die Abfallstücke, um die Farbe zu testen. Polieren Sie dann die Oberfläche.

Die Methode mit PVA-Leim und Zwinge. Diese Methode ist die beste für kleine Flächen sowie für wellige oder gebogene Furniere, die sich schlecht flach legen lassen. Der Holzuntergrund und die Furnierrückseite werden mit PVA-Leim bestrichen. Das Furnier wird dann an die Stelle gelegt, und ein Stück Holz von derselben Größe wird darauf mit Zwingen festgeschraubt, damit sich das Furnier anpreßt. Da dieser Kleber leicht fließt, wird der Überschuß durch den Druck der Zwingen herausgedrückt. So lange das mit den Schraubzwingen festgeklammerte Holzstück wirklich flach und glatt ist, egal, welche Größe es hat, wird das Furnier eine perfekte, glatte Fläche haben. Die Zwingen sind erforderlich während der etwa 15 Stunden, bis der Kleber getrocknet ist, damit sich das Furnier nicht anhebt. Sie müssen so angebracht werden, daß sie einen gleichmäßigen Druck auf das ganze Brett ausüben. Bis zu 60 cm Breite kann man derart arbeiten. Sie können lange Streifen dieser Breite mit mehreren Zwingen andrücken.

Sie brauchen: PVA-Leim; einen Mischtopf; ein scharfes Universalmesser; einen Stechbeitel; Schleifpapier von unterschiedlicher Kornstärke; ein großes Stück Papier; Holzstücke oder dicke, glatte Bretter, die groß genug sind, um die zu furnierende Fläche zu bedecken; Schraubzwingen.

Entfernen Sie das alte Furnier, und säubern Sie die Holzfläche mit Schleifpapier, aber rauhen Sie sie nicht auf. Passen Sie die Furniere an, und schneiden Sie sie auf Übergröße, aber feuchten Sie sie nicht an. Wenn zwei Stücke nebeneinander zu liegen kommen, lassen Sie sie sich nicht überschneiden. Schneiden Sie die aneinanderstoßenden Kanten entlang einem Stahllineal, so daß sie sich genau aneinanderfügen.

Verdünnen Sie den PVA-Leim mit einem Teil Wasser auf fünf Teile Leim. Verbreiten Sie ihn gleichmäßig über die zu verbindenden Flächen — jedoch nicht auf die Furnieroberseite —, und legen Sie das Furnier auf die bearbeitete Stelle. Der Klebstoff ist sehr flüssig, so daß die Zwingen alles Überschüssige an den Seiten der Platte hervorpressen werden.

Legen Sie das Papier über das Furnier und darauf das dicke Brett. Schrauben Sie das Brett mit der Zwinge alle 60 cm fest. Das Papier verhindert, daß das Furnier am Brett festklebt. Ziehen Sie die Zwingen zuerst in der Mitte an, dann die äußeren, damit keine Blasen entstehen. Lassen Sie alles mindestens 24 Stunden trocknen, ehe Sie die Zwingen und das Brett entfernen. Schneiden Sie das Furnier auf die gewünschte Größe, schleifen und lakkieren Sie es wie beschrieben.

Die Art mit PVA-Leim und Bügeleisen. Das Furnier wird wie beschrieben mit PVA-Kleber auf Holzuntergrund geklebt, es werden jedoch keine Zwingen benutzt, um es an seiner Stelle zu halten. Statt dessen wird das Furnier mit einem elektrischen Bügeleisen für einige Minuten festgebügelt. Dadurch wird sowohl der überschüssige Leim herausgedrückt, als auch die Trockenzeit verkürzt, so daß das Furnier nicht verrutscht und die Arbeit nach ein paar Stunden trocken ist.

Durch unvorsichtiges Bügeln kann es geschehen, daß Leimverdickung unter dem Furnier zurückbleibt. Man kann sie später nicht mehr entfernen, sondern furniert auf diese Weise jeweils nur kleine Flächen.

Sie benötigen: PVA-Leim; einen Mischtopf; Universalmesser und Stahllineal; Stechbeitel; Schleifpapier; einen sauberen Lappen; ein Bügeleisen, das auf 50°C eingestellt wird.

Bereiten Sie die Fläche vor, schneiden Sie das Furnier und kleben Sie es auf wie bei der vorigen Methode. Bügeln Sie dann das Furnier von der Mitte aus zu den Kanten. Halten Sie beim Bügeln nie an, und wenden Sie gleichmäßigen Druck an. Alle vom Bügeleisen verursachten Unebenheiten werden sichtbar sein. Halten Sie die Oberfläche feucht, so daß das Furnier nicht ansengt. Der Leim wird in wenigen Minuten trocknen —, Sie werden spüren können, wenn dies geschieht. Nachdem er getrocknet ist, lassen sich die Blasen und Verdickungen nicht mehr ausbügeln: Im Gegensatz zum Knochenleim kann dieser Kleber nicht erweicht werden.

Kontaktkleber ist für diese Arbeiten zu dick und nicht sehr stark. Er sollte nur als letzte Lösung benutzt werden, wenn alle anderen Methoden ergebnislos verlaufen. Bestreichen Sie einfach beide Flächen so dünn und gleichmäßig wie möglich mit Kleber, lassen Sie alles so lange ablüften wie der Hersteller empfiehlt (normalerweise 10 Minuten), und pressen Sie die Flächen dann aufeinander. Ein Furnierhammer ist nützlich, um das Furnier festzupressen, aber Leimverdickungen lassen sich so nicht darunter hervorpressen. Wenn es Klumpen gibt, werden sie bleiben müssen. Luftblasen können wie beschrieben entfernt werden.

Bei modernen Kontaktklebern hat man einige Sekunden Zeit, um das Furnier in die richtige Position schieben zu können, bevor man es festpreßt.

Andere Methoden. Ein spezieller Kunststoff, „Klebstoff-Film“ genannt, ist in Platten erhältlich. Dieser wird unter das Furnier gelegt, das nur auf der Oberseite angefeuchtet werden sollte. Der Film wird dann durch das Furnier mit einem elektrischen Bügeleisen geschmolzen. Ein Furnierhammer wird auf dem erweichten Film benutzt, genau wie beim Knochenleim, obwohl wahrscheinlich weniger angedrückt werden muß.

Die Methode ist einfach, wirkungsvoll und einigermaßen preiswert. Sie sollte jedoch nicht zum Furnieren von Flächen, die der Hitze ausgesetzt sind, verwendet werden, wie z. B. Regale über der Heizung.

Zusammenfassend: Benutzen Sie die Warmleim-Methode, wenn möglich, um große Flächen zu furnieren, oder um solche zu reparieren, die vorher mit Knochenleim furniert wurden. Für kleine Flächen und moderne Möbel benutzen Sie die PVA-Leim- und Schraubzwingen-Methode, wenn es möglich ist, Schraubzwingen anzubringen. Wo dies nicht möglich ist, benutzen Sie die PVA-Leim- und Bügeleisen-Methode. Benutzen Sie Kontaktkleber nur als letzten Ausweg.

Verwenden von Furnieren

Die Behandlung von Kanten und Rückseiten. Wenn zwei Flächen im rechten Winkel zueinander — z. B. Kanten und Oberseite eines Tisches — furniert werden, dann muß ein Furnierstück über das andere hinausgehen. Diese Verbin-

dung wird später gefüllt und glatt geschliffen, so daß sie nicht mehr sichtbar ist. Sie sollten jedoch darauf achten, daß die Fläche, die man am meisten sieht, stets über der steht, die man am wenigsten sieht —, z. B. das Furnier auf einer Tisch-Deckplatte sollte die Kanten überragen. In diesem Fall furnieren Sie die Kanten zuerst, lassen Sie das Furnier auf beiden Seiten der Kante überstehen. Lassen Sie den Leim zwei Tage lang trocknen, und schneiden Sie dann die Kanten, so daß sie glatt und gleichmäßig mit der Tischplatte abschließen. Furnieren Sie dann die Tischoberseite, und lassen Sie sie zwei Wochen lang trocknen, ehe Sie lackieren.

Eine gute Bearbeitung für die Kanten eines Tisches ist es, Holzstreifen, die zum Furnier passen, mit Leim und sehr dünnen Drahtstiften an den Kanten anzubringen. Dadurch erhalten Sie ein robusteres Ergebnis, weil die Kanten eines furnierten Tisches am leichtesten beschädigt werden. Das obere Furnier darf nicht den Umleimer überragen, weil sonst die unterschiedlichen Grade der Ausdehnung des Tisches und der Umrandung es brechen lassen werden. Wenn Furnier nur auf einer Seite eines Brettes angebracht wird, dann erzeugt es starken Druck auf der anderen Seite, so daß das Holz sich wirft oder verbiegt. Um dies zu vermeiden, bringen Sie auch auf der anderen Seite ein Furnier gleicher Größe an. Für die Unterseite, die man nicht sieht, kann ein weniger teures Furnier verwendet werden.

Furniere ausbessern. Die meisten Schäden an furnierten Möbeln entstehen am Rand einer Fläche, glücklicherweise sind das auch die Stellen, die man reparieren kann, ohne daß das später bemerkt wird.

Wenn immer möglich, reparieren Sie einen beschädigten Rand, indem Sie einen geraden Streifen entlang dem gesamten Rand der Oberfläche des Möbels entfernen und durch einen neuen Streifen mit derselben Maserung ersetzen. Auf diese Weise wird das alte und das neue Stück entlang der Maserung verbunden, so daß die Naht versteckt ist. Außerdem handelt es sich um eine geradlinige Verbindung, die leichter einzupassen ist.

Entfernen Sie zuerst den Lack an der beschädigten Stelle mit dem Schaber, um die natürliche Holzfarbe zu entdecken. Passen Sie ein Stück neues Furnier an. Sie können schnell prüfen, ob die Farbe nach dem Lackieren passen wird, indem Sie es naß machen; machen Sie beide Seiten naß, damit sich das Furnier nicht wirft.

Entfernen Sie die beschädigte Stelle mit dem Stechbeitel. Halten Sie die Fase des Stechbeitels am Rand nach oben, und weiter innen nach unten als Hebel. Schneiden Sie mittels Lineal und Messer das neue Furnier passend. Furniere sollten auf beiden Seiten angefeuchtet werden, um ein Splittern zu vermeiden.

Bringen Sie das neue Stück mit Knochenleim an, wie bereits beschrieben. Wenn der Leim gebunden hat, kann das neue Furnier an den Kanten mit einem sehr scharfen Stechbeitel bearbeitet oder einem Messer beschnitten werden.

Diese Methode ist nur für Furniere mit einer ziemlich geradlinigen Maserung anzuwenden geeignet. Furnier mit vielen Astlöchern, das am Ende der Maserungslinien oder in der Mitte der Fläche beschädigt ist, wird besser mit der folgenden Methode repariert:

Man kann eine beschädigte Furnierstelle durch Auflegen eines rhombenförmigen Stückes reparieren. Die langgestreckten Spitzen zeigen in die allgemeine Faserrichtung, so daß es weniger sichtbar ist, wenn es festgeleimt ist und sich feiner in die allgemeine Maserung einpaßt. Eine Naht zeigt sich um so mehr, je mehr sie quer zu den Fasern verläuft, so daß Sie die Enden so spitz wie möglich halten sollten. Finden Sie die beste Form und Größe heraus, indem Sie ein Stück durchsichtiges Papier auf die beschädigte Stelle legen und Rhomben aufzeichnen, bis Sie die richtige gefunden haben. Zeichnen Sie darin auch die Faserrichtung ein.

Übertragen Sie diese Form mit Hilfe von Pauspapier auf das neue Furnier. Tragen Sie nur provisorisch auf, und achten Sie mit Hilfe der eingezeichneten Linien auf den richtigen Verlauf der Maserung.

Das Schneiden des Flickens. Schneiden Sie den Flicken mit einem sehr scharfen Universalmesser (mit neuer Klinge). Halten Sie das Messer beim Schneiden schräg, so daß die Schnittkante eine Neigung hat; das Messer sollte im Winkel von 45° nach innen gerichtet sein. Es ist ratsam, die Form etwas größer zu

Das Furnier auf dem Deckel dieses antiken Kästchens war an einem Rand stark beschädigt, und ein Streifen mußte vollkommen ersetzt werden.

1 Entfernen Sie die Politur vorsichtig mit einem Schaber.

2 Das neue Furnier muß genau an die Fläche angepaßt werden, von der die Politur entfernt wurde. Feuchten Sie eine kleine Fläche des Furniers auf beiden Seiten an, um zu sehen, wie es nach der Bearbeitung aussehen wird.

3 Der Farbton neuen Furniers läßt sich verdunkeln, aber nicht aufhellen.

4 Entfernen Sie vorsichtig den alten Furnierstreifen mit dem Stechbeitel, Schrägseite nach oben.

5 Benutzen Sie den Stechbeitel mit der Schrägseite nach unten für den Rest des beschädigten Furniers.

6 Feuchten Sie zerbrechliche Furniere auf beiden Seiten an, bevor Sie sie zuschneiden. Nehmen Sie ein scharfes Universalmesser und eine schwere Metallschiene mit gerader Kante, damit das Scharnier nicht bricht oder splittert.

7 Die Kanten eines Möbelstücks sind der Abnutzung immer am meisten ausgesetzt. Wählen Sie hier also Ihren Kleber sorgfältig aus. Traditionell wurde Knochenleim benutzt.

8 Halten Sie das Furnierstück an die Stelle, so daß die Maserrichtung genau übereinstimmt, und schneiden Sie es vorsichtig zu.

9 Wenn das Furnierstück angebracht ist, reiben Sie überschüssigen Leim und Luftblasen mit einem Furnierhammer heraus. Pressen Sie den Flicken mit Schraubzwingen an, und halten Sie das Furnier mit Holzblöcken oder dünnen Metallplatten.

10 Wenn Sie PVA-Leim benutzen, können Sie das Furnier festbügeln. Je schwerer das Bügeleisen, desto besser.

11 Ein kurzer Flicken am Rand mit gerader Maserung (wie an dem Stuhl hier) sollte etwas größer und in Keilform geschnitten werden. Man drückt ihn seitlich, bis er fest sitzt. Bearbeiten Sie ihn dann passend mit einem sehr scharfen Stechbeitel oder Universalmesser.

12 Furniere mit verschnörkeltem oder knotigem Muster sollen entlang der Maserungslinien verbunden werden, um sie weniger sichtbar zu machen.

1
2
3
4
5
6
7
8
9
10
11
12

schneiden, so daß man sie über die beschädigte Stelle hinaus etwas hin und her bewegen kann, bis die Maserung genau paßt. Wenn man einen geraden Streifen Furnier schneidet, braucht das Messer nicht schräg gehalten zu werden. Legen Sie das ausgeschnittene Stück über die beschädigte Stelle, und finden Sie eine der Maserung entsprechende Stelle. Halten Sie es fest, und ziehen Sie mit einem spitzen Bleistift eine leichte Linie ringsum. Nehmen Sie den Flicken weg, und schneiden Sie an der Bleistiftlinie entlang mit dem Messer im gleichen Winkel von 45° wie beim Schneiden des Flickens. Schneiden Sie so wenig wie möglich vom alten Furnier weg; wenn der Flicken zu groß ist, können Sie ihn immer noch kleiner schneiden, wenn er zu klein ist, müssen Sie einen neuen schneiden. Die schräge Verbindungsstelle hilft, kleine Unterschiede zu verbergen.

Entfernen Sie das beschädigte Furnier innerhalb der Schnittlinie mit einem sehr scharfen Stechbeitel, mit der Fase nach unten. Achten Sie darauf, nur das beschädigte Furnier und den Leim darunter zu entfernen, nicht aber das darunterliegende Holz zu beschädigen. Entfernen Sie große Flächen alten Leims mit einem Lappen und heißem Wasser, aber beachten Sie, daß Sie nicht den Leim anlösen, der das unbeschädigte Furnier hält.

Passen Sie den Flicken in das Loch, und schneiden Sie ihn, wenn nötig, zurecht.

Das Leimen des Flickens. Furnierflikken müssen stark geleimt und während des Trocknens fest gepreßt werden. Wählen Sie den richtigen Leim: PVA für moderne Möbel, Knochenleim für alte. Wenn Sie die Warmleim-Methode wie beschrieben verwenden, halten Sie den Flicken mit Schraubzwingen und einem Stück Holz von der Größe des Flickens fest, sowie einem Blatt braunem Papier, das den herausquellenden Leim aufsaugt. Sie können eine „Zwinge“ improvisieren, indem Sie etwa eine Glasscheibe auflegen, die sie mit drei oder vier Steinen beschweren.

Ein mit PVA geleimter Flicken kann festgebügelt werden.

Das Lackieren des Flickens. Wenn der Leim vollkommen trocken ist, ziehen Sie soviel braunes Papier wie möglich ab —, es hilft, das Papier leicht anzufeuchten. Wickeln Sie dann sehr feines Schleifpapier um einen Holzklotz, und schleifen Sie alle Spuren von Papier und Leim ab, bis der Flicken mit dem umliegenden Furnier sich verbunden hat. Natürlich wird dadurch etwas vom Firnis mit entfernt. Schleifen Sie in Faserrichtung.

Wenn die Oberfläche sehr hellfarbig ist oder das Furnier eine grobe, offenporige Maserung hat (beispielsweise Esche, Eiche, Palisander, Sapeli), dann versiegeln Sie die Oberfläche mit einem Holzfüller in passender Farbe. Dadurch wird vermieden, daß der Lack ins Holz einsinkt, es verfärbt, und den Aufbau einer guten Oberfläche erschwert. Reiben Sie den Füller ins Furnier, und, sobald trocken, schleifen Sie ihn mit feinem Schleifpapier.

Den Flicken passend machen. Bevor Sie Politur auf den Flicken auftragen, gehen Sie sicher, daß er die richtige Farbe annimmt. Normale ungefärbte Französische Politur verdunkelt das Holz nur wenig. Prüfen Sie die abgeschliffenen Stellen ringsum. Wenn Sie nicht genau mit dem Flicken in der Farbe übereinstimmen, dann müssen Sie den Flicken beizen, um ihn anzupassen. Sie können dies überprüfen, indem Sie mehrere Schichten auf ein Abfallstück vom Furnier auftragen. Um den Flicken zu beizen, benutzen Sie eine fertig gemischte Spiritus-Beize. Wählen Sie den richtigen Farbton. Sie können die Politur mit Spiritus verdünnen, um sie blasser zu machen. Experimentieren Sie immer zuerst an Abfallstücken, und streichen Sie dann den Flicken. Eine wassergebundene Beize ist nicht geeignet, weil es schwierig ist, das Verlaufen der Farbe zu verhindern.

Wenn der richtige Farbton gefunden und getrocknet ist, dann tragen Sie die Französische Politur auf. Einige moderne Möbel haben eine seidige Oberfläche. Dies können Sie nachahmen, indem Sie das polierte Furnier mit sehr feiner Stahlwolle und etwas Öl oder Politur abreiben. Nehmen Sie keinen modernen Lack auf wertvollen, alten Möbeln; halten Sie sich an den traditionellen Schellack und Französische Politur, die jeder Zeit entfernt, erneuert und repariert werden können, ohne das Holz zu beschädigen.

Intarsien können sowohl hübsch als auch nützlich sein, wie an diesem sorgfältig restaurierten Schachbrett zu sehen.

Reparatur von Binsen-, Rohr- und Seegras-Stuhlsitzen

Rohr

Rohrstühle gab es schon im alten Ägypten, und obwohl erst in diesem Jahrhundert über die Technik geschrieben wurde, kann man an frühen Erzeugnissen wie Tut-Ench-Amuns-Tagesbett sehen, daß sich die Methode so gut wie gar nicht verändert hat.

Rohrmöbel waren über Jahrhunderte hinweg modern, besonders jedoch in den letzten 300 Jahren. Im 18. Jahrhundert wurde den Europäern feineres Rohr zugängig, und als Ergebnis wurden solch elegante Stühle mit Sitzen aus Rohr hergestellt, wie aus den Kunsthandwerkstätten Adamas und Hepplewhite.

Rohr erreichte seine größte Popularität im 19. Jahrhundert mit der Entwicklung von Bugholzmöbeln, und in Wien produzierte eine Fabrik allein 400 000 Bugholzstühle im Jahr. Geflochtenes ist heute wieder modern, und Stühle, die neu beflochten werden müssen, können oft billig erstanden werden. Es ist ein Handwerk, mit dem man sich befassen sollte; es ist nicht schwierig —, man muß lediglich methodisch arbeiten, und es gibt wohl kaum Handwerksarbeiten, für die man weniger Werkzeug braucht. Die meisten sind sowieso im Haushalt vorhanden oder können leicht beschafft werden.

Nehmen Sie sich anfangs jedoch nicht zu viel vor, zum Beispiel keine antiken Stühle, bis Sie etwas Erfahrung in der Handhabung und im Flechten von Rohr haben. Fangen Sie mit einer einfachen quadratischen oder rechteckigen Fläche an, bevor Sie sich an Komplizierteres wagen. Als erstes sollten Sie nicht an sehr große Gegenstände gehen, denn diese sind nicht nur schwieriger zu bearbeiten, sondern es dauert beim Tempo eines Anfängers auch so lange, daß Sie wahrscheinlich die Lust daran verlieren und aufhören. Wenn Sie sich die Fähigkeiten später angeeignet haben, können Sie große Flächen ziemlich schnell beflechten.

Stuhlflechtrohr kommt von einer Weinrebe, die in Südostasien wächst, und sehr lang wird. Die äußere Rinde hat scharfe Stacheln, die abgeschält werden. Darunter befindet sich eine harte Schicht, die zum Flechten von Rohrstühlen benutzt wird.

Rohr gibt es in zwei Qualitäten und in sechs Stärken. Das mit blauem Faden gebundene Rohr ist das beste Rohr und wird für antike Stühle verwendet, aber mit rotem Faden gebundenes ist für die meisten Stühle gut genug. Die Stärken sind von 1 bis 6 numeriert. Je dünner das Rohr, desto niedriger die Nummer. Man benutzt oft zwei verschiedene Größen am selben Stuhl, am häufigsten Stärke Nr. 2 und Nr. 6.

Die benötigte Stärke hängt vom Abstand der Löcher im Stuhlrahmen ab. Der normale Abstand ist 13 mm und macht den Rahmen für das beliebte Sieben-Schritt-Muster geeignet. Wenn die Löcher dichter beieinander liegen, dann wird das Geflecht überfüllt, und es läßt sich schwierig damit arbeiten. Hierfür muß Größe Nr. 2 oder Nr. 3 verwendet werden. Sehr feines Rohr wird benutzt, um das Flechtwerk zu beenden. Wenn Sie einen Stuhl neu beflechten wollen, nehmen Sie am besten eine Probe des alten Rohrs mit und kaufen eine ähnliche Stärke.

Rohr dürfte in Kunsthandwerk- und Hobbybedarfsläden erhältlich sein. Ein

Ein klassischer Stuhl mit Rohrgeflecht.

Bündel Rohr wird für einen Stuhl mehr als genug sein (Ihr Händler wird Sie über die richtige Größe des Bündels beraten); wenn Sie mit verschiedenen Rohrgrößen arbeiten, dann werden Sie wahrscheinlich Material übrig behalten, es sei denn, Sie beflechten mehrere Stühle.

Sie benötigen: Stöpsel. Diese werden benutzt, um das Rohr vorübergehend während des Flechtens festzuhalten, einige halten jedoch vereinzelte Rohrenden fest oder stöpseln „blinde" Löcher zu. Alle dünnen spitzen Spießchen sind geeignet, z. B. Zahnstocher oder dickeres Korbrohr. Schere. Die Größe spielt keine Rolle, solange sie gut schneidet; Messer, um das Rohr dort zu schneiden, wo man mit der Schere nicht hinkommt. Es kann auch benutzt werden, um die Stöpsel zu schneiden und anzuspitzen. Loch-Durchstecher. Ein 8 cm langer Nagel ist geeignet, wenn das spitze Ende abgefeilt ist, ebenso eine Metall-Stricknadel, Ahle, Handbohrer oder Schraubendreher. Der Durchmesser des Werkzeugs sollte nicht mehr als 3 mm sein. Pfriem. Eine kleine Hutnadel ist nützlich, um das Rohr durch enge Stellen zu ziehen. Kleiner Hammer, um die Knoten am Ende flach zu klopfen, und um die Stöpsel in die Löcher zu hauen.

Vorbereitung. Entfernen Sie zuerst alles alte Rohr, und ziehen Sie alle kleinen Nägel oder hölzernen Stöpsel heraus, die zum Festhalten von Rohrstükken in den Löchern benutzt wurden. Das alte Rohr kann dicht am Rahmen weggeschnitten werden —, dies ist besonders nützlich, wenn die Form unregelmäßig ist. Bevor Sie das alte Rohr entfernen, machen Sie eine Zeichnung vom Rahmen, markieren alle Löcher, sowie die Anzahl und Richtung aller aus den Löchern kommenden Rohre —, dies ist nützlich, wenn Sie runde oder ovale Formen flechten. Benutzen Sie den Loch-Durchstecher, um alle Stöpsel aus den Löchern hervorzuholen. Wenn Klopfen nicht hilft, dann bohren Sie ein Loch durch den Stöpsel mit einem Bohrer von derselben Größe wie das Loch. Die Löcher in den Ecken sind manchmal „blind" —, d. h. sie gehen nicht vollkommen durch das Holz durch. Hier müssen die Stöpsel herausgebohrt werden, um das Loch freizumachen. Alle notwendigen Reparaturen am Rahmen müssen gemacht werden, bevor man mit dem Flechten anfängt. Schleifen Sie den Stuhl zu diesem Zeitpunkt ab, und lackieren Sie ihn neu, da dies nach dem Anfang des Flechtens nicht mehr möglich ist.

Das Rohr muß vor Gebrauch vorbereitet werden. Weichen Sie das Bündel Rohr in heißem Wasser ein, bis es sich leicht handhaben läßt. Obwohl trockenes Rohr spröde ist und leicht bricht, sollten Sie das Rohr nicht zu lange einweichen oder in einem Plastikbeutel aufbewahren, da es sonst verblaßt. Tauchen Sie jedes Stück direkt vor Gebrauch ins Wasser, und halten Sie es feucht, indem Sie Ihre Finger von Zeit zu Zeit in eine Wasserschüssel tauchen und dann über die glanzlose Seite des Rohrs streichen. Achten Sie darauf, nicht auf das Rohr zu treten, da es sich spalten und der Spalt bis zum Ende des Rohrs laufen kann. Werfen Sie gespaltene Stücke weg: sie verderben das Aussehen des ganzen Gegenstandes.

1 Stecken Sie Stöpsel in die mittleren Löcher der Vorder- und Rückseite des Stuhlsitzes, stecken Sie einen weiteren in das am weitesten links liegende hinterste Loch neben dem linken hinteren Eckloch. Zählen Sie die Anzahl der Löcher zwischen den beiden hinteren Stöpseln. Zählen Sie dieselbe Anzahl von Löchern links vom vorderen Mittelstöpsel ab, und markieren Sie dies mit einem vierten Stöpsel. So werden die Rohrlinien gerade gehalten. Nehmen Sie den Stöpsel aus der hinteren linken Ecke, stecken Sie ein Stück Rohr hinein, und lassen Sie ein 10 cm langes Ende unter dem Rahmen hervorhängen, mit der glänzenden Seite nach oben. Stöpseln Sie das Rohr fest in das Loch. Ziehen Sie das lange Ende vom Rohr herüber, und stecken Sie es durch das Loch, das mit dem Stöpsel an der Vorderkante des Rahmens festzuhalten ist. Die glänzende Seite des Rohrs muß stets oben und darf nicht verdreht sein, auch nicht, wo es durch das Loch geht. Ziehen Sie es stramm und stöpseln es fest. Das Rohr wird dann durch das nächste Loch wieder hochgeholt, immer mit der glänzenden Seite nach oben — selbst auf der Unterseite des Rahmens. Ziehen Sie es fest und sichern es mit einem weiteren Stöpsel. Das Rohr wird nun zur Rückseite des Rahmens geführt, zum Loch neben dem ersten Loch. Nehmen Sie einen weiteren Stöpsel, oder entfernen Sie den zweiten, um das Rohr in dieses Loch zu stöpseln. Der erste Stöpsel muß das Rohrende halten, aber jeder folgende Stöpsel kann aus den Löchern genommen und während des Flechtens weitergeführt werden. Halten Sie das Rohr stramm, jedoch nicht zu fest, da es sich beim Trocknen noch zusammenzieht. Gehen Sie immer weiter so vor und zurück bis zu den Mittellöchern, dann markieren Sie die Löcher auf der rechten Hälfte wie zuvor, und fahren Sie fort, bis Sie die andere Seite erreicht haben.

Wenn das Rohr aufhört, lassen Sie das Rohr aus der Unterseite hervorhängen, und lassen Sie einen Stöpsel im Loch, um das Rohr sicher zu halten, bis die Enden verarbeitet werden. Fangen Sie dann mit einem neuen Stück Rohr im nächsten Loch genauso an wie beim ersten Stück. Lassen Sie jeweils 10 cm vom Rohr auf der Unterseite hervorhängen. Füllen Sie die Seiten des Stuhlsitzes mit einzelnen Rohrstücken, und halten Sie sie parallel zum bereits eingezogenen, benutzen Sie jedoch nie eines der vier Ecklöcher. Sichern Sie lose Enden mit extra Stöpseln. Dies wird nötig sein, wenn Ihr Sitz vorn weiter ist als hinten. Ziehen Sie das Rohr von dem vorderen Loch neben dem bereits gefüllten zurück zu dem besten Loch an der Stuhlseite, das das Stück Rohr genau parallel zum benachbarten hält. Dies kann das Loch an der Seite neben dem Eckloch sein, braucht es aber nicht. Wichtig ist, die Stücke genau parallel und die Arbeit auf beiden Seiten des Stuhles gleich zu halten. Benutzen Sie alle Vorderlöcher, bis Sie an das Eckloch kommen.

2 Jetzt wird der Rahmen von Seite zu Seite bezogen. Normalerweise befinden sich an beiden Seiten dieselbe Anzahl von Löchern, so daß Sie vorne anfangen und ohne Unterbrechung nach hinten durcharbeiten. Legen Sie das Rohr über das zuvor bearbeitete im rechten Winkel.

3 Wiederholen Sie die 1. Phase auf den beiden vorherigen. Machen Sie sich den nächsten Schritt einfacher, indem Sie das Rohr in Phase 3 so legen, daß es

Mit Geduld und Ausdauer kann man einen erfolgreich geflochtenen Stuhl wie diesen herstellen.

nicht direkt auf, sondern parallel zum Rohr aus der 1. Phase liegt. Halten Sie sich rechts von Phase 1, besonders an den Löchern. Verschnüren der Enden: Sie können dies während der Arbeit machen, wenn Sie wollen. Führen Sie das neue Ende, ohne es zu verdrehen, zweimal unter der kurzen Verbindung zwischen zwei Löchern auf der Stuhlunterseite durch.

4 Dies ist eine Wiederholung von Phase 2, jedoch muß das Rohr hier über und dann unter das vertikale Geflecht geführt werden (nicht umgekehrt). Für diesen Schritt werden Sie länger als für jeden anderen brauchen. Fühlen Sie mit Ihren Fingern in beide Richtungen über das Rohr. Arbeiten Sie dann mit dem Rohr in die Richtung, die sich glatter anfühlt. So rutscht das Rohr einfacher unter den anderen Rohren rein und raus. Fangen Sie wie bei der 2. Phase an, und verstöpseln Sie ein Ende.

Das Rohr muß unverdreht und mit der richtigen Seite nach oben bleiben. Fangen Sie am verstöpselten Ende an, und lassen Sie das Rohr durch Ihre Finger gleiten, ohne es zu verdrehen, bis Sie an das Arbeitsende kommen. Dies ist sehr wichtig, da man es nicht entdrehen kann, wenn es einmal verflochten ist, außer, indem man alles wieder auseinandernimmt. Wenn das Rohr entdreht ist, flechten Sie das Ende unter das Rohr von Phase 1 (das linke von den beiden), dann hoch zwischen den beiden vertikalen Rohren und über das von Phase 3.

Wiederholen Sie dies bei jedem Paar von Rohren, wenn Sie es erreichen. Ziehen Sie die gesamte Länge des Rohrs erst durch, nachdem Sie an sechs Paaren vorbei sind. Wenn Sie das Rohr durchziehen, wird es das Geflecht flach, gerade und fest machen. Machen Sie so weiter, vor und zurück, mit neuem Rohr, wenn nötig, und verstöpseln Sie vorstehende Enden. Halten Sie das Muster genau ein. Vergessen Sie nicht, daß in dieser Phase das Rohr unter das von der 1. Phase und über das von Phase 3 geht. Mühen Sie sich nicht allzuviel, die Linien gerade und ordentlich mit engen, regelmäßigen kleinen Quadraten zu halten —, dies ergibt sich in den nächsten beiden Phasen von selbst.

5 Die erste Diagonale. Wenn Sie bisher dünnes Rohr benutzt haben, dann sollten Sie jetzt auf die nächste Stärke übergehen. Ansonsten fahren Sie mit derselben Stärke fort. Verstöpseln Sie das Rohr in der linken unteren Ecke. Flechten Sie über das erste Paar von Horizontalen (2. und 4. Phase). Schieben Sie es zur Rechten, indem Sie unter das nächste vertikale Paar gehen (1. und 3. Phase), und dann wieder über das nächste horizontale Paar, und so weiter. Beim Flechten fühlt sich dies an wie in „Stufen“, aber wenn es festgezogen ist, formt es eine Diagonale.

Wenn der Stuhlrahmen quadratisch ist, werden Sie in der gegenüberliegenden Ecke ankommen. Ansonsten flechten Sie es in dasjenige Loch, das Sie erreichen. Bringen Sie das Rohr (unverdreht) durch das nächste Loch im Vorderrahmen links davon wieder hoch, und flechten Sie es zurück. Halten Sie das Muster ein — über die Horizontalen und unter die Vertikalen. Flechten Sie so weiter, bis Sie an eine Ecke kommen und direkt gegenüber von einem Loch zum andern aufhören. Gehen Sie zurück zum Anfangsloch, und fangen Sie dort mit einem neuen Stück Rohr an (die Ecklöcher werden zweimal benutzt), um den Rest der ersten Diagonalen zu füllen. Gehen Sie unter die Vertikalen und über die Horizontalen wie zuvor. Vervollständigen Sie das Geflecht, und überprüfen Sie dann das Muster. Denken Sie daran, daß Sie nur korrigieren können, indem Sie alles wieder auflösen. Das Flechten ist normalerweise einfach, und man braucht nicht zu ziehen und zu zerren. Wenn Sie Mühe haben, prüfen Sie, ob das Muster korrekt ist.

6 Die zweite Diagonale. Dies ist genau die entgegengesetzte Phase zur fünften. Fangen Sie in einer anderen Ecke an, und flechten Sie im rechten Winkel zu der vorhergehenden Diagonalen. Wieder werden die Eckenlöcher zweimal benutzt. Diesmal geht das Rohr jedoch unter die Horizontalen und über die Vertikalen.

Das Verarbeiten der Enden. Jetzt sind wahrscheinlich eine ganze Reihe Stöpsel im Rahmen, die die verschiedenen Rohrenden halten. Diese können nun verbunden werden, wie zuvor beschrieben, wenn Sie dies nicht schon getan haben. Feuchten Sie die Enden an, so daß sie biegsamer sind. Schneiden Sie jedes Ende spitz zu, und fädeln Sie es

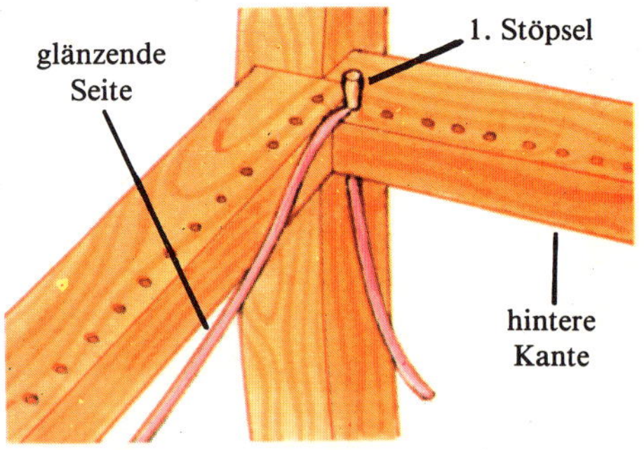

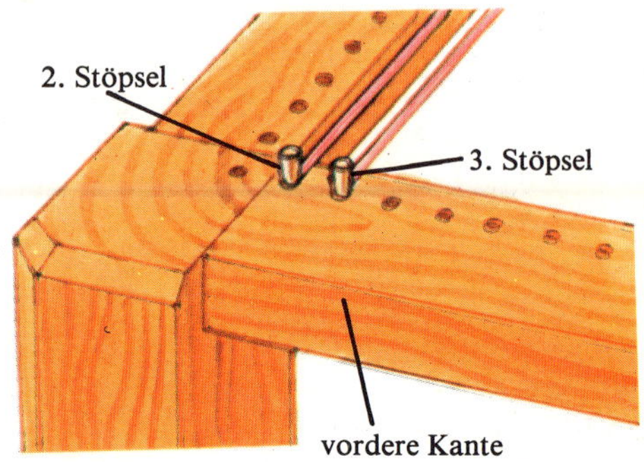

Anfang der Flechtarbeit
Oben: Um den ersten Stöpsel wird ein Stück Rohr gelegt.
Unten: Sodann wird mit dem zweiten und dritten Stöpsel in der gleichen Weise fortgefahren.

Flechten *(gegenüberliegende Seite)*
1 Fangen Sie so mit dem vertikalen Rohr an.
2 Legen Sie das Rohr horizontal über das vertikale.
3a und 3b Weiteres vertikales Rohr parallel zu 1.
4 Horizontales Rohr, erst unter, dann über das vertikale Rohr geflochten.
5 Die erste diagonale Phase im Muster.
6 Die zweite diagonale Phase im Muster.
7 Das Verknoten der losen Enden kann während des Flechtens geschehen. Führen Sie die neuen Enden, unverdreht, zweimal über die kurzen Stücke auf der Unterseite zwischen zwei Löchern.
8 Das Verblenden ist die letzte (wahlweise) Phase. Ein Stück Rohr wird rings um das Geflecht gelegt, um die Löcher zu verdecken, es wird mit einem zweiten Stück Rohr festgehalten.
9 Draufsicht und Querschnitt der letzten Phase.

Links: Dieses Bild zeigt alle Phasen im klassischen Sieben-Phasen-Rohrflecht-Muster.

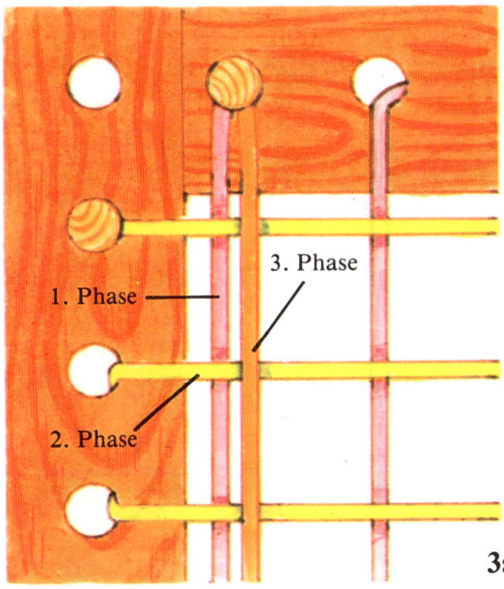

3a

1

2

3b

4

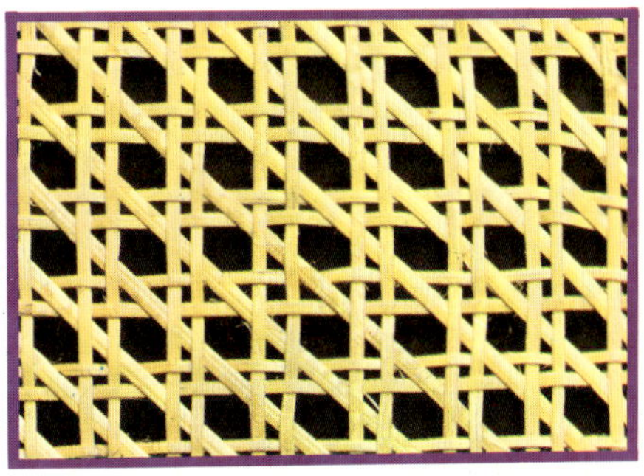

5

6

7

8

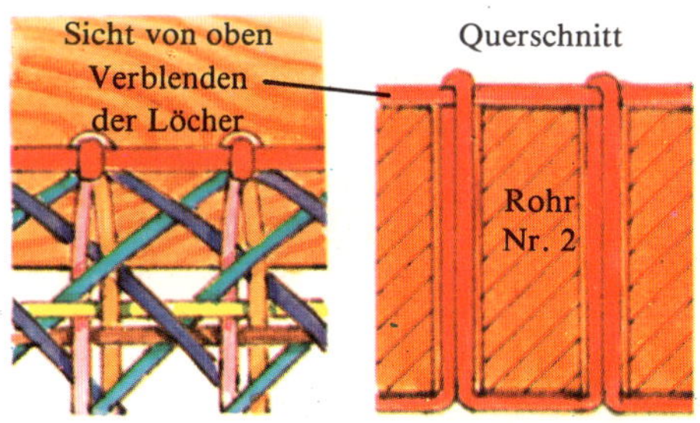

9

zweimal unter die nächste Schlaufe, mit einer Haarnadel, wenn nötig, um das Rohr vorsichtig in die Position zu bringen. Halten Sie auch die Enden unverdreht und mit der glänzenden Seite nach außen. Klopfen Sie leicht mit einem Hammer auf die „Rolle“, um sie flach zu machen, und dann schneiden Sie die Enden dicht daran ab. Wenn drei oder vier Enden aus demselben Loch kommen, kann das Vernähen schwierig werden. Führen Sie das zu verknotende Rohr unter die nächste Schlaufe, dann unter sich selbst zurück, und schneiden Sie dann das Ende ab.

Stöpsel werden hauptsächlich in blinden Ecken benutzt sowie in den Löchern, die lose Enden halten, die nicht festgebunden werden können. Die Stöpsel sollten fest passen, und wenn sie festgeklopft sind, müssen sie auf derselben Höhe wie der Stuhlrahmen sein. Wenn Sie die Löcher im Rahmen mit Rohr verblenden wollen, dann verstöpseln Sie die Löcher erst, wenn die Blende aufliegt.

7 Verblenden. Dies ist eine ziemlich moderne Verfeinerung und ein wahlweises Extra. Es handelt sich um ein Stück Rohr, das um die Außenseite des Geflechts gelegt wird, um es ordentlich zu beenden. Zwei verschiedene Rohrgrößen können verwendet werden, normalerweise Nr. 2 und Nr. 6, obwohl es keine festen Regeln gibt und man auch Nr. 4 verwenden kann. Das dickere Rohr wird über die Löcher gelegt, um sie zu verdecken, dann wird das dickere Rohr mit dünnerem festgebunden. Beim Verblenden nimmt man immer Stöpsel oder verknotet. Verknoten Sie, bevor Sie mit dem Verblenden anfangen.

Beginnen Sie mit dem Verblenden, indem Sie ein Stück Rohr Nr. 2 in ein Loch neben einer Ecke einführen. Lassen Sie das Ende 4 cm nach oben heraushängen. Biegen Sie dieses Ende dann runter in das nächste Loch, und bringen Sie das lange Ende durch dasselbe Loch hoch. Dadurch wird das kurze Ende gesichert. Stecken Sie ein Ende Rohr Nr. 6 in dasselbe Loch, und bringen Sie es in eine solche Position, daß es über die Löcher an dieser Seite des Stuhlrahmens zu liegen kommt. Führen Sie das dünnere Rohr über das dickere und dann wieder in dasselbe Loch runter. Führen Sie dann das dünne Rohr auf der Unterseite zum nächsten Loch — immer unverdreht und mit der glänzenden Seite nach oben — und dann durch dieses Loch hoch. Führen Sie es über das dicke Rohr und dann durch dasselbe Loch wieder runter. Machen Sie so weiter bis zum Eckloch, und stecken Sie dickes und dünnes Rohr in dieses Loch. Fangen Sie mit den zwei Rohren zum Verblenden auf der nächsten Seite an, bevor Sie die Enden endgültig verstöpseln. Wiederholen Sie dies ringsum. Schließlich schneiden Sie unten alle Enden ab, nachdem sie festgestöpselt oder verknotet wurden. Wenn die Löcher sehr dicht beieinander liegen, werden Sie es einfacher finden, mit Nr. 4 Rohr zu verknüpfen, ansonsten können Sie das dicke Rohr auch in jedem zweiten Loch festknüpfen.

Endbearbeitung. Es gibt keinen Grund, Rohr in seiner natürlichen Farbe zu lassen, obwohl es sehr attraktiv ist und gut zu den meisten Farbtönen paßt. Es kann mit Acryllack angestrichen werden; dieser ist selbst in trockenem Zustand flexibel und blättert nicht ab. Sie werden feststellen, daß einfache Farben wie Schwarz, Weiß und Rot viel besser aussehen als Pastellfarben.

Rohr ist nicht nur für Rohrstühle. Eine gut geflochtene Tafel sieht äußerst apart aus und ist für viele andere Zwekke nützlich. Beistelltische können Rohrdeckplatten haben. Diese sollten am besten aus Nr. 6-Rohr hergestellt werden wegen seiner Stärke und werden am besten wohl auch noch mit einer Glasplatte geschützt. Wenn es nicht möglich ist, die Tischplatte zu entfernen und geeignete Löcher in den Tischrahmen zu bohren, dann können Sie auch leicht einen hölzernen Rahmen von derselben Größe wie die Tischplatte herstellen, lackieren oder polieren, bis er zum Tisch paßt, und dann das Rohr daran anbringen. Rohrwände haben eine sehr attraktive, helle Erscheinung und lassen sogar eine ganze Menge Licht durch, so daß sie als Raumteiler in schwach-beleuchteten Zimmern geeignet sind. Diese große Fläche läßt sich am leichtesten herstellen, indem man mehrere kleine Rahmen macht, sie beflechtet und dann in einen größeren Rahmen einsetzt.

Derselbe Typ von Rahmen kann für Wandtafeln benutzt werden. Quadratische Rahmen sind am leichtesten herzustellen und am schnellsten zu beflechten — ein wichtiger Punkt, wenn Sie viel zu flechten haben. Türtafeln sehen interessant aus mit geflochtenen Einsätzen, die die Tafeln bedecken. So kann man eine schwer aussehende Tür leichter erscheinen lassen. Ein häßlicher Heizkörper kann mit einem Schachtelrahmen verdeckt werden, der mit geflochtenen Tafeln gefüllt wird, die die Hitze durchlassen. Es ist jedoch ratsam, eine dicke Tischlerplatte oben aufzulegen. Geflochtene Kopfteile an Betten sehen leicht und attraktiv aus. Sie können eine beflochtene Platte an einem jeden soliden Kopfbrett anbringen. Machen Sie einen Rahmen wie einen Bilderrahmen, bohren Sie die Löcher rein, beflechten Sie ihn und befestigen Sie ihn an seinem Platz.

Binsen

In den meisten Haushalten gibt es einige alte Stühle mit kräftigen Holzrahmen, aber abgenutzten Sitzen. Statt sie neu zu polstern oder zu beflechten, können Sie sie auch mit einem neuen Binsensitz wieder in Ordnung bringen. Binsen-Flechten ist einfach, schnell und ziemlich billig; es ist eine gute Möglichkeit, einem quadratischen oder rechteckigen Rahmen einen neuen Sitz zu geben. Sie werden ein rustikales Aussehen erreichen, das gut zu den einfachen Linien anderer Möbel paßt.

Üben Sie, Zöpfe aus Binsen zu flechten, bevor Sie an Ihr „Sitzproblem“ gehen. Stellen Sie einen Satz Tischmatten, Sets und dergleichen her, um sich zu üben und etwas Erfahrung in der Handhabung von Binsen zu bekommen.

Binsenmatten haben eine lange Geschichte. Im England zur Zeit der Tudors wurden Binsen auf den Boden gelegt, damit man bequemer laufen konnte. In dieser losen Form brachen sie jedoch bald und sahen unordentlich aus. So lernten die Frauen des Hauses, die Binsen zu Matten zu flechten, die länger hielten und ordentlicher aussahen. Viel später wurden Binsenmatten auch auf Eßtische gelegt. Binsenfußmatten werden noch immer benutzt und sind besonders für Landhäuser ideal. Das Weben der Binsenmatten ist

Rechts: Lernen Sie die Handhabung von natürlichen Binsen, so daß Sie solch hübsche, feste Binsenmatten arbeiten können.

nicht schwierig, und wenn Sie einmal gelernt haben, mit Binsen umzugehen, können Sie viele hübsche Muster entwerfen. Nehmen Sie dicke Binsen für Fußmatten und feine für Tischuntersetzer. Binsen wurden früher für diese Zwecke angebaut, werden heute aber meist aus dem Nahen Osten importiert. Binsen wachsen in stehenden Gewässern und langsam fließenden Flüssen. Nach der Ernte läßt man sie allmählich trocknen. Sie werden dann in Bündel gebunden und so verkauft. Die Länge der Binsen in einem Bündel ist unterschiedlich — im Durchschnitt etwa 180 cm. Binsen sollten an einem trockenen und luftigen Platz aufbewahrt werden, am besten im Dunkeln, so daß die Farbe nicht verbleicht. Behandeln Sie trockene Binsen vorsichtig, da sie sehr spröde sind und leicht beschädigt werden. Feuchten Sie sie vor dem Gebrauch etwa fünf Minuten lang an, indem Sie sie entweder mit einem Schlauch oder einer Gießkanne abspritzen oder sie in ein Kaltwasserbad tauchen. Wickeln Sie sie für weitere drei Stunden oder über Nacht in eine nasse Decke.

Vorbereitung. Jede Binse muß vorbereitet werden. Das dünne Ende muß auf seine Stärke hin überprüft werden. Halten Sie eine Binse in beiden Händen etwa 15 cm unter der braunen, blumigen Spitze (oder dem dünnen Ende, wenn sie ihre Blume verloren hat), und ziehen Sie sie mit einem sanften Ruck auseinander. Werfen Sie das gebrochene Ende weg, und versuchen Sie es noch einmal, 15 cm weiter unten, bis die Binse ziemlich fest ist und nicht mehr reißt. Es ist weniger unangenehm, die schwachen Stücke zuerst loszuwerden, als daß die Binsen während der Arbeit reißen. Jede Binse muß nun „abgewischt" werden, teils um sie säubern zu können, teils um Luft und Wasser aus dem Inneren des Stammes restlos zu entfernen.

Halten Sie den Stiel am dünnen Ende in einer Hand, wischen Sie mit einem feuchten Tuch in der anderen Hand an der Binse entlang, und pressen Sie sie zur selben Zeit flach, so daß das Wasser am dicken Ende herausläuft. Wird das nicht getan, zieht sich alles nach dem Flechten zu sehr zusammen.

Das Flechten von Binsen. Wählen Sie drei Binsen, und binden Sie sie in der Mitte zusammen, aber nicht genau auf die Hälfte, sonst sind die Enden alle zur gleichen Zeit zu Ende, und das Einflechten von neuen Binsen wird schwierig. Feine, starke Schnur oder Baumwollfäden werden benutzt, um die Binsen zusammenzubinden. Lassen Sie die Enden der Schnur immer lang genug hängen, um sie später zu vernähen.

Nähen Sie die Binsenzöpfe fest, während Sie sie in die Formen rollen, die Sie für runde oder ovale Matten brauchen. Fügen Sie dekorative Schnecken im Inneren hinzu.

Hängen Sie die Binsen an dem Punkt, an dem sie zusammengebunden sind, um einen Haken oder einen Nagel in der Wand. Bringen Sie die sechs Enden zusammen, und teilen Sie sie in drei Paare, so daß jedes Paar ein dickes und ein dünnes Ende hat. So wird die Dicke des Zopfes gleichmäßig bleiben. Obwohl das Geflecht genauso aussieht wie Zöpfe in den Haaren, wird für Binsenarbeiten nur die rechte Hand benutzt. Die linke hält lediglich das Material.

Halten Sie zwei Paare in der linken Hand. Mit der rechten Hand drehen Sie das andere Paar zwei-, dreimal nach rechts und ziehen und streichen die Binsen gleichzeitig, so daß die zwei Binsen wie eine aussehen und ziemlich fest sind. Legen Sie das rechte über das mittlere Paar, und halten Sie es unter dem linken Daumen. Führen Sie das linke Paar aus der linken Hand über die verdrehten Binsen. Das ursprünglich rechte Paar ist jetzt das linke; das linke in der Mitte; und das mittlere rechts. Dieses rechte Paar kann nun wie vorher behandelt werden. Drehen Sie die rechten Binsen in der rechten Hand wie zuvor, und plazieren Sie sie dann in die linke Hand, indem Sie sie über das Mittelpaar legen. Das linke Paar wird dann darübergelegt, so daß das mittlere Paar rechts ist. Halten Sie die Dicke des Zopfes gleichmäßig. Als Markierung können Sie einen Ring über den Zopf ziehen. Wenn er dicker wird, rutscht der Ring nicht mehr herunter; wenn der Zopf dünner wird, fällt der Ring.

Um eine neue Binse einzufügen, warten Sie, bis das alte Ende 10 cm kurz und in der Mitte ist. Legen Sie die neue Binse auf die alte, so daß die Spitze der neuen 8 cm vorsteht. Wenn sie dran sind, drehen Sie alle drei Binsen zusammen, sowohl die alten als auch die neue. Arbeiten Sie weiter, bis das kurze Ende der alten Binse im Zopf verloren ist. Ein dickes Ende sollte immer durch ein dickes, ein dünnes durch ein dünnes ersetzt werden, um den Zopf gleichmäßig stark zu halten. Die gemeinsame Dicke aller sechs Binsen sollte immer in etwa gleich sein. Nachdem Sie einen Zopf gearbeitet haben, schneiden Sie alle neuen und alten Enden am Zopf so dicht wie möglich ab. Kurze Zöpfe sind am besten für Tischmatten geeignet, für Fußmatten brauchen Sie einen viel längeren Zopf.

Tischmatten. Für eine kleine runde Tischmatte von etwa 20 cm Durchmesser brauchen Sie einen Zopf von etwa 4,6 m Länge. Machen Sie den Zopf 13 mm dick. Verarbeiten Sie nicht die Enden. Pressen Sie den Zopf flach, indem Sie ihn entweder durch die Mangel drehen oder indem Sie ihn zwischen Zeitungen legen und mit dicken Büchern beschweren.

Sie benötigen: Eine Decke, um die Binsen einzuwickeln; ein Tuch, um sie abzureiben; eine Schere; Schnur, fein und grob; Nadel mit großem Öhr; Binseneinfädler oder Ahle.

Das Heften. Fädeln Sie die Schnur am Anfang des Zopfes in die Nadel. Machen Sie eine feste Rolle, wobei die flache Seite des Zopfes die Dicke der Matte bildet. Nähen Sie durch die Matte alles in Position. Sorgen Sie sich nicht, wenn der Zopf nicht lang genug ist. Machen Sie die Enden wieder naß, und machen Sie mit dem Flechten so lange weiter wie Sie wollen. Viele Binsenverarbeiter machen Matten, indem Sie ein

Ein moderner Stuhl, der scharlachrote Magistretti-Stuhl, erhält einen traditionellen Sitz mit natürlichen Binsen.

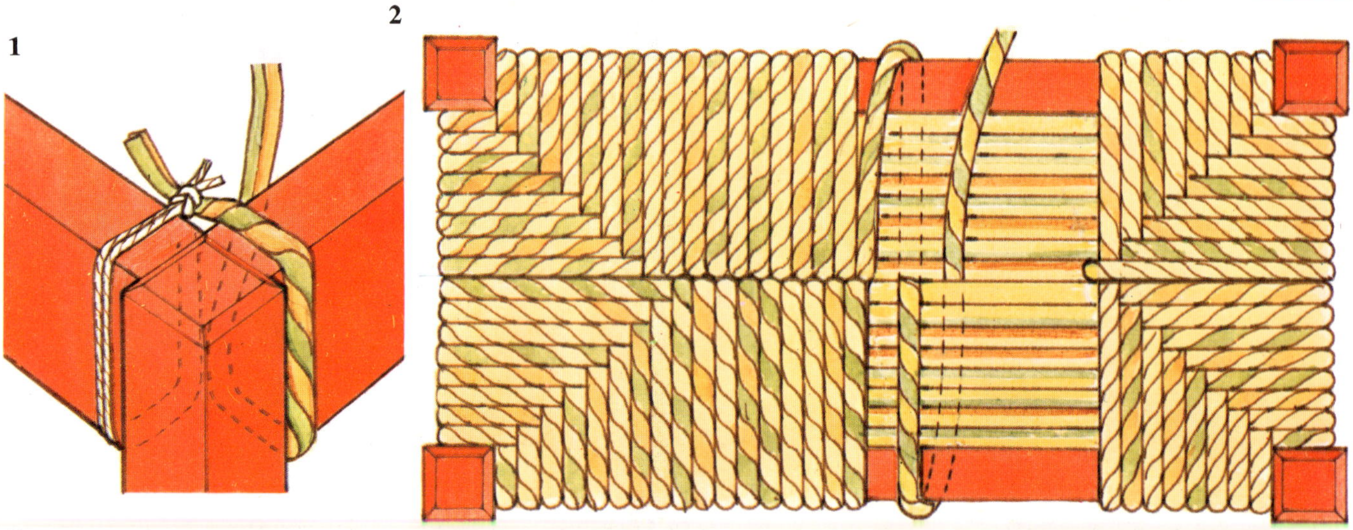

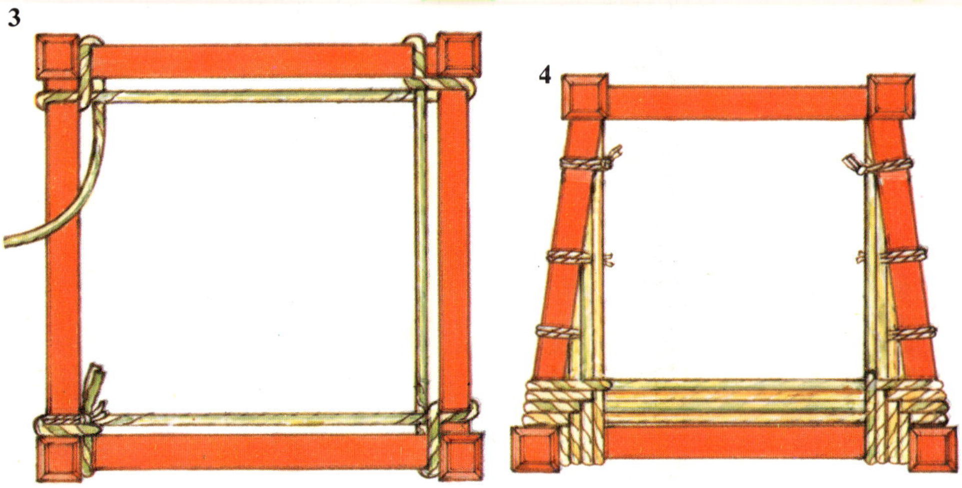

1 Fangen Sie den Binsensitz an, indem Sie die Binsen an einer Ecke verknoten.
2 Eine rechteckige Form: Füllen Sie die kurzen Seiten zuerst und dann die langen Seiten mit einer Achterfigur.
3 Eine Ecke wird nach der anderen gearbeitet.
4 Um einen Sitz zu beflechten, der vorn breiter ist als hinten, fangen Sie vorn an, und verbinden Sie die beiden Ecken so lange mit Schnur, bis Sie eine viereckige Form erreichen.

Stück flechten und es dann vernähen, bevor sie weiterflechten.

Um einen neuen Faden anzufangen, verbinden Sie den alten und den neuen Faden mit einem Kreuzknoten, nähen Sie weiter, und ziehen Sie den Knoten immer durch die Binsen, bis der alte Faden aufgebraucht ist. Um eine Matte fertig zu machen, schneiden Sie die untere Binse von jedem Paar ab, und verweben Sie die übrigen drei Binsen in den Zopf der vorhergehenden Reihe. Stecken Sie die Ahle durch die letzen drei Reihen des Zopfes, fädeln Sie die Binse in das Öhr der Ahle, und ziehen Sie sie in die Arbeit.

Ovale Matten. Für eine ovale Matte von etwa 25 × 35 cm brauchen Sie einen 11 m langen Zopf. Beginnen Sie die Schnecke in der Mitte, indem Sie das Anfangsstück noch einmal zurückknikken und dann festnähen. Das zurückgeknickte Stück sollte dem Unterschied zwischen Weite und Länge der fertigen Matte gleich sein —, in diesem Fall 10 cm. Nähen Sie dann den Zopf weiter an diese verlängerte Rolle, und es wird sich ein Oval bilden. Machen Sie das Ende wie zuvor.

Schnecken. Die Matten können durch eine Reihe von Schnecken attraktiver gemacht werden.

Nehmen Sie ein Stück Zopf, und markieren Sie die Mitte. Rollen Sie dann von einem Ende zur Mitte hin auf. Nähen Sie fest wie üblich. Machen Sie einen Faden am anderen Ende fest, und rollen Sie dies auch zur Mitte hin, aber in entgegengesetzter Richtung. Meist hat man eine ungerade Zahl von Schnecken, so daß das Ende der letzten gebraucht wird, um außen ringsum alle Schnecken weiterzuflechten. So wird das häßliche Aussehen einer Verknotung vermieden.

Das Neubespannen eines Stuhles. Alte Stühle werden oft billig verkauft, weil die Binsensitze nicht mehr in Ordnung sind und erneuert werden müssen. Für das Neubeflechten eines durchschnittlichen Stuhls braucht man etwa dreiviertel eines Binsenbündels; keine weitere Spezialausrüstung ist notwendig.

Vorbereitung. Entfernen Sie alle alten Binsen, und machen Sie alle notwendigen Reparaturen am Stuhlrahmen. Lackieren Sie den Stuhl, wenn nötig; dies wird fast unmöglich sein, wenn der neue Sitz angebracht ist. Bereiten Sie die Binsen wie beschrieben vor.

Ein quadratischer Stuhl oder Hocker wird angefangen, indem man zwei Binsen — ein dickes und ein dünnes Ende — an die Ecke der linken Kante mit einer Schnur festbindet. Dies muß ganz fest und sicher sein. Drehen Sie die beiden Binsen mit der rechten Hand nach rechts, und streichen und ziehen Sie sie zur gleichen Zeit ziemlich fest, so daß die beiden Binsen wie eine aussehen. Führen Sie die verdrehten Binsen über und dann unter die Vorderkante an der Ecke. Führen Sie sie dann durch den Stuhl unverdreht wieder hoch. Drehen Sie sie diesmal nach links, während Sie dabei ziehen. Führen Sie sie dann über die erste verdrehte Schnur, über die linke Kante und darunter und sodann unverdreht zur rechten Seite des Stuhls. Drehen Sie den Stuhl so, daß Sie das Verschlaufen in dieser Ecke wiederholen können. Bearbeiten Sie jede Ecke auf diese Weise.

Die erste Drehung in jeder Ecke ist immer nach rechts, die zweite nach links. Sie können es sich so merken, daß Sie immer von der Ecke wegdrehen. Nehmen Sie Ihre rechte Hand für die Rechtsdrehung und die linke für die Linksdrehung. Halten Sie die diagonalen Linien des Musters in einem Winkel von 45° von jeder Ecke, und gehen Sie sicher, das jedes gedrehte Paar parallel zu den Seitenkanten ist. Verbinden Sie eine neue Binse mit dem alten Ende mit einem Kreuzknoten.

Versuchen Sie, alle Knoten auf dem unverdrehten Abschnitt zwischen den Kanten zu halten, wo sie verdeckt und versteckt werden. Anfangs ist dies einfach, es wird jedoch immer schwieriger. Am Ende zeigen sich die Knoten unter dem Stuhl, halten Sie sie daher so ordentlich wie möglich, und drehen Sie die Enden in die Arbeit.

Arbeiten Sie etwa zwölf Runden um den Stuhl. Nun ist es Zeit, mit dem „Füllen" anzufangen. Dadurch wird die Binsenarbeit besonders fest und gleichmäßig, und die Binsen werden nicht so leicht vom Stuhlrand zerschnitten. Drehen Sie den Stuhl auf den Kopf. Benutzen Sie alle Reste trockener Binsen, abgeschnittene Enden, schwache Stücke, gefleckte Binsen usw. Sie können jetzt alle aufgebraucht werden. Alles wird in kurze Stücke geschnitten und in die acht Taschen (zwei in jeder Ecke) gestopft, die sich bisher durch das Muster der Arbeit gebildet haben. Schieben Sie die Reste ganz in die Ecken, so daß das Polster ganz eng und fest ist. Schieben Sie mit einem Messergriff nach. Fahren Sie mit dem Bespannen des Stuhls fort, aber versuchen Sie nicht, den ganzen Sitz auf einmal fertig zu arbeiten. Die Binsen sollten zwischendurch trocknen und können dann, wenn Sie weitermachen, enger zusammengeschoben werden. So wird der Sitz enger und fester. Stopfen Sie jeweils nach etwa einem Dutzend Runden aus, und halten Sie die Binsen so dicht wie möglich. Wenn die Mitte erreicht ist, verbinden Sie die letzte mit der gegenüberliegenden unter dem Stuhl.

Rechteckige Formen werden genauso angefangen wie ein quadratischer Sitz. Arbeiten Sie bis die kurze Seite gefüllt ist. Füllen Sie dann die lange Seite mit einem Achter-Muster zwischen den beiden langen Seiten.

Bei einem Stuhl, dessen Vorderkante länger ist als die Rückkante (d. h. dessen Vorderseite breiter ist als die Rückseite), fangen Sie wie zuvor an, jedoch nur an den beiden vorderen Ecken. Binden Sie dann die Enden fest an die rechte Kante. Fangen Sie nun wieder auf der linken Seite an, flechten nur um die beiden Vorderecken und binden die Enden dann fest. Machen Sie so weiter, bis die noch zu bespannende Fläche genau quadratisch ist. Stopfen Sie, wenn notwendig, die Ecken aus. Fahren Sie dann wie zuvor fort, und arbeiten Sie über die Schnur zum Festbinden.

Ein moderner Seegras-Sitz mit einem traditionellen Muster kann sehr gut aussehen.

Seegras-Sitze

Für Sitzreparaturen geeignete Binsen sind nicht überall erhältlich. Ein ratsamer Ersatz ist Seegras. Man kauft es bereits zu einer durchgehenden Kordel gedreht. Seegras ist stärker, flexibler und sauberer im Gebrauch als Binsen, so daß Sie es vielleicht sogar vorziehen.

Vorbereitung. Reinigen Sie den Stuhl, renovieren und polieren Sie ihn auf. Wickeln Sie das Seegras auf Schiffchen, und weichen Sie sie eine halbe Stunde in kaltem Wasser ein, damit sich das Seegras besser verarbeiten läßt.

Der Sitz wird genauso gearbeitet wie der mit Binsen, außer daß Sie jeweils ein Schiffchen voll Seegras anstatt den Binsenstücken durch den Rahmen führen. Ziehen Sie das Seegras so fest wie Sie können, und schieben Sie die Reihen von Schlaufen an den Rahmenseiten eng zusammen, indem Sie mit einem Schraubendreher nachhelfen.

Wenn Ihr Sitz vorn breiter ist als hinten, verbreitern Sie einfach die Schlaufenreihe auf der Vorderkante. Jedes zweite Mal, wenn die Verknotung vorn ankommt, legen Sie zwei Schlaufen herum und, führen Sie sie zur Seite, statt das Gras unter dem Rahmen zu verschlaufen und dann sofort zur Seite zu führen. Wenn Sie die zweite vordere Ecke verknoten, machen Sie dieselbe Doppelschlaufe um die vordere Rahmenkante. Das erste Mal — rings um den Rahmen — sollten die beiden vorderen Eckknoten einfach sein, beim zweiten Mal sollten sie doppelt sein, beim dritten Mal wieder einfach und so weiter. Sowie die wechselnde doppelte Verschlaufung den Unterschied der Seiten deutlich macht und die Lücke in der Mitte des Sitzes quadratisch oder rechteckig ist, beenden Sie diese Art des Flechtens und fahren Sie einfach weiter fort. Das doppelt verschlungene Teil wird kaum zu sehen sein, wenn Sie die Reihen hinten und vorn eng zusammenschieben. Eine leichte Kurve in der geformten Reihe von Knoten ist jedoch unvermeidlich.

Unterschiedliche Muster. Ein anderes Muster ist geeignet für Sitze mit quadratischen Rahmen oder speziell für dieses Hobby hergestellte, unbearbeitete Hocker.

Sie benötigen: Einen Stock von 13 mm Durchmesser, der etwas länger als der

Seegras-Sitze

1 Seegras wird am besten auf kleine hölzerne „Schiffchen" aufgewickelt, die Sie selbst herstellen können. Es läßt sich dann leichter führen.

2 Wenn Sie den ersten Knoten machen, halten Sie das Seegrasende in der linken Hand, so daß es nicht durchrutscht.

3 Wenn Sie die Schnur zuerst um die Vorderkante und dann um die linke Rahmenseite geschlungen haben, dann gehen Sie zur nächsten Ecke über.

4 Der Knoten in der nächsten Ecke sollte genauso gemacht werden wie der in der ersten, aber Sie müssen das Ende diesmal nicht mehr festhalten.

5 Hier sind die ersten Reihen fertig. Die Schnüre sind noch nicht fest zusammengeschoben, so daß es etwas unregelmäßig aussieht.

6 Wenn ein Stück Schnur zu Ende geht, verknoten Sie das nächste Stück so damit, daß der Knoten nach unten kommt.

7 Sollten einzelne Schnüre vorstehen und nicht flach liegen wollen, kann man sie von unten mit einer Schnur herunterziehen.

8 Wenn Sie einen Sitz bespannen, der vorn breiter ist als hinten, dann schlingen Sie jeden zweiten Knoten vorn zweimal um den Rahmen. Dies kann auch an den Seiten geschehen, um den Sitz, wenn nötig, zu vertiefen.

1

2

3

4

5

6

7

8

Stuhlrahmen ist. Eine große Nadel oder einen zusammengebogenen Drahtbügel, in die das Seegras einfädelt.

Markieren Sie die Mitte jeder Seite des Rahmens, und achten Sie darauf, daß Sie dieselbe Anzahl von Runden auf jeder Seite weben. Verknoten Sie das Ende des Seegrases auf der Unterseite mit dem Rahmen. Legen Sie den Stock über die Mitte des Rahmens im rechten Winkel zu der Richtung, in der Sie arbeiten. Führen Sie das Seegras mit dem Schiffchen hoch, und verschlingen Sie es zweimal um die Vorderkante. Führen Sie es auf der Rahmenunterseite zur gegenüberliegenden Seite, und wickeln Sie es zweimal um den Rahmen. Kehren Sie auf der Rahmenoberseite nach vorn zurück. Machen Sie die nächsten vier Runden gerade um den Rahmen ohne die doppelten Schlaufen: immer von vorn nach hinten auf der Unterseite — und zurück nach vorn auf der Oberseite.

Wiederholen Sie die zwei Umwicklungen auf jeder Seite, dann wiederholen Sie die vier geraden Runden. Machen Sie so weiter über den ganzen Rahmen. Prüfen Sie, daß Sie dieselbe Anzahl von Schnüren auf beiden Seiten der Mittelmarkierung haben. Beenden Sie das Weben mit Doppelschlaufen vorn und hinten. Wenn Sie ein langes Ende Seegras übrig haben, dann führen Sie es auf der Innenseite des Rahmens zur anliegenden Seite, um die zweite Runde zu beginnen. Ansonsten verknoten Sie es auf der Unterseite des Rahmens, um mit einem Stück Seegras neu beginnen zu können. Entfernen Sie jetzt den Stock.

Diese **Phase** wird ähnlich wie die erste gearbeitet, aber das Seegras sollte auf die Nadel gefädelt werden. Das Schiffchen kann anfangs benutzt werden, aber wenn Sie weiterweben, wird eine Nadel besser geeignet sein. Machen Sie anfangs eine Doppelschlaufe, dann weben Sie unter die ersten vier Schnüre und über die nächsten vier und wiederholen die Doppelschlaufe am anderen Ende. Kehren Sie auf der Unterseite zurück, und weben Sie dann wieder darunter und darüber wie zuvor. Weben Sie vier gerade Runden auf diese Art, und wiederholen Sie dann die Doppelschlaufen. Sie machen sich die Arbeit leichter, indem Sie den Stock so durchziehen, daß jede zweite Gruppe von vier Schnüren angehoben ist. Sie können dann die Nadel leichter zur anderen Seite ziehen.

Neue Schnur wird, wenn nötig, mit der alten Schnur auf der Unterseite verknotet.

Das Muster läßt sich leicht abwandeln: statt zwei Doppelschlaufen und vier geraden Runden können Sie verschiedene Kombinationen nehmen, z. B. eine und drei oder zwei und fünf und so weiter.

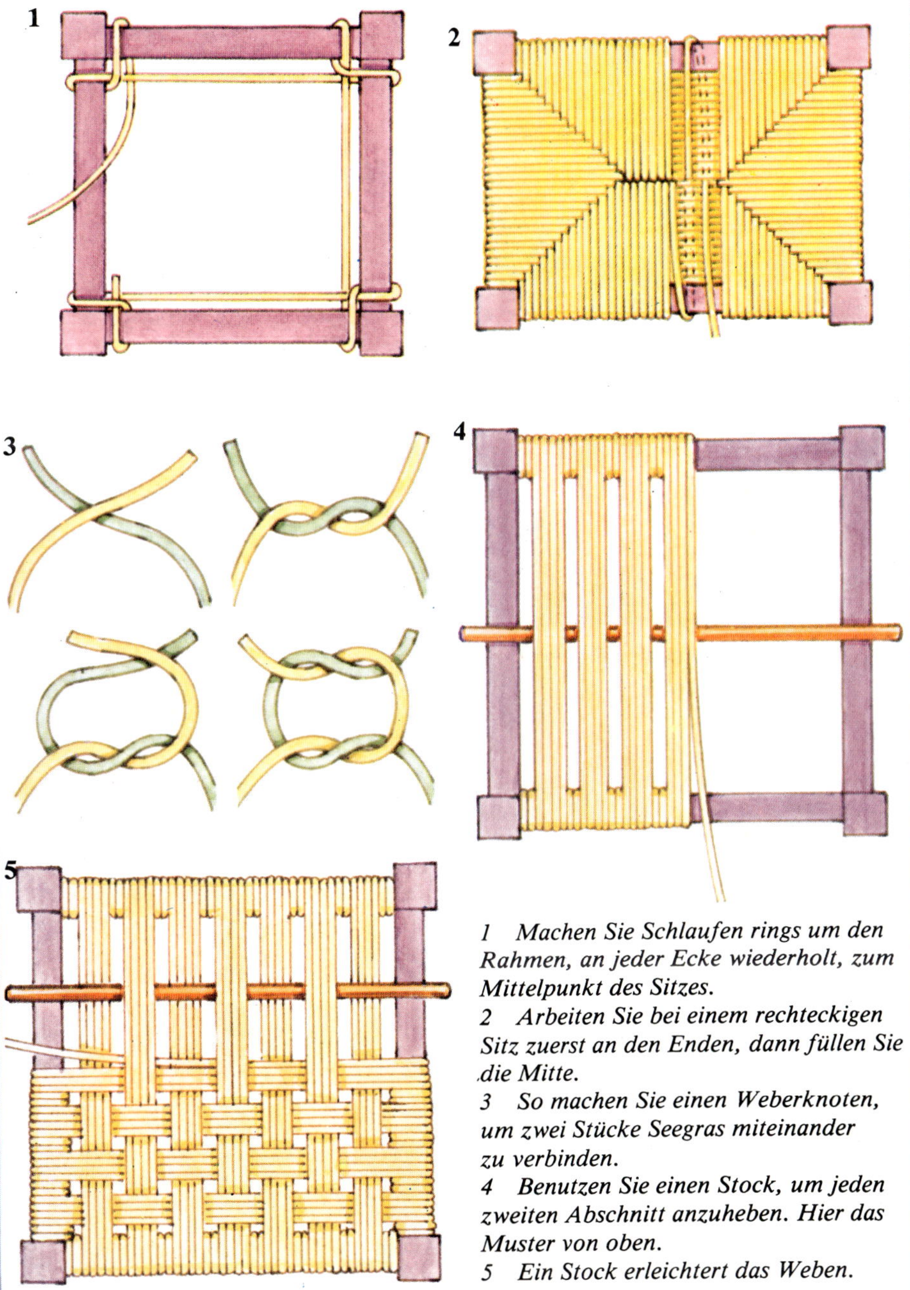

1 Machen Sie Schlaufen rings um den Rahmen, an jeder Ecke wiederholt, zum Mittelpunkt des Sitzes.
2 Arbeiten Sie bei einem rechteckigen Sitz zuerst an den Enden, dann füllen Sie die Mitte.
3 So machen Sie einen Weberknoten, um zwei Stücke Seegras miteinander zu verbinden.
4 Benutzen Sie einen Stock, um jeden zweiten Abschnitt anzuheben. Hier das Muster von oben.
5 Ein Stock erleichtert das Weben.

Polstern

Einführung

Es kann nicht nur lange dauern, Sie brauchen auch viel Geduld und Übung, um die traditionelle Kunst des Polsterns zu meistern oder mit dem Aufpolstern eines alten Möbelstücks fertig zu werden. Man kann jedoch alle Arten von gebräuchlichen Stühlen und Sofas, ganz gleich wie „mitgenommen" sie sind, retten, auseinandernehmen und wieder wie neu aufarbeiten. Das Material ist immer noch verhältnismäßig billig, modernes Ersatzmaterial vereinfacht die Arbeit oft, und die Grundwerkzeuge sind leicht zu handhaben. Fangen Sie mit etwas Grundlegendem an, z. B. einem einfachen Eßzimmerstuhl. Machen Sie sich nicht sofort an ein Sofa mit Knopfheftung heran, jedenfalls nicht bis Sie wissen, was zu tun ist.

Ein Holzrahmen bildet immer noch die Grundlage für die meisten gepolsterten Möbel. Buche wird hierfür am meisten benutzt, weil sie stark ist und unter Druck nicht splittert. Stahl- oder eine andere Art von Sprungfedern werden mit dem Rahmen verbunden und mit Sackleinen und einer Vielzahl von möglichen Füllungen bedeckt. Roßhaar wird seit einiger Zeit meist durch Schaumstoff ersetzt, weil die natürlichen Materialien immer seltener werden und in der Qualität nicht gleichbleibend sind. Gummigurtband ersetzt traditionellen Flachs. Das Polstern hatte seinen Höhepunkt in der viktorianischen Zeit mit ihren sorgfältig ausgearbeiteten Möbeln und der komplizierten Knopfheftung. Diese Art Möbel kann man heute noch beim Trödler und im Antiquitätenladen finden. In der Regel haben sie einzeln stehende, metallene Spiralsprungfedern, die an Segeltuch angebunden sind.

Polsterstoffe

Stoffe, die für Polstermöbel sowie für lose oder befestigte Bezüge gebraucht werden. Es gibt sie in natürlicher und synthetischer Ausführung.

Natürliche Stoffe. Baumwolle und Materialien mit Baumwollgrundlage wie Brokat, Leinwand, Chintz, Kord, Segeltuch und Segelleinen sind widerstandsfähig und praktisch. Sie lassen sich leicht säubern und werden meist für moderne Möbel oder als lose Polsterbezüge von alten Möbeln verwendet.

Weniger harte Materialien mit Baumwollgrundlage sind z. B. Chenille, Baumwollsamt, und Velours. Sie sind bequem, sehen elegant aus, sind aber nicht ganz so praktisch wie die dicht-gewebten, härteren Baumwollstoffe. Leinen ist eine weitere natürliche Faser, die als loser Bezugsstoff verwendet wird, ebenso wie Mischungen aus Leinen und Baumwolle.

Material mit Wollgrundlage in Geweben wie Boucle, grobe Sackleinwand und Tweed sind weich und bequem zum Sitzen. Es können gedeckte Farben und solche Muster gewählt werden, die auch nach längerem Benutzen noch gut aussehen. Losere Gewebe sind unpraktischer als festere.

Synthetische Fasern. Zum Polstern werden benutzt: Nylon, Acryl, Polyester und Vinyl mit den verschiedensten Handelsbezeichnungen. Sie können das Aussehen von eleganten, teuren Materialien haben und zugleich pflegeleicht und dauerhaft sein.

Luxus-Polstermaterialien. Hier gibt es Seidenbrokat, Damast und Moire (oft verwendet für antike Polsterstücke), Pelz, Satin, Wildleder und Leder. Praktisch übersteigt dieses Material wohl die Möglichkeiten und den Geschmack vieler. Aber wenn Sie Polstern lernen, kann es sein, daß Sie mit einem besonderen Stück Ihrem Wohnbereich einen Hauch Extravaganz geben wollen.

Die Pflege von Polstermöbeln

Polstermöbel sind beim Saubermachen die am meisten vernachlässigten Stücke — wahrscheinlich, weil man Staub und Schmutz an ihnen weniger bemerkt. Beide sind große Feinde von Stoffen, und sie sitzen genauso auf Polstermöbeln wie auf glatten Möbelflächen.

Saugen Sie Ihre Polstermöbel regelmäßig ab. Man kann die Stücke zuvor auch mit einem kurzen Rohr abklopfen, um Staub und Schmutz vor dem Saugen an die Oberfläche zu bringen. Nehmen Sie eine Polsterbürste oder ein spezielles Zubehörteil, um in die Spalten an den Seiten und an der Rücklehne zu kommen. Eingeriebener Schmutz kann den Stoff abnutzen. Benutzen Sie ein spezielles Polstershampoo, um die ganze Fläche zu säubern; andere hinterlassen klebrige Reste, die nicht leicht entfernt werden können und die Wiederverschmutzung erleichtern. Ein Trockenschaum-Reiniger ist am besten, weil Sie die Oberfläche reinigen können ohne die Polster einzuweichen. Folgen Sie den Gebrauchsanweisungen genau, und lassen Sie zum Trocknen viel Zeit. Verkürzen Sie nicht die Trokkenzeit, indem Sie das Möbelstück an die Heizung stellen; dies kann schwere Schäden verursachen. Lederimitationen aus Vinyl können mit Seifenwasser abgerieben und anschließend mit einem weichen Tuch abgetrocknet werden. Benutzen Sie keine Politur: es bildet sich sonst ein klebriger Film auf dem Vinyl.

9 UHR

Herausnehmbares Sitzpolster eines Eßzimmerstuhls

Das Sitzpolster eines normalen Eßzimmerstuhles läßt sich am einfachsten reparieren. Es ist deshalb eine gute Einführung in die grundlegenden Techniken des Polsterns. Wenn Sie keine Schwierigkeiten haben, können Sie auf die gleiche Art größere Polsterstücke bearbeiten. Wenn Sie eine ganze Garnitur von Stühlen renovieren wollen, sollten Sie sich das richtige Werkzeug kaufen oder aber leihen. Man kann auch Ersatzgeräte benutzen, aber die Arbeit wird dadurch meist erschwert.

Sie benötigen: Ein Bandmaß; eine große scharfe Schere; Holzhammer und Stemmeisen, um die Köpfe von Stiften anzuheben, wenn man die alte Polsterung entfernt. Die Spitze ist abgestumpft, um keine Schäden am Holzrahmen zu verursachen. Sie sollte immer in Faserrichtung und von den Ekken einwärts getrieben werden, so daß das Holz nicht splittert oder beschädigt wird. Entfernen Sie damit auch Heftklammern. Einen Nagelanheber, um die Polsternägel herauszuziehen. Sie können dazu auch die Zange benutzen. Schraubzwingen sind nützlich, um den Stuhlrahmen an Ihrer Arbeitsfläche festzuhalten. Einen Polsterhammer mit einer etwa 1 1/2 cm breiten Fläche und einer Klaue am anderen Ende. Einen Gurtspanner, mit dem die Gurte über den Sitz gespannt werden, um Durchhängen zu vermeiden. Sie können ihn improvisieren mit einer Wäscheklammer oder einem schmalen Stück Hartholz, um das das Gurtband gewickelt und festgezogen werden kann. Polsternägel mit flachen Köpfen werden benutzt, um die verschiedenen Materialien am Rahmen zu befestigen. Man sollte keine einfachen Nägel verwenden, da deren Köpfe zu klein sind. Für ein loses Sitzpolster nimmt man 13 mm lange Polsternägel, für die Gurte an Polstersesseln 15 mm lange. Holzkitt, um alte Nagellöcher zu füllen. Starkes Gurtband, 4 cm breit, und so lang wie der Umfang des Stuhls plus 10 cm; Weißleim; Gurtband: die besten sind aus Flachs, schwarz-weiß und in Köperbindung gewebt. Andere sind aus Jute und Baumwolle oder Hanf gewebt, braun, mit Leinenfäden zur Stärkung der Kanten. Eine billigere Sorte sind einfarbige oder braungestreifte Gurte aus Jute, für Eßzimmerstühle jedoch nicht empfehlenswert. Gummierte Gurte sind für manche Polsterarbeiten nützlich, für ein einfaches Sitzpolster jedoch zu teuer.

Hier sind einige der Spezialwerkzeuge, die das Polstern vereinfachen.
Oben: Gurtspanner mit Gurt, Bandmaß, Polsternägel in zwei verschiedenen Größen.
Unten (von links nach rechts): Schere, Holzhammer, Stemmeisen, Nagelanheber, Polsterhammer.

Dieser Eßzimmerstuhl eignet sich gut für einen Anfänger.

Die Gurte werden über den Sitzrahmen gespannt, in beide Richtungen, verflochten, um dem Sitzpolster Halt zu geben. Die meisten Stühle haben je zwei Gurte in jede Richtung. Sehen Sie sich den Stuhl jedoch genau an, so daß Sie genügend Gurtband kaufen, um die ursprüngliche Anordnung wiederherzustellen. Rechnen Sie 5 cm extra für die Überschneidungen von jedem Gurt.

Zur Polsterung benötigen Sie: Schaumstoff ist gut geeignet und sollte 5 cm dick und ringsum 13 mm größer sein als der Stuhlsitz.

Früher wurden Stühle mit Roßhaar und Wolle gepolstert, heute sind diese Materialien schwierig zu bekommen. Nehmen Sie Schaumstoffe aus Polyurethan, sie sind billiger und oft einfacher zu finden, in unterschiedlicher Dichte und Dicke erhältlich. Für stark abgenutzte Flächen brauchen Sie Schaumstoff mit hoher Dichte. An Stellen, die dem Druck weniger ausgesetzt sind (Sessel-Armlehnen), können Sie einen weniger dichten Schaumstoff verwenden. Die Dicke hängt ebenfalls von Gebrauch und erwünschtem Effekt ab. Der für Sitze verwendete Schaumstoff sollte dick genug sein, um sich nicht unbequem zusammenpressen zu lassen.

Der zum Formen von Sitzen, Arm- und Rückenlehnen verwendete Schaumstoff kann dünner sein. Sie müssen aber Leinenstreifen oder dergleichen um den Rand des Schaumstoffs anbringen, um ihm Halt zu geben. Polsterwatte kann ebenfalls eingefügt werden, so daß sich das Ganze besonders weich anfühlt.

Vorsicht! Alle Polstermaterialien, ob moderne oder früher verwendete, brennen leicht und geben zudem gefährliche Gase ab, wenn es im Hause brennt. Schaumstoffe brennen schneller als Roßhaar und andere traditionelle Polsterstoffe.

Die Berechnung des Bezugsstoffes

Wählen Sie einen dichtgewebten, festen, nichtfransenden Stoff, der leicht zu bearbeiten und zu säubern ist. Von einem Stoff mit großen Mustern müssen Sie genügend kaufen, damit das Hauptmotiv in der Mitte des Stuhles plaziert werden kann. Bei mehreren Stühlen fällt viel Abfall an. Einfarbige Stoffe lassen sich sparsamer verarbeiten.

Um die benötigte Menge berechnen zu können, müssen Sie jeden Stuhl in Breite und Tiefe an der breitesten Stelle messen und je 15 cm dazugeben, so daß der Stoff über den Rahmen gezogen werden kann. Sie werden außerdem ein Stück Sackleinen und zwei Stücke Leinen (oder Kattun) benötigen, die je 5 cm breiter und länger als die Sitze sind.

Das alte Polster entfernen

Bedecken Sie Ihre Arbeitsfläche mit Zeitungspapier, nehmen Sie den Sitz aus dem Stuhl, stellen Sie ihn auf den Kopf, und befestigen Sie ihn sodann mit Schraubzwingen an der Arbeitsfläche. Lösen Sie die Nägel, die das Sackleinen und den Bezugsstoff halten, mit Stemmeisen und Holzhammer. Führen Sie die Spitze des Stemmeisens dazu hinter den Kopf des Nagels, so daß Sie ihn herausklopfen können. Das geschieht in Faserrichtung des Holzes, damit es nicht splittern kann. Nehmen Sie eine Zange zum Herausziehen der Nägel.

Drehen Sie dann den Sitz um, damit Sie Bezug und Polsterung entfernen können. Schneiden Sie alle Schnüre mit der Schere durch. Entfernen Sie das Sackleinen und die Gurte auf dieselbe Weise. Wenn Sperrholz als Grundlage verwendet wurde, entfernen Sie alle Nägel. Beachten Sie, wie die Gurte ursprünglich angebracht und wo sie befestigt waren beziehungsweise welche Rahmenteile oben lagen. Entfernen Sie aus dem Rahmen alle alten Nägel. Behandeln Sie, wenn nötig, Holzwurmschäden. Wenn der neue Stoff dicker ist als der alte, dann hobeln Sie den Rahmen etwas flacher.

Das Ersetzen der Gurte

Verteilen Sie die Gurte gleichmäßig. Wenn Sie eine ungerade Zahl haben, fangen Sie mit dem Gurt an, der in der Mitte von hinten nach vorn gespannt wird.

Ohne das Gurtband abzuschneiden, bringen Sie das Ende von oben auf der hinteren Rahmenseite mit fünf Nägeln in der Form eines „W“ an. Ziehen Sie das Band nach vorn, und spannen Sie es, indem Sie den Gurtspanner gegen den Rahmen pressen. Nageln Sie den Gurt mit drei Nägeln in einer Reihe fest, schneiden Sie ihn etwa 2,5 cm dahinter ab, jetzt biegen Sie das Ende über die Nägel zurück und bringen dies mit zwei weiteren Nägeln so an, daß sich wieder ein „W“ ergibt (wobei die ersten drei Nägel in der Falte bleiben).

Bringen Sie die anderen Gurte von hinten nach vorn in derselben Weise an, dann befestigen Sie die Gurte, die quer dazu laufen und verflechten Sie mit den längs laufenden.

Markieren Sie die Mitte jeder Seite des Sackleinens. Legen Sie es dann über die Gurte, mit den Mittelpunkten an der richtigen Stelle. Bringen Sie es vorübergehend in der Mitte des Rahmens mit nur halbeingeschlagenen Nägeln an. Gehen Sie sicher, daß die Flächen gerade verlaufen, und bringen Sie dann das Sackleinen straff an, indem Sie von der Mitte jeder Kante aus zur Ecke hin etwa alle 4 cm einen Nagel anbringen. Drehen Sie die Ränder um, und nageln Sie sie fest.

Das Anbringen der Polsterung

Schneiden Sie vier Stück Band, 2,5 cm länger als die Seiten des Schaumstoffs. Falten Sie sie der Länge nach auf die Hälfte, und pressen Sie sie fest zusammen. Leimen Sie dann eine Seite des gefalteten Bandes auf die Außenkante

1

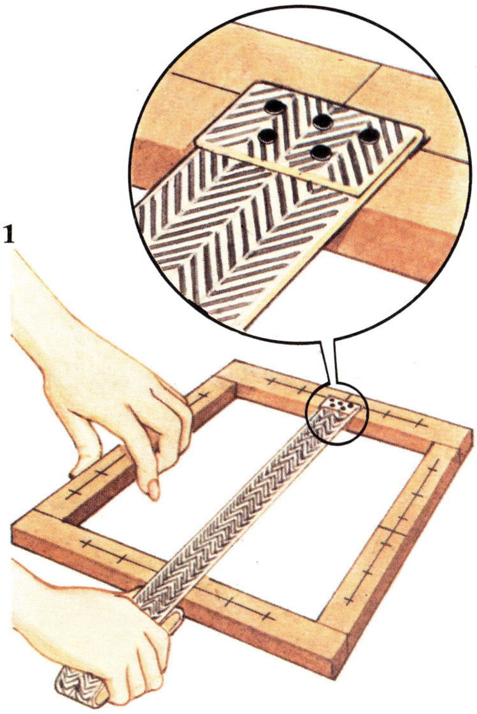

4

5

2

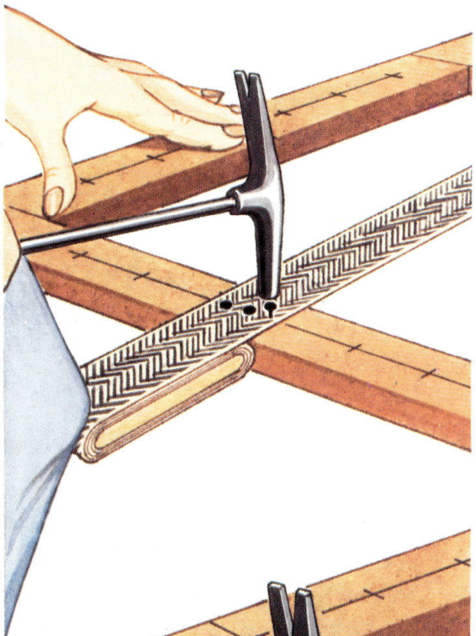

3

6

7

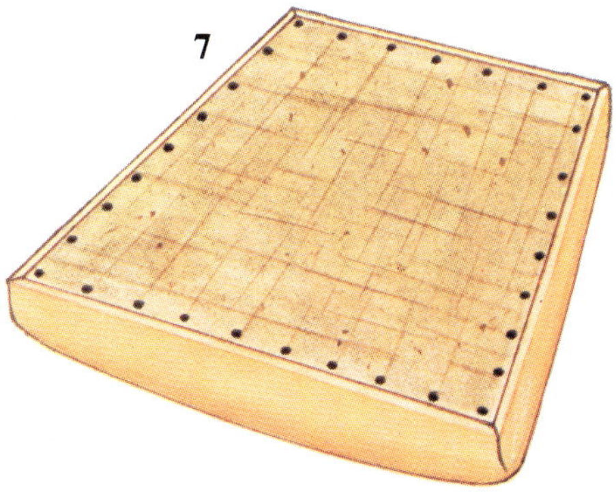

Stuhlsitz zum Herausnehmen

1 Nageln Sie den ersten Gurt fest (in der Detailzeichnung sehen Sie die Position der Nägel).

2 Ziehen Sie den Gurt, und nageln Sie das Ende an der Vorderkante fest.

3 Falten Sie das Ende des Gurtes um, und nageln Sie es mit weiteren Polsternägeln fest.

4 Bringen Sie die anderen Gurte an, verflechten Sie sie mit den anderen, und nageln Sie sie wie gezeigt fest.

5 Nageln Sie ein Stück Sackleinen über die Gurte.

6 Nachdem Sie den Sitz geformt haben, ziehen Sie ein Stück Stoff über den Rand des Rahmens, und nageln Sie es fest. Legen Sie die Ecken in ordentliche Falten. Schlagen Sie die Nägel erst halb ein, verbessern Sie sodann, wenn nötig, die Position des Stoffes, bevor Sie die Nägel fest einschlagen.

7 Bringen Sie das Sackleinen auf der Rückseite an, und falten Sie dabei die Schnittkanten unter, so daß es sauber aussieht.

Ein renovierter Stuhlsitz.

des Schaumstoffs wie gezeigt. Wenn es vollkommen trocken ist, legen Sie den Schaumstoff auf das Sackleinen, mit dem Band nach oben, und während Sie es festhalten, nageln Sie die freie Bandseite an den Rahmen.

Da der Schaumstoff etwas größer ist als der Sitz, bildet sich in der Mitte eine Kuppel, so daß der fertige Sitz eine runde Form erhält. Um die Wölbung zu vergrößern, kann man ein zusätzliches Stück Schaumstoff in der Mitte anbringen, dessen Kanten man mit einem Messer schräg schneidet.

Der Schaumstoff wird nun mit einem Stück Kattun oder Leinen bedeckt, um dem Bezugsstoff eine feste Grundlage zu geben. Bringen Sie dies genauso an wie das Sackleinen, das über den Gurten liegt, aber schneiden Sie es dicht an den Polsternägeln ab.

Das Anbringen des Bezugsstoffes

Legen Sie den Bezugsstoff mit der linken Seite nach oben auf Ihre Arbeitsfläche, und legen Sie dann den Sitz mit dem Schaumstoff nach unten genau in die Mitte. Der Rand des Stoffes wird dann nach oben genommen auf die Rahmenunterseite. Die Mitte jeder Seite wird provisorisch mit einem Nagel befestigt. Nageln Sie zuerst von der Mitte der hinteren Kante aus zu den Ekken hin, ziehen Sie den Stoff stramm, und befestigen Sie ihn auf dieselbe Weise an der vorderen Kante. Befestigen Sie dann die Seiten. Prüfen Sie von Zeit zu Zeit, daß der Fadenlauf auf der Oberseite gerade ist.

An den Ecken machen Sie eine Doppelfalte. Ziehen Sie zuerst die Ecken fest über den Rahmen, und nageln Sie sie an. Falten Sie dann den Stoff nach innen, wo Sie ihn befestigen. Überschüssiger Stoff kann zurückgeschnitten werden. Bedecken Sie den Boden dann mit dem zweiten Stück Kattun oder Leinen, falten Sie die Schnittkanten nach innen, und nageln Sie die Kanten so auf den Rahmen, daß sie die Schnittkanten und Polsternägel des Bezugsstoffes verdecken. Setzen Sie den neubezogenen Sitz wieder in den Stuhlrahmen.

Renovieren eines Armlehnsessels

Kleine Stühle mit gepolsterten Rücken und Sitzen sowie offenen Holz-Armlehnen können oft billig gebraucht gekauft werden. Sie sind leicht zu renovieren mit Feder- oder Schaumstoffpolsterung.

Arten von Kaminsesseln

Obwohl sie nicht ganz so bequem sind wie voll gepolsterte Sessel, sind diese kleinen Stühle als zusätzliche Sitzgelegenheiten seit langem beliebt. Einige haben lediglich herausnehmbare Kissen, eins für den Sitz, eins für den Rükken. Diese Art ist am einfachsten zu renovieren, weil man die fehlenden oder abgenutzten Federn einfach ersetzt, sowie die Füllung, wenn nötig, und die Kissen neu bezieht.

An einigen Stühlen ist die Polsterung fest am Rücken angebracht, und der Sitz hat ein herausnehmbares Kissen. An anderen sind sowohl Rücken als auch Sitzpolster fest angebracht. Die grundlegenden Methoden lassen sich jedoch für alle diese Arten abwandeln.

Bezugsarten. Es gibt zwei Hauptarten: Die eine ist, den Bezugsstoff von der Innenseite des Rückens um die Seiten bis auf die Rückseite zu wickeln und dort festzunageln. Ein separates Stück Stoff bedeckt die Rückseite. Dadurch erhalten die Seiten ein abgerundetes Aussehen. Andererseits kann ein Stück Stoff so geschnitten sein, daß es nur auf die Innenseite des Rückens paßt,

Ein Anfänger kann sich an diesen Kaminsessel mit einfachem Bezug bedenkenlos heranwagen.

und separate Stücke werden an den Seiten angebracht. Dadurch erhält der Stuhl ein eher eckiges Aussehen.

Das Entfernen des alten Polsters

Am einfachsten ist es, den alten Bezugsstoff zu entfernen, so daß man sieht, wie die Polsterung beschaffen war, welche Stücke wieder benutzt werden können und welche ersetzt werden müssen.

Wenn Sie das feste Polster am Rükken entfernen, lösen Sie zuerst die Polsternägel. Wenn es genäht ist, entfernen Sie die Stiche sorgfältig. Sie können dann die Polsternägel für das vordere Bezugsstück sehen. Entfernen Sie sie. Heftklammern können mit der Spitze eines Werkzeugs herausgehoben werden. Prüfen Sie nun die Füllung. Behalten Sie alles echte Roßhaar, wenn nicht für sofortige, dann für zukünftige Wiederverwendung. Entfernen Sie alles dünne oder bereits krümelndes Füllmaterial, und werfen Sie es weg.

Wenn das Füllmaterial in gutem Zustand ist, bleibt es erhalten, außer wenn Sprungfedern, Gurte oder Sackleinen darunter ersetzt werden müssen. Dies können Sie überprüfen, indem Sie durch die Rückseite des Rahmens sehen.

Der Sitz. Entfernen Sie den Bezugsstoff vom Sitzkissen, und überprüfen Sie auch hier die Füllung. Wenn sie gut und bequem ist, verwenden Sie sie wieder.

Die Sprungfedern. Überprüfen Sie die Sprungfedern unter dem Sitzkissen. Die meisten Kaminsessel haben entweder Spannfedern (enggedrehte Federn, die den Rahmen von Seite zu Seite überspannen und an jeder Seite mit Metallclips befestigt sind) oder Gummigurte. Es kann auch sein, daß Sie Federn oder Gurte im Rücken des Sessels finden. Ausgefranste oder gerissene Gummigurte können ersetzt werden. Wenn die Spannfedern noch in Ordnung sind, aber die Metallöcher zu ausgeweitet, müssen diese neu gebohrt werden. Sie können jedoch die Metallfedern auch durch Gummigurte ersetzen.

Vorher und nachher: Das kleine Bild oben zeigt einen unansehnlich gewordenen Stuhl. Im großen Bild sehen Sie, was ein neuer Bezug und ein Anstrich bewirken können.

Die Vorbereitung des Rahmens

Behandeln Sie den Rahmen, wenn er wurmstichig ist, und lassen Sie ihn zwei bis drei Tage trocknen. Reparieren Sie lose Verbindungen, indem Sie von dem alten Leim soviel wie möglich abkratzen, neuen Tischlerleim in die Spalte pressen und die Verbindung zusammenpressen, bis sie trocken ist. Der Verbindung können Sie durch eine Metallplatte zusätzliche Stärke geben. Säubern Sie das sichtbare Holz, entfernen Sie den alten Lack, und streichen oder lackieren Sie es neu, je nach Zustand.

Sie benötigen: Zum Freilegen: Hammer und Nagelanheber, Schere, Holzrenovierungsmaterialien, Stechbeitel und Holzhammer. Außerdem Allzweckleim, um Schaumstoff an Kattun zu befestigen, eine kleine gebogene Polsternadel (Rundnadel) und starken Zwirn, Schere, Sattlernadel — dies ist ein Werkzeug, das professionell zum Polstern verwendet wird, 20 bis 25 cm lang — mit der man die Polsterung in eine gute Form näht, sie hat ein spitzes und ein flaches Ende. Heftmaschine (wahlweise); Gummigurte, wenn Sie die Sprungfedern dadurch ersetzen wollen. Um die benötigte Menge zu berechnen, messen Sie die zu überspannende Distanz und ziehen Sie davon zehn Prozent für die Spannung ab. Wenn die Stücke mit Metallclips angebracht werden, fügen Sie 2,5 cm für jede Länge hinzu, um die Clips anzubringen.

Die Gummigurte übernehmen die Funktion der ursprünglichen Gurte oder der Federn. Sie werden oben auf dem Rahmen des Sitzes angebracht. Markieren Sie die Position für jeden Gurt an Vorder-, Hinter- und Seitenkanten des Rahmens, und schleifen Sie die scharfen Innenkanten des Rahmens mit Schleifpapier ab, so daß die Gurte sich nicht daran schneiden. Nehmen Sie die Gurte direkt von der Rolle, um Abfall zu vermeiden, und bringen Sie das erste Ende hinten an der Kante dicht am Außenrand an. Nageln Sie es mit fünf Nägeln in einer Linie fest, 0,5 cm von der Innenkante entfernt. Die Nägel müssen im rechten Winkel zum Rahmen stehen, und die Köpfe vollkommen flach gegen den Gurt gehauen werden, so daß sie ihn nicht beschädigen können.

Jedes Stück Gurt sollte 9/10 der Länge haben, die es überspannt und dann gespannt werden. Nachdem Sie das erste Ende angebracht haben, markieren Sie darauf die Länge, ziehen es, bis die Markierung auf der Mitte der Rahmenvorderkante liegt. Nageln Sie es dann in Position mit den Nägeln auf der Markierung. Schneiden Sie es so ab, daß etwa 0,5 cm übersteht.

Bringen Sie die anderen Gurte von hinten nach vorn genauso an. Die Gurte sind so stark, daß Quergurte normalerweise nicht benötigt werden, man kann jedoch hinten einen anbringen, um zusätzliche Unterstützung zu geben. Führen Sie ihn zuerst durch die anderen Gurte, und befestigen Sie dann ein Ende. Markieren Sie die Stelle, an der es ungespannt die andere Kante erreicht, ziehen Sie 1/10 davon ab, entfernen Sie den Nagel und nageln Sie ihn an der zweiten Markierung wieder fest.

— Metallclips: Gummigurte sind manchmal mit Metallclips angebracht, die in die Enden der Gurte greifen und in einen Schlitz im Stuhlrahmen eingehängt sind. Kaufen Sie zwei Clips für jede Gurtlänge, die Sie ersetzen.

— Jutegurte, wenn nötig (s. o. für Berechnung).

— Polsternägel: Benutzen Sie 13-mm-Nägel oder Drahtstifte zum Anbringen der Gurte. Wenn der Sessel-Rücken mit Sackleinen statt mit Gurten bedeckt ist, brauchen Sie genügend 13-mm-Nägel, um rings um die Kante des Rahmens alle 2 cm einen Nagel einzuschlagen.

— Kleine Polsternägel: Sie werden etwa 450 g von 10 mm langen Nägeln benötigen, um alle anderen Schichten zu befestigen.

— Sackleinen: Um die Rückeninnenseite zu verkleiden, wenn nötig. Machen Sie ein Schnittmuster (siehe unten), für die Menge, die Sie kaufen müssen, und fügen Sie ringsum 2,5 cm dazu, für alle Überschneidungen.

— Schaumstoff: Dies ist für die Füllung das einfachste Material, egal, was ursprünglich verwendet wurde. Benutzen Sie wieder das Schnittmuster zur Berechnung der Menge von 5 cm dikkem Schaumstoff, fügen Sie ringsum wieder 2,5 cm hinzu. Es kann sein, daß Ihr Lieferant den Schaumstoff bereits zuschneidet, sonst benutzen Sie ein Messer oder eine Schere. Wenn der Schaumstoff für den Sitz ersetzt werden muß, dann kaufen Sie ein Stück, daß nicht dünner ist als 7,5 cm.

Oben: Die Ecken werden abgerundet und neue Schaumstoff-Polsterung angebracht. Unten: Der Schaumstoff wird an der Seite des Stuhlrahmens festgenagelt.

wieder auf Originalgröße um, so daß Sie die benötigte Stoffmenge erhalten.

Paspeln. Dies ist ein Stück Stoff, das schräg geschnitten und um eine Kordel gewickelt wird und so eine einfache Naht interessanter macht. Die Fasern laufen diagonal über den Stoff. Die genaue Diagonale kann gefunden werden, indem man die Schnittkante auf die Kante des Stoffes faltet. Pressen Sie die diagonale Falte zusammen, und schneiden Sie dann auf dieser gefalteten Linie entlang. Markieren Sie eine parallele Linie zu dieser Schnittkante etwas weiter unten auf dem Stoff, in der Breite der Paspel (dies sollte drei- oder viermal so breit sein wie die Breite, die Sie wünschen, wenn es fertig ist). Falten Sie den Stoff mit den rechten Seiten zusammen, so daß die markierten Linien eine kontinuierliche Spirale bilden. Nähen Sie den Saum mit der Maschine zusammen, und pressen Sie ihn auseinander. Schneiden Sie dann durchgehende Schrägstreifen an den markierten Linien entlang. Falten Sie sie über die Paspelkordel, und nähen Sie sie mit der Maschine dicht an der Kordel zusammen.

— Kattun: Streifen werden benutzt, um den Schaumstoff an der Rückeninnenseite des Stuhls anzubringen, und um ihn zu bedecken, bevor der Bezugsstoff befestigt wird. Kaufen Sie ein Stück, das 15 cm größer ist als das Schnittmuster der Rückeninnenseite, plus genug für 10 cm breite Streifen für die Außenkante des Schaumstoffs an der Rückeninnenseite.

Machen Sie ein Schnittmuster. Um die Größe aller Materialien zu berechnen, die Sie für den Rücken eines Stuhles benötigen, machen Sie ein Papierschnittmuster in seiner genauen Größe und Form. Halten Sie ein Stück Papier gegen den Rahmen, und markieren Sie die Linien der Außenkante ringsum. Markieren Sie die Position der Armlehnen. Wenn das Sitzkissen nicht rechteckig ist, machen Sie auch von ihm ein Papiermuster.

Bezugsstoff. Am genauesten können Sie die Menge des Bezugsstoffes, die Sie zum Erneuern benötigen, nach einer Schnittabelle schätzen. Zeichnen Sie ein offenes Rechteck, in der Breite des Bezugsstoffes. Markieren Sie zuerst das Stück für die Rückeninnenseite mit Hilfe des Schnittmusters, aber machen Sie es ringsum 15 cm größer als das Schnittmuster, so daß Sie genug Material für die Tiefe der Füllung haben. Markieren Sie dann das Stück für die Rückenaußenseite, und nehmen Sie dazu das Schnittmuster der Rückeninnenseite als Hilfe, markieren Sie jedoch ringsum etwa 2,5 cm mehr, so daß der Stoff umgefaltet werden kann. Markieren Sie als nächstes die Stücke für das Sitzkissen, zweimal die Größe des Sitzkissens und einen Randstreifen für jede Seite. Geben Sie Extra-Länge hinzu, um Muster anzupassen oder wenn Sie Schrägstreifen für Paspel oder Randabnähung brauchen. Zeichnen Sie dann eine Linie, um das Rechteck zu vervollständigen. Messen Sie die Länge, und rechnen Sie es maßstabsgerecht

Gurte und Futter

Füttern mit Sackleinen. Wenn Sie die Rückeninnenseite mit Sackleinen füttern, markieren Sie den Mittelpunkt auf jeder Seite des Materials sowie auf jeder Kante des Rahmens. Legen Sie das Material auf, so daß die Mittelpunkte übereinstimmen. Nageln Sie die Mittelpunkte fest. Die Fasern des Materials müssen genau gerade liegen, nageln Sie dann die obere Kante fest, die Nägel sind dabei jeweils etwa 4 cm voneinander entfernt. Ziehen Sie das Material zur Unterkante, und nageln Sie diese fest. Befestigen Sie die Seiten auf dieselbe Weise. Falten Sie die Schnittkanten über die Nägel zurück, und nageln Sie sie mit den Nägeln zwischen den darunter liegenden fest.

Das Anbringen von Gummigurten. Sollen Gummigurte mit Nägeln angebracht werden, verfahren Sie nach der zuvor beschriebenen Methode.

Wenn der Rahmen Rillen für Gurt-Clips hat, gehen Sie wie folgt vor: Pressen Sie ein Ende eines Gummistreifens auf die Zähne des Clips. Wenn Sie einen Schraubstock haben, legen Sie die Klammer ein, und schließen Sie ihn fest um den Gurt. Sonst können Sie die Klammer auch mit einer Zange fest um den Gurt schließen. Wiederholen Sie dies am anderen Ende des Gurtes. Setzen Sie eine Klammer in die Rille, und ziehen Sie dann den Gurt, bis Sie das andere Ende in die andere Rille setzen können. Achtung! An manchen Stühlen ist es einfacher, die Sitzgurte zu ersetzen, wenn die Polsterung des Rükkens fertig ist.

Jutegurte: Wenn diese vorher benutzt wurden, ersetzen Sie sie in derselben Anordnung und nach der oben beschriebenen Methode.

Rücken mit runden Kanten

Anbringen des Schaumstoffs. Bereiten Sie den Schaumstoff mit Kattunstreifen vor, und bringen Sie ihn am Rahmenrücken an mit der Methode für die runden Kanten wie auf S. 91 beschrieben. Nageln Sie die Streifen auf der Oberkante des Rahmens fest, die Nägel 13 mm von der Außenkante und 5 cm voneinander entfernt.

Das Anpassen der Armlehnen. Schneiden Sie waagerechte Schlitze in das Material und den Schaumstoff bis an den Innenrand der Armlehnen auf der Höhe der Mitte der Armlehne. Drükken Sie den Schaumstoff darüber und darunter. Nageln Sie die Kattunstreifen an die Außenseite die Seiten entlang.

Das Befestigen der Unterkante. Wenn der Rahmen eine Nagelkante oder Schiene hat — ein separates Stück Holz über der hinteren Rahmenkante des Stuhlsitzes —, dann schneiden Sie den Kattunstreifen bis an die Ecken, so daß er unter diese Schiene gezogen und auf der Rückenaußenseite festgenagelt werden kann. Wenn es eine solche Schiene nicht gibt, dann nageln Sie den Streifen an die Innenseite des unteren Rahmens. Wenn Sie mit dem Sitz des Schaumstoffkissens am Rücken zufrieden sind, dann nageln Sie die Nägel fest ein, oder benutzen Sie eine Heftklammermaschine.

1

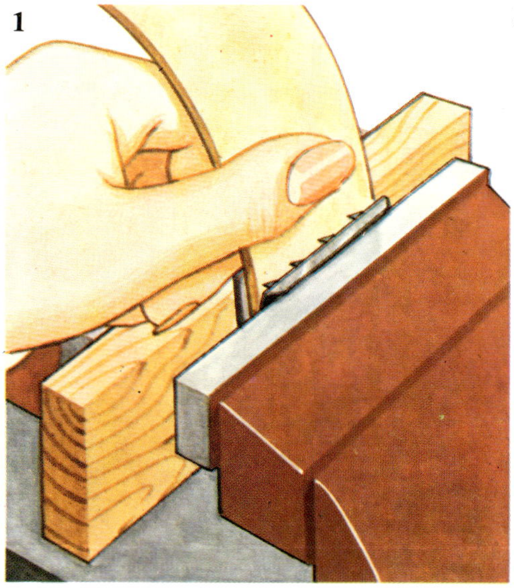

2

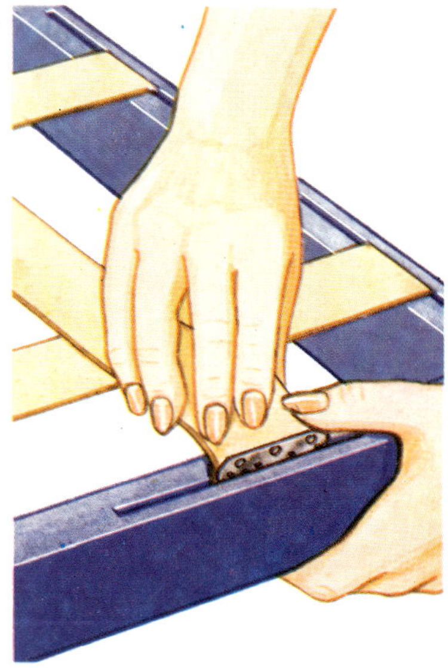

3

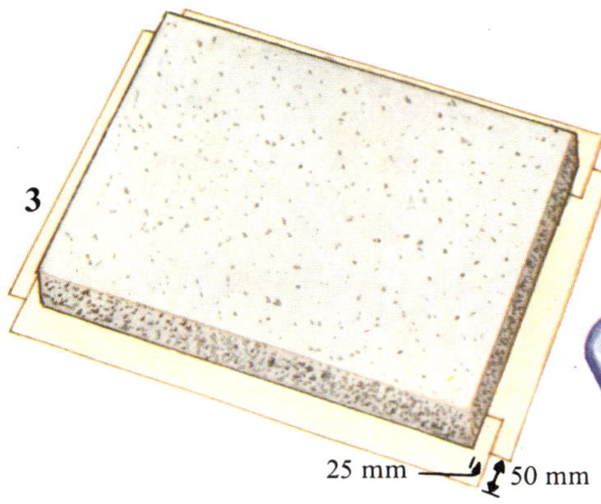

6

4

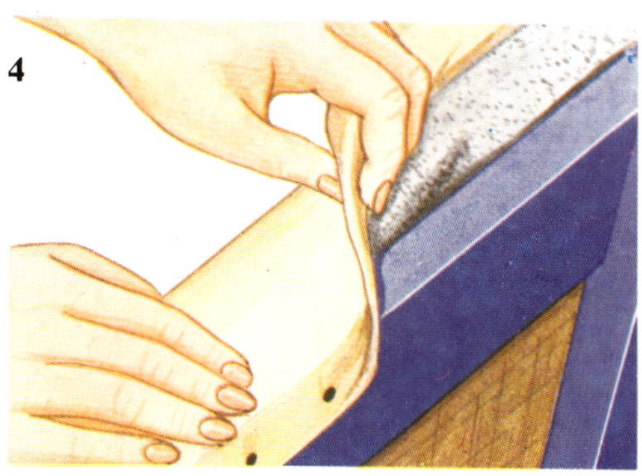

5

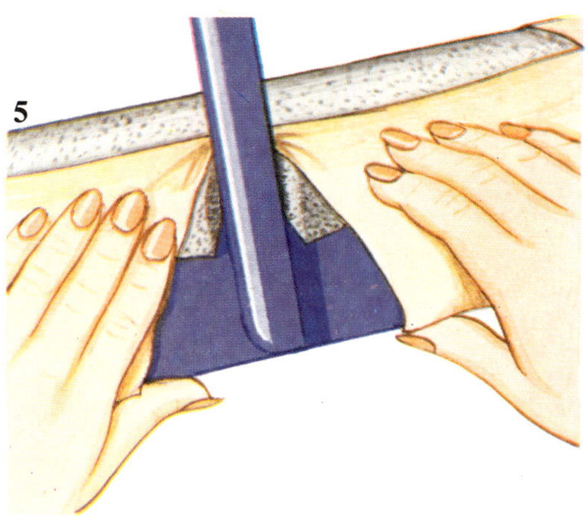

1 Wenn Sie die Gummigurte an Ihrem Stuhl ersetzen müssen, brauchen Sie an jedem Ende eine Metallklammer. Benutzen Sie zum Befestigen außerdem eine Zwinge.
2 Setzen Sie die Klammern in die im Stuhlrahmen befindlichen Rillen, um die Gummigurte festzuhalten.
3 Bringen Sie die Kattunstreifen am Rand des Schaumstoffs mittels Kleber an.
4 Befestigen Sie den Schaumstoff mit Polsternägeln am Stuhl. Wenn Sie die Kattunstreifen festziehen, bevor Sie sie nageln, bekommen sie eine runde Kante.
5 Schneiden Sie Kattun und Schaumstoff ein, und passen Sie sie um die Lehne des Stuhles.
6 Hier sehen Sie, wie das Material geschnitten werden muß, damit es richtig um die Lehne paßt.

Kattunbezug. Es ist immer besser, den Schaumstoff zuerst mit Kattun zu bedecken, um eine feste Grundlage für den Bezugsstoff zu erhalten und um den Schaumstoff zu schützen.

Mit Hilfe des Schnittmusters von der Rückeninnenseite schneiden Sie ein Stück Kattun aus, 15 cm größer ringsum. Legen Sie das Material in der Mitte über den Schaumstoff, falten Sie die Ränder nach außen um, und nageln Sie sie auf der Rückseite in der Mitte jeder Seite fest. Nageln Sie dann die obere Kante fest mit Nägeln im Abstand von 5 cm bis etwa 5 cm von der Ecke. Jetzt ziehen Sie den Kattun glatt, und nageln Sie ihn um den unteren Rahmen, ebenfalls bis etwa 5 cm vor den Ecken.

Das Anpassen um die Armlehnen. Um den Kattun um die Armlehnen herumlegen zu können, entfernen Sie die vorübergehend angebrachten Nägel an den Seitenkanten, und falten Sie die Ränder nach innen bis an den inneren Rand der Armlehne. Schneiden Sie einen waagerechten Schlitz in das Material in der Mitte der Armlehne, von der Schnittkante des Kattuns bis zu etwa 13 mm von der Falte. Schneiden Sie dann zwei diagonale Schlitze bis zur Falte. Ziehen Sie den Kattun fest um die Seiten des Rahmens, und stopfen Sie die Ränder mit dem stumpfen Ende der Sattlernadel unter den Schlitz im Schaumstoff. Nageln Sie dann die Ränder des Materials an die Außenkanten. Wenn alle Ränder so festgenagelt sind und das Futter vollkommen glatt sitzt, dann schlagen Sie die Nägel tief ein oder Sie nehmen Heftklammern für die endgültige Befestigung. Beenden Sie jede Ecke mit einer quadratischen Falte, und schneiden Sie den überschüssigen Stoff innerhalb der Falte weg, bevor Sie sie festnageln.

Der Hauptbezug. Schneiden Sie den Bezug genauso aus wie den Kattun, aber achten Sie darauf, daß Sie die Muster zentral auflegen. Befestigen Sie den Stoff wie den Kattun, aber setzen Sie die Nägel 15 mm einwärts von den Außenkanten des Rückenrahmens. Schlitzen Sie den Stoff an den Armlehnen wie den Kattun, und falten Sie die Ränder ein, so daß die Falten über und unter den Armlehnen liegen. Falten Sie den Stoff auf den Rücken des Rahmens, und nageln Sie ihn dort fest. Wenn es hinter den Armlehnen eine häßliche Lücke gibt, schneiden Sie zwei Stücke Stoff 7,5 cm im Quadrat, mit dem Muster passend, zu dem über und unter der Lücke. Lösen Sie zwei Nägel auf jeder Seite der Armlehnen, und schieben Sie das ausgeschnittene Quadrat hinein. Falten Sie die Vorderkante um, und setzen Sie das Quadrat hinter die Armlehnen. Nageln Sie die obere und untere Kante fest. Befestigen Sie dann auch wieder die Seiten des Bezuges. Wenn die Anbringung des Bezugs Ihnen dann gefällt, beenden Sie die Ekken mit Falten, und nageln Sie die Polsternägel richtig fest, oder ersetzen Sie sie durch Heftklammern.

Das Anbringen der Rückenaußenseite. Schneiden Sie ein Stück Stoff für die Rückenaußenseite nach dem Muster der Rückeninnenseite, ringsum 13 mm größer. Markieren Sie den Mittelpunkt auf jeder Seite und auf dem Rahmen, und legen Sie dann den Stoff an die markierte Stelle. Falten Sie die Schnittkanten ein, so daß die Falten gerade innerhalb der Kanten des Rahmens sind, und nageln Sie den Stoff dann auf den Stoff der Rückeninnenseite.

Festnähen. Außenflächen wie die Rückseiten von Stühlen werden oft festgenäht. Fädeln Sie starken Zwirn in eine Rundnadel, und verknoten Sie das Ende. Stecken Sie die Nadel vom offenen Ende in die Falte, und ziehen Sie sie etwa 1,5 cm weiter innen heraus. Machen Sie einen geraden Stich zum gegenüberliegenden Stoff von der anderen Seite und dann einen kleinen Stich zurück in Richtung der Öffnung. Ziehen Sie die Nadel hervor, und machen Sie einen kleinen Stich herüber zur Falte. Gehen Sie dann in der Falte in Richtung der zu bearbeitenden Fläche mit der Nadel entlang, und holen Sie sie nach etwa 1,5 cm hoch. Machen Sie dann wieder einen kleinen Stich zur gegenüberliegenden Seite und dort dann wieder einen 1,5-cm-Stich. Fahren Sie so ringsum fort. Wenn Sie es vorziehen, können Sie auch den oberen Rand der Rückenaußenseite festnageln und dann die Seiten und die Unterkante festnähen.

Rücken mit eckigen Seiten

Für diese Art von Stuhl werden die Seiten des Schaumstoffs nicht heruntergedrückt, um ein rundes Aussehen zu ergeben, der Schaumstoff sollte also an diesen Kanten nur 13 mm größer als das Schnittmuster der Innenseite zugeschnitten werden. Oben und unten sollten immer noch 2,5 cm zugegeben werden.

Das Anbringen des Schaumstoffs. Bereiten Sie die Seitenkanten des Schaumstoffs mit den Kattunstreifen vor wie für das herausnehmbare Sitzpolster, siehe S. . Bereiten Sie obere und untere Kante des Schaumstoffs vor wie für Sthle mit runden Seiten. Bringen Sie den Schaumstoff am Stuhlrücken an, und heften Sie die Kattunstreifen an die Rückenaußenseite.

Kattunbezug. Schneiden Sie ein Stück zu, um den Schaumstoff zu bedecken, nach den Schnittmustern der Rückeninnenseite, und geben Sie 13 mm an den Seiten und 15 cm oben und unten zum Umfalten zu. Für die Einfassungsstreifen schneiden Sie 15 cm breite Kattunstreifen von der Länge der Seitenkanten des Hauptabschnitts. Markieren Sie die Mittelpunkte auf einem der langen Ränder der Streifen und auf den Seitenkanten des Hauptabschnittes. Stecken Sie die Streifen mit Nadeln fest, so daß die Mittelpunkte aufeinandertreffen, bis etwa 15 cm vor jedem Ende. Stülpen Sie dann das Futter über den Stuhl, mit der linken Seite nach oben. Heften Sie oben und unten sowie die Rückseite der Streifen vorübergehend fest. Schneiden Sie in die Streifen, wenn nötig, um sie rings um die Armlehnen anzupassen, und stecken Sie sie mit Nadeln so fest, daß sie sich der Form des Hauptabschnitts oben und unten anpassen. Machen Sie alle anderen nötigen Abänderungen. Nehmen Sie dann das Futter vom Stuhl. Markieren Sie die Nähte auf beiden Seiten, nehmen Sie die Nadeln heraus, und benutzen Sie dann die einzelnen Stücke, um den Hauptbezug zuzuschneiden. Setzen Sie die Kattunstücke wieder zusammen. Nähen Sie jetzt die Nähte mit der Maschine, und pressen Sie die Schnittkanten in Richtung der Einfassungsstreifen. Schneiden Sie den Stoff bis auf 1,5 cm von den Nähten ab. Setzen Sie den Kattun mit der rechten Seite nach oben auf den Stuhl und befestigen Sie ihn.

Hauptbezug. Machen Sie den Hauptbezug genauso wie das Futter, aber schließen Sie die Paspeln in den Nähten ein, und bringen Sie die Streifen an den Hauptabschnitten an. Befestigen Sie dann den Bezug für die Außenseite des Rückens genau wie für Stühle mit runden Seiten.

Das Sitzkissen. Wenn das Kissen ein Rechteck ist, schneiden Sie ein Stück Stoff (mit Nahtzugabe) aus für jede Seite, nähen die Ränder mit der Maschine zusammen, mit der rechten Seite nach innen, und lassen eine Seite offen, drehen den Bezug um, stecken das Schaumstoffkissen hinein und vernähen die eine Seite mit den Schnittkanten nach innen. Sie können auch an einer Seite einen Reißverschluß anbringen, so daß der Kissenbezug zum Waschen abgenommen werden kann. — Wenn das Kissen kein Rechteck ist, schneiden Sie Unter- und Oberseite des Bezugs nach dem Sitz-Schnittmuster zu, sowie Nahtstreifen, die um die Ränder passen. Nähen Sie dann alles wie zuvor beschrieben zusammen.

Mit frischer Farbe und modernem Bezugsstoff wurde dieser Stuhl wieder wie neu.

Moderne Sessel neu beziehen

Nachstehend zeigen wir Ihnen, wie man einen modernen Sessel oder ein Sofa neu bezieht und die bisherige Polsterung durch Schaumstoff ersetzt —, dies läßt sich auch durchführen, wenn die Original-Polsterung aus Schaumstoff oder einem anderen ähnlichen Füllmaterial bestand.

Schaumstoff-Polsterung

Die größte Veränderung beim Polstern im letzten Jahrzehnt ließ sich am erhöhten Verbrauch von Schaumstoff für die Füllung statt der „losen" Füllmaterialien wie Roßhaar oder Polster-Filz feststellen. Schaumstoff ist nicht nur billiger, sondern einfacher zu verarbeiten als lose Füllungen, aber er hält nicht so lange, und, wenn er regelmäßig gebraucht wird, verliert er nach einigen Jahren seine Spannkraft und Tiefe. Es ist deswegen sinnvoll, wenn man den Bezug erneuert, auch gleichzeitig die Polsterung ersetzt. Wenn Ihr Polstermöbel nach der traditionellen Methode gepolstert wurde, dann muß sicherlich die Wattierung ersetzt werden.

Es gibt eine große Anzahl unterschiedlich gestalteter Armsessel, aber die Bauweise ist oft sehr ähnlich, und viele der Grundprinzipien gleichen denen, die zuvor bereits beschrieben wurden. Da jeder Stuhl jedoch unterschiedlich im Detail sein kann, ist es nützlich, sich beim Entfernen der alten Polsterung Notizen zu machen.

Das Entfernen der alten Polsterung

Dies geschieht am besten, bevor Sie neues Material kaufen, so daß Sie genau sehen, was Sie brauchen. Machen Sie sich auch hierbei Notizen, um noch später zu wissen, wie jede Schicht am Rahmen zu befestigen ist.

Der Bezug. Entfernen Sie zunächst den Stoff von der Stuhlunterseite, dann den Bezugsstoff von der Rückenaußenseite und den Armlehnen, gemäß Beschreibung S. 91. Machen Sie sich eine Notiz von allen Rändern, die genäht und festgenagelt waren.

Klappen. Beim Bezugentfernen werden Sie feststellen, daß an manche Ränder Streifen von Sackleinen oder Kattun genäht worden sind. Diese Klappen sollten Bezugsstoff sparen helfen, und zwar dort, wo er nicht am Stuhl gesehen wird: an den Seiten des Sitzes, auf der Rückeninnenseite unterhalb der Armlehnen und am unteren Rand. Nehmen Sie diese Teile nicht auseinander, wenn Sie abschätzen, wieviel neuen Stoff Sie brauchen, sondern behandeln Sie sie als ein Ganzes. Am neuen Bezug brauchen Sie selbst keine Klappen anzubringen, da die Ersparnis bei nur einem Stuhl gering ist. Reißen Sie alle anderen Abschnitte des Bezuges

Zwei typische Sessel, einer mit geraden, einer mit runden Armlehnen, wurden aufgemöbelt.

heraus, die genäht sind, und bügeln Sie sie aus, so daß sie als Schnittmuster verwendet werden können. Entfernen Sie den Kattunfutterstoff über dem Schaumstoff, und werfen Sie ihn weg.

Der Schaumstoff. Wenn der Stuhl eine Schaumstoffüllung hat, prüfen Sie sie vor dem Entfernen vom Rahmen, ob Teile davon wiederverwendet werden können. Der Schaumstoff von Sitzkissen ist zumeist zusammengepreßt und in der Dicke reduziert, desgleichen der Schaumstoff auf Armlehnen. Dies ist dennoch zu ersetzen. Die Füllung auf der Innenseite des Rückens und an den Armlehnen bleibt meist in gutem Zustand und brauchte nur ersetzt zu werden, wenn sie sehr dünn und zerkrümelt ist, oder wenn die Gurte oder das Tuch darunter überprüft werden müssen.

Die Sprungfedern. Die meisten Armsessel mit Schaumstoffpolsterung haben entweder Spannfedern oder Gummigurte darunter, und diese sollten ersetzt werden, wenn sie schlaff oder gebrochen sind (S. 91 und 93). Manche Stühle haben eine Sprungfedereinheit — einen Satz gedrehter Federn, die durch Metallstreifen miteinander verbunden sind. Prüfen Sie sorgfältig, ob daran etwas gebrochen ist. Wenn z. B. eine der Klammern, die die Federn mit den Metallstreifen verbindet, gebrochen ist, dann kann sie durch ein Stück Draht ersetzt werden. Wenn das Loch, in das die Klammer greift, ausgeweitet ist, kann man ein neues Loch bohren. Wenn eine der Federn tatsächlich gebrochen ist, kann man sie meist durch eine Spiralfeder von ähnlicher Größe ersetzen. Wenn jedoch die ganze Einheit stark beschädigt oder rostig ist, dann ist es meist nicht möglich, sie durch eine neue Einheit zu ersetzen, weil sie speziell für diesen Stuhl hergestellt worden ist. In diesem Fall sollte die ganze Einheit weggeworfen und durch Gummigurte ersetzt werden, zusammen mit neuen Leisten, an die sie anzubringen sind.

Neue Leisten. Die Leisten stellt man am besten aus Weichholz her. Ihre Maße: 5×2,5 cm mal dem Innenmaß des Rahmenteils, an den sie angebracht werden sollen. Bohren Sie mit einem 3-mm-Bohrer Löcher in die 5 cm breite Seite des Holzes in der Mitte und 2,5 cm von beiden Seiten. Schrauben Sie die neuen Leisten so an den Rahmen, daß sie auf einer Höhe mit dem Boden des Sitzkissens sind. Die neuen Gurte können oben auf den Leisten befestigt werden.

Jutegurte: An manchen Stühlen ist der Schaumstoff an Armlehnen und im Rücken durch Jutegurte gestützt. Sie sollten ersetzt werden, wenn sie gerissen sind (s. S. 88). Das Sackleinen über den Gurten und am vorderen Rand sollte ebenfalls ersetzt werden.

Überprüfung des Rahmens. Bevor Sie mit der neuen Polsterung beginnen, sollten Sie sich den Rahmen genau und sorgfältig ansehen und alle erforderlichen Reparaturen ausführen.

Sie benötigen: Holzhammer und Stechbeitel; Nagelanheber oder Zange; Hammer und Polsternägel; Rundnadel und Zwirn; Kunststoffkleber; Papier, Bleistift, Schere, um die Schnittmuster herzustellen; Schaumstoff für die Füllung; Wattierung, wenn nötig; Kattun als Futterstoff und um den Schaumstoff am Rahmen befestigen zu können; Paspeln oder Nahtbänder, wenn nötig — d. h. Stoff und Kordel; Gurte aus Jute oder Gummi, wahlweise; Federn, wenn nötig; Bezugsstoff.

1 Bei gerundeten Armlehnen (der linke Stuhl) werden die Gurte als Unterlage für das Sackleinen horizontal angebracht. Dieses wird an der Nagelleiste unter der Lehne festgenagelt, über der Armlehne geglättet und direkt unter der Rundung außen festgenagelt. Bei geraden Armlehnen (der recht Stuhl) werden die Gurte vertikal angebracht.

2 Bei runden Armlehnen wird die Rundung durch Polsterung und Bezug in einem Stück geformt. Die Vorderseiten der Arme werden mit einem separaten Stoffstück bedeckt, das festgenäht wird. Die Form von

Schaumstoff. Wenn Sie den Schaumstoff ersetzen, dann kaufen Sie ihn in der richtigen Dichte und in guter Qualität. Nehmen Sie vom Rahmen die Maße für alle Schaumstoffstücke, die ersetzt werden müssen, und machen Sie Schnittmuster von allen runden oder geformten Stücken. Geben Sie je 6 mm ringsum zu, wenn Sie viereckige Ränder benötigen, und je 2,5 cm, wenn Sie runde Kanten haben wollen.

Zwecks Berechnung der benötigten Schaumstoffdicke nehmen Sie das entsprechende Stück alten Schaumstoffs, und runden Sie das Maß auf die nächsterhältliche Größe auf. Sitzkissen sollten mindestens 7,5 cm dick sein, weiche Sitzkissen etwa 10 cm. Die Polsterung der Armlehnen sollte zwischen 2,5 cm bis 5 cm dick sein, je nach dem Entwurf des entsprechenden Sessels.

Bezugsstoff. Genau wie beim Schaumstoff ist es ratsam, auch hier den besten zu nehmen. Es sollte ein guter Polsterstoff sein, der Abnutzung verträgt und sich gut säubern läßt. Wenn Sie jedoch keinen speziellen Polsterstoff verwenden wollen, ist es sinnvoller, den Stuhl mit Kattun stramm zu bespannen und einen losen oder einen Überwurfbezug aus dem anderen Stoff zu machen, so daß er leicht entfernt und gewaschen werden kann. Wenn Sie solch einen Kattunbezug verwenden, brauchen Sie kein Futter, das aber nachstehend beschrieben wird.

Um die benötigte Stoffmenge für den Ersatzbezug berechnen zu können, legen Sie alle Teile des alten Bezugs mit dem Fadenlauf in dieselbe Richtung auf den Boden. Geben Sie ringsum je 7,5 cm zu, so daß sie auf die Weite des Stoffes passen — Polsterstoffe sind normalerweise 1,20 bis 1,28 m breit.

Kattun. Obwohl dies vielleicht ursprünglich nicht der Fall war, sollten alle Schaumstoffteile am Stuhl mit Kattun überzogen werden, einerseits um den Schaumstoff zu schützen, andererseits um eine festere Grundlage für den Bezug zu haben. Um die benötigte Menge zu berechnen, legen Sie alle Stücke des ursprünglichen Bezuges nebeneinander, bis sie die Breite des Kattunstoffes ergeben (zwischen 0,90 und 1,80 m) und messen dann die Länge wie für den Hauptbezug. Sie brauchen außerdem zusätzliche Streifen, um den Schaumstoff anzubringen. Rechnen Sie je 10 cm breite Streifen, die rings um die Kanten jedes Schaumstoffteils passen sollten.

Paspel-Kordel. Paspeln oder Einfassungen der Ränder oder Nähte des Bezugs geben dem Stuhl meist ein „maßgeschneidertes“ Aussehen. Sie sind erforderlich, wenn Sie einen gemusterten Stoff verwenden, weil es meist unmöglich ist, das passende Muster von zwei aneinanderstossenden Seiten zu finden. Wenn der alte Bezug Paspeln hatte, dann können Sie diese als Maßstab nehmen, geben Sie etwas zum Vernähen dazu. Wenn Sie neue Paspeln anbringen, dann messen Sie alle Kanten, an die Sie sie anbringen wollen und geben wieder etwas zu. Wenn Sie für den Stuhl einen losen Bezug arbeiten, dann sollte der Kattunbezug darunter keine Paspeln haben.

Die neue Polsterung

Schneiden Sie zuerst Bezugs- und Futterstoff gemäß den alten Teilen als Schnittmuster zu. Geben Sie ringsum 7,5 cm zum Vernähen zu. Vom restlichen Bezugsstoff schneiden Sie die Streifen für die Paspeln zu (siehe S. 92), vom übrigen Kattunstoff brauchen Sie 10 cm breite Streifen zum Befestigen des Schaumstoffs.

geraden Lehnen wird hergestellt, indem man zwei Stücke Schaumstoff verwendet und den Bezug mit einer Borte versieht.

3 Rücken und Sitz von beiden Stühlen werden auf dieselbe Weise bezogen. Beachten Sie, wie das Sackleinen unter den Gurten lose hängen gelassen wird, bis der Bezug durchgezogen und festgenagelt ist. Die Sitze sind mit Gummigurten bespannt, die mit Stoff bedeckt sind; der vordere Rand wurde zurückgeheftet und dann über die Gurte gezogen.

Vorbereitung des Schaumstoffs. Leimen Sie die Kattunstreifen entlang der Seitenflächen an den Schaumstoff, wenn Sie eckige Seiten haben wollen, und leimen Sie entlang der Vorderfläche, sollen es runde Kanten werden (siehe S. 88).

Das Anbringen des neuen Polsters. Nachdem alle Sprungfedern erneuert oder ersetzt worden sind, ist es meist am einfachsten, einen Abschnitt zu füllen und zu beziehen, bevor man den nächsten in Angriff nimmt. Fangen Sie mit den Armlehnen an, gehen Sie zum Rücken über, und nehmen Sie als letztes den Sitz, um Polster und Bezug instandzusetzen. Wenn Sie ein loses Sitzkissen ohne Polster darunter haben, dann beziehen Sie die Vorderkante nach den Armlehnen. Wenn Sie Stoffteile haben, die aneinandergenäht werden müssen, bevor sie am Rahmen angebracht werden, dann passen Sie die Teile auf dem Stuhl an, mit der linken Seite nach oben, und stecken Sie sie fest. Halten Sie den Stoff glatt und straff, den Fadenlauf gerade in beide Richtungen. Markieren Sie die gesteckte Linie mit Bleistift- oder Kreidestrichen, nehmen Sie die Teile auseinander, und nähen Sie sie mit der Maschine zusammen, wo nötig, mit Paspeln oder Nahtstreifen. Machen Sie ein loses Sitzkissen wie auf S. 95 beschrieben.

Plattform. Bei Sitzen mit losen Sitzkissen können die Gummigurte mit einem einfachen Stoff-Sitzbezug bedeckt werden, den man Plattform nennt. Um ein Reißen des Stoffes zu vermeiden, wenn sich die Gurte während des Gebrauchs ausdehnen, wird er nur an die Vorderkante genagelt, und Gummistreifen werden an der hinteren Kante angebracht, an denen der Stoff festgebunden wird. Die losen Seitenkanten werden gesäumt und mit Stoffstreifen bedeckt, die vorn, hinten und an den Seiten festgenagelt sind. Diese Streifen geben dem Sitz ein fertiges Aussehen, wenn das Kissen an der Stelle liegt. Die Vorderkante kann dann entlang der Vorderkante des Rahmens zurückgeheftet werden.

Zurückheften. Legen Sie die Schnittkante des Stoffes mit der rechten Seite nach unten auf die Kante des Stuhles, so daß sie sich 2,5 cm überschneidet und der Rest des Stoffes mit der linken Seite nach oben herunterhängt. Legen Sie einen Streifen Pappe von 2,5 cm Breite auf die Schnittkante des Stoffes, und nageln Sie sie mit Heftklammern oder Polsternägel am Stuhl fest. Falten Sie dann den Stoff darüber auf den Stuhl, und ziehen Sie ihn dabei fest, so daß sich eine saubere Kante ergibt. Falten Sie die übrigen Schnittkanten unter, und vernähen Sie sie.

Das Füttern von eckigen Armlehnen. Wenn Sie eckige Armlehnen mit Futterstoff beziehen, der fest sitzen soll, dann schneiden Sie ein Stück Kattun zu, das groß genug ist, um Innen-und Oberfläche zu bedecken. Nageln Sie den Rand des Materials auf die Nagelschiene unten an der Armlehne, glätten Sie den Stoff über den Schaumstoff, und nageln Sie den anderen Rand außen an den Rahmen der Armlehne. Die Seitenränder des Kattuns können an die Arminnenflächen genagelt werden oder lose hängen bleiben.

Armlehnarten. Es gibt zwei unterschiedliche Armlehnen, und zwar die geraden, eckigen, und die runden, verschnörkelten.

Runde Armlehnen: Der Stoff, der die Innenfläche der Armlehne bedeckt, wird unten an die Nagelschiene genagelt und dann straff über die Polsterung auf die Oberseite der Lehne gezogen. Dort wird er außen festgenagelt, desgleichen an der Schnecke vorn , wo er oft in Falten gelegt wird. Die Vorderseite wird dann mit einem einzelnen Stück Stoff bedeckt, das entweder angenäht oder mit einem zusätzlichen Stück Holz an die Schnecke angeschraubt werden kann. Paspeln oder Nahtstreifen werden oft an den Nähten angebracht und können entweder an den Rahmen geheftet oder in den Stoffsaum genäht werden. Die Außenfläche der Armlehne wird mit einem neuen Stück Stoff bedeckt, das meist am oberen Rand zurückgeheftet, an den Seiten festgenäht und unten entlang der unteren Kante angenagelt wird.

Gerade Armlehnen: Die Stücke für Innen- und Außenseiten werden an einen Streifen genäht, der die Oberfläche und die Vorderseite der Armlehnen bedeckt, bevor sie am Stuhl befestigt werden. Die Nähte sind oft mit Paspeln versehen. Die unteren Kanten werden an den Rahmen genagelt, und die Außenfläche wird vorn und hinten von den Rändern der anliegenden Stoffstücke überdeckt, die daran festgenäht werden. Diese Säume können ebenfalls mit Paspeln oder Nahtstreifen versehen werden.

Polster zu Ihren Füßen

Verwandeln Sie eine Kiste oder einen Kasten in einen eleganten Fußhocker. Sie werden dabei lernen, wie man eckige Kanten mit Paspeln oder Nahtstreifen herstellt und wie man traditionelle Polstermaterialien handhabt.

Sie benötigen: Eine Kiste aus Holz, die umgedreht wird, so daß der Boden die Oberfläche bildet; Schleifpapier; Hammer und Nagelheber; Polsternägel; Sattlernadel oder Spieß; Nadeln. Für die Schlaufen, die das Füllmaterial halten, brauchen Sie eine starke 13 cm lange Rundnadel. Für die Stiche an der Kante eine 25 cm lange, gerade Sattlernadel, die an beiden Enden spitz ist. Bindfaden, sehr starke, glatte Schnur aus Flachs und Hanf, die für die Schlaufen rings um den Sitz verwendet wird. Sackleinen- oder Baumwollstoff. Lose gewebter Stoff, um die erste Polsterschicht zu bedecken. Kattun zum Bedecken der zweiten Polsterschicht. Polsterwatte: Roßhaar oder ähnliches als Füllung.

Roßhaar ist das beste Material. Es ist heute jedoch schwer erhältlich und teuer. Alte Roßhaar-Matratzen können manchmal billig in Trödlerläden erstanden werden. Wenn Sie das alte Roßhaar sorgfältig waschen und auseinanderzupfen, erhält es seine alte Sprungkraft wieder. Für eine kleine Kiste mit einem etwa 7,5 cm hohen Polster brauchen Sie etwa 1 kg Füllmaterial.

Bei dieser Methode nehmen Sie traditionelle Haare oder Fasern zur Füllung. Sie können ebensogut Schaumgummi benutzen, aber an diesem kleinen Gegenstand können Sie die Handhabung der alten Materialien üben, die Ihnen bei der Bearbeitung eines größeren Stückes zugute kommen wird.

Vorbereitung der Kiste

Glätten Sie, wenn nötig, die Außenseite mit Schleifpapier. Drehen Sie dann die Kiste um, so daß der Boden oben ist, und schrägen Sie die Kanten mit einer Holzraspel auf etwa 45° ab. Sie erhalten so einen Rand, in den die Polsternägel geschlagen werden können. Hierbei vermeiden Sie gleichzeitig, daß der Bezugsstoff sich an den Kanten durchscheuert und abnutzt.

Schneiden Sie ein Stück Sackleinen nach dem Fadenlauf, das auf den Deckel der Kiste paßt mit 13 mm Nahtzugabe ringsum. Falten Sie die Ränder um, und halten Sie dabei die Falten gerade. Befestigen Sie den Stoff auf der Kiste, indem Sie die Nägel im Abstand von 5 cm und 1,5 cm vom Rand entfernt einschlagen.

Schlaufen. Traditionelle Polstermaterialien werden mit Schlaufen festgenäht. Fädeln Sie genügend Zwirn in die Rundnadel, um den Stuhl eineinhalbmal zu umspannen. Machen Sie einen etwa 2,5 cm langen Stich durch das Sackleinen, etwa 2,5 cm vom Rand entfernt. Ziehen Sie den Faden durch, lassen Sie ein 7,5 cm langes Ende hängen, und verknoten Sie dies mit einem Schlaufenknoten mit dem langen Ende des Fadens an der Stelle, wo er aus dem Sackleinen kommt. Stechen Sie die Nadel 10 cm weiter in den Stoff, und machen Sie einen Rückstich von 2,5 cm (so daß Sie 7,5 cm vom Ausgangspunkt ankommen). Ziehen Sie den Faden nur soweit durch, daß eine Schlaufe stehen bleibt, die groß genug ist, um die Hand durchzustecken. Arbeiten Sie so ringsum weiter. An den Ecken sollten jeweils 2,5 cm lange Stiche sein. Es kann sein, daß Sie deswegen die übrigen Stiche etwas kürzer machen müssen. Machen Sie zum Schluß wieder einen Schlaufenknoten. Zupfen Sie eine Handvoll Polstermaterial auseinander, und stopfen Sie es unter die Schlaufen. Achten sie darauf, daß keine Klumpen entstehen. Füllen Sie dann die Mitte mit Polstermaterial, auseinandergezupft, so daß die Form gleichmäßig ist. Lassen Sie es an den Kanten gleichmäßig überhängen.

Das Bedecken der Polsterschicht

Schneiden Sie ein Stück Sackleinen zu, groß genug, um das Polster bis zu den abgeschrägten Kanten zu bedecken, mit einer 13-mm-Nahtzugabe. Legen Sie den Stoff in die Mitte auf das Polster, falten Sie die Schnittkanten um, so daß sie gleichzeitig mit dem unteren Rand der abgeschrägten Kanten abschließen, und nageln Sie sie erst ringsum provisorisch und dann endgültig fest. Achten Sie auf geraden Fadenlauf. Sie sollten im Abstand von etwa 2,5 cm nageln, bis auf 5 cm vor den Ekken. Schneiden Sie dort den überstehenden Stoff weg, und stopfen Sie den Rest unter das Polster (siehe S. 112). Halten Sie die Form des Polsters an den Ecken so eckig wie möglich, falten Sie überstehenden Stoff nach innen, indem Sie die Ecken zusammenziehen. Nageln Sie sie fest.

Regulieren Sie das Polster. Beim Bedecken kann es sein, daß das Füllmaterial seine Form verloren hat. Ebnen Sie es mit der Sattlernadel, indem Sie das spitze Ende der Nadel in den Stoff stekken und das Material herumdrehen, bis das Polster wieder „in Form“ ist. Fühlen Sie immer wieder nach, bis alles glatt ist. Erst wenn Sie zufrieden sind, fangen Sie an, den Rand festzunähen.

Nähen Sie den Rand fest. Dies geschieht in zwei Schritten. Zuerst wird mit blinden Stichen genügend Polstermaterial zu den Seiten gezogen, um einen festen Rand zu bilden. In der nächsten Phase wird aus diesem Poltermaterial eine Rolle geformt. Die Rolle muß wirklich fest sein, weil der Bezugsstoff darüber gezogen wird und jede Unebenheit die Form verderben würde.

Die „blinden“ Stiche. Fädeln Sie ein langes Stück Schnur in die Sattlernadel. Fangen Sie in einer Ecke an, und arbeiten Sie an der Seite entlang von links nach rechts. Stecken Sie das fadenlose Ende der Nadel in das Sackleinen, direkt über den Polsternägeln, 4 cm von der Ecke. Stecken Sie die Nadel in die Polsterung in einem Winkel von 45° zur Horizontalen und mit dem Anfangspunkt zur Linken, so daß die Nadel oben aus dem Hocker kommt — etwa 2,5 cm vom Rand einwärts und 13 mm näher an der Ecke (Punkt A). Ziehen Sie die Nadel bis an das Nadelöhr durch, so daß sie nicht ganz durchgezogen wird. Stoßen Sie dann zurück in die Polsterung, aber mit einem anderen Winkel, so daß die Nadel an der Seite wieder hervortritt, auf derselben Höhe, auf der Sie sie zuerst einstachen, jedoch 2,5 cm näher an der Ecke (Punkt B). Sie haben dann also einen V-förmigen Stich ins Polster genäht. Ziehen Sie den Zwirn so durch, daß ein 7,5 cm langes Ende bei Punkt A hängenbleibt. Verknoten Sie dies mit dem langen Ende durch einen Schlaufenknoten, und ziehen Sie ihn fest. Stekken Sie dann die Nadel 5 cm weiter von Punkt A am Rand entlang ein, und bringen Sie sie genauso schräg wie zuvor auf derselben Höhe oben wieder heraus wie beim ersten Stich, und im Winkel 2,5 cm weiter wieder zurück. Bevor Sie die Nadel herausziehen, wikkeln Sie den Faden zweimal linksherum um die Nadel. Ziehen Sie dann die Nadel durch. Stecken Sie das fadenlose Ende der Nadel provisorisch mitten in den Stuhl. Halten Sie den Polsterrand so mit Ihrer linken Hand, daß die Finger oben sind und der Daumen auf der Seite ist, wickeln Sie den Faden um die andere Hand, ziehen den Stich richtig fest und drücken gleichzeitig mit der linken Hand das Polster zusammen.

Arbeiten Sie so ringsum weiter, und achten Sie darauf, daß Sie nie den verdrehten Teil eines Stiches an einer Ecke haben. Verknoten Sie den Faden am Ende sorgfältig. Korrigieren Sie nochmals alle Unregelmäßigkeiten im Polster mit der Sattlernadel, und fädeln Sie dann einen neuen langen Faden ein.

Die oberen Stiche. Dies ist den blinden Stichen sehr ähnlich. Der Hauptunterschied ist, daß die Nadel oben ganz durchgezogen wird, so daß oben ein Stich sichtbar wird.

Das bedeutet, daß die Nadel gerade in den Stoff eingestochen wird und nicht schräg nach links wie bei den blinden Stichen. Beginnen Sie wieder in einer Ecke, etwa 4 cm davon entfernt und 1,5 cm oberhalb der blinden Stiche. Stecken Sie sie so durch, daß sie oben etwa 2,5 cm vom Rand einwärts erscheint. Stecken Sie das Nadelende mit dem Faden 2,5 cm links von diesem Punkt wieder ein, parallel zum ersten Einstich, so daß sie im Punkt B, 2,5 cm von Punkt A entfernt, wieder herauskommt. Verknoten Sie das Schnurende mit einem Schlaufenknoten wie zuvor. Stecken Sie die Nadel 2,5 cm rechts von Punkt A wieder ein. Vervollständigen Sie den Stich, indem Sie wie zuvor 2,5 cm weiter links wieder einstechen, kurz neben dem ersten Stich. Bevor Sie die Nadel nach der zweiten Hälfte des Stiches ganz herausziehen, wickeln Sie wieder die Schnur herum, und ziehen Sie sie genau wie vorher fest. Die Stiche oben auf dem Hocker sollten eine durchgehende Linie ergeben, und zwar an einem Faden des Gewebes entlang.

Die zweite Polsterschicht. Machen Sie wieder rings um den Rand Schlaufen, und füllen Sie sie mit einer zweiten, dünneren Schicht von Polstermaterial auf dem Sackleinen. Füllen Sie es bis an die Rolle und schichten es in der Mitte etwas auf. Diese Schicht sollte mit Kattun oder Sackleinen bedeckt werden. Schneiden Sie es so zu, daß die gesamte Oberfläche bedeckt ist und 2,5 cm an den Rändern überstehen. Legen Sie es in der Mitte auf die Polsterschicht, und nageln Sie es vorübergehend auf jeder Seite fest. Der Stoff sollte fest und glatt sitzen. Nageln Sie dann endgültig ringsum fest, die Nägel 2,5 cm voneinander entfernt, bis 5 cm vor den Ecken. Beenden Sie die Ecken mit einer Doppelfalte wie beim Eßzimmerstuhl (siehe S. 88).

Der Bezug: Schneiden Sie den Bezug so zu, daß er auf die vier Seiten und die Oberfläche paßt, wie für das Sitzkissen vom Kaminsessel (S. 95), und nähen Sie die Seiten zusammen. Ziehen Sie ihn über die Kiste, falten die Schnittkanten unter der Kiste nach innen, und nageln Sie sie fest.

Schaumstoffpolsterung. Wenn Sie Schaumstoff benutzen (S. 86), schneiden Sie ein Stück groß genug für die Oberfläche zu, und befestigen Sie es an der Kiste mit Kattunstreifen, die Sie annageln oder anheften. Schneiden Sie ein rechteckiges Stück Schaumstoff, das alle vier Seiten auf einmal bedeckt, und wickeln Sie es herum, so daß es die

Nehmen Sie für Ihren ersten Versuch mit traditionellen Polstertechniken eine hübsche Fußbank.

1

2

3

4

5

6

7

8

9

Gepolsterte Fußbank

1 Machen Sie Schlaufen aus Fäden, um die erste Polsterschicht zu halten. Verknoten Sie den Faden jeweils mit einer Schlaufe.

2 Zupfen Sie das Polstermaterial auseinander, bevor Sie es unter die Schlaufen stopfen.

3 Mit blinden Stichen machen Sie einen festen Rand. Beachten Sie den Einstichwinkel der Nadel.

4 und 5 Die zweite Phase bei den blinden Stichen: Bevor die Nadel an der Seite herausgezogen wird, wird der Faden herumgewickelt und festgezogen.

6 Mit den oberen Stichen formen Sie eine Rundung vom Polstermaterial rings um den Rand.

7 und 8 Stellen Sie mehr Schlaufen für die zweite Polsterschicht her, und füllen Sie die Vertiefung, die durch die Rollenkante entstanden ist.

9 Bedecken Sie die zweite Polsterschicht mit einem Stück Sackleinen, und nageln Sie es an; anschließend befestigen Sie den Hauptbezug.

Kattunstreifen verdeckt und mit dem unteren Rand der Kiste abschließt. Sichern Sie es mit ein paar Polsternägeln.

Schneiden Sie ein straffes Kattunfutter zu, das Sie mit der Maschine zusammennähen, ziehen es über die Kiste und nageln es kurz über dem offenen Ende an die Kiste. Arbeiten Sie den Bezug aus dem von Ihnen gewählten Stoff wahlweise mit Paspeln oder Nahtstreifen. Ziehen Sie ihn über die Kiste, die Schnittkanten über das offene Ende, und nageln oder heften Sie sie sorgfältig im Innern der Kiste fest.

Aufarbeiten eines Sitzpolsters

Alte Eßzimmerstühle kann man oft billig kaufen und sie zu ebenso dekorativen wie nützlichen Möbeln umarbeiten. Wenn man sie mit Sprungfedern und Roßhaar neu polstert, erhöht das sogar ihren Wert. Fangen Sie aber nicht mit einer wertvollen Antiquität an, ein beim Trödler erstandenes Stück ist genau das Richtige zum Üben.

Sie benötigen: Sattlernadel (siehe S. 91); Nadeln, Rundnadeln für die Schlaufen, Sattlernadel (25 cm) zum Abnähen des Randes; Zwirn für die Schlaufen, um die Sprungfedern festzunähen und um die Stuhlkanten zu befestigen; Schnur zum Festbinden der Sprungfedern. Sisal kann verwendet werden. Sackleinen um die erste Polsterschicht zu bedecken, dieselbe Größe wie der Sitz plus 15 cm Nahtzugabe; Kattun, um die zweite Polsterschicht zu bedecken, von derselben Größe wie das Sackleinen; Polsterwatte über den Kattun, von derselben Größe wie das Sackleinen; Drillich: verwenden Sie ein starkes Gewebe für Möbel. Damit bedekken Sie die Sprungfedern. Sie brauchen ein Stück von der Größe des Sitzes und etwa 2,5 cm Nahtzugabe ringsum; Sackleinen, um die Stuhlunterseite zu bedecken; Sprungfedern, wenn diese ersetzt werden müssen, 10 cm Federn aus 12 mm dickem Draht, oder passen Sie sie an die alten Federn an; Gurte, kaufen Sie genügend Material, um die alten zu ersetzen.

Das Entfernen der alten Polsterung

Die Methode ist die gleiche wie bei der Reparatur am losen Sitzpolster eines Eßzimmerstuhls ausführlich beschrieben (siehe S. 86). Notieren Sie sich wie der Bezug angebracht war, die Anzahl der Sprungfedern und der Gurte, die Höhe des ursprünglichen Polsters sowie die Größe der Polsternägel. War der Stuhl für Ihren Tisch bisher etwas zu hoch oder zu niedrig, können Sie dies mit der neuen Polsterung ausgleichen.

Überprüfen Sie die alte Polsterung sorgfältig. Wenn Roßhaar darin war — normalerweise dunkel, sehr fein und lockig —, dann ist es wert, dies von der Watte zu trennen, zu waschen und nach dem Trocknen sorgfältig auseinanderzuzupfen.

Sämtliche alten Nägel müssen aus dem Rahmen entfernt werden, um für neue Nägel Platz zu machen. Wenn zu viele Nagellöcher vorhanden sind, füllen Sie sie mit Holzkitt, um für die neu einzuschlagenden Nägel eine feste Grundlage zu haben. Reparieren Sie den Rahmen, und behandeln Sie Holzwurmschäden. Bevor Sie weiter daran arbeiten, muß er vollkommen trocken sein.

Das Ersetzen der Gurte. Die Gurte sind die Grundlage für die Polsterung, sie müssen deswegen straff und fest sein. Die Gurte werden an der Unterseite des Rahmens befestigt, ebenso wie für das lose Sitzpolster des Eßzimmerstuhls. Sie müssen also den Stuhl mit dem Sitz auf Ihren Arbeitstisch legen.

Das Anbringen der Sprungfedern. Die Sprungfedern müssen erst an die Gurte genäht und dann oben miteinander verbunden werden, so daß sie nicht im Sitz hin und her rutschen. Dadurch erhält das Polster gleichzeitig eine runde Form.

Stellen Sie den Stuhl auf die Füße, und verteilen Sie die Sprungfedern gleichmäßig auf die Überkreuzungen der Gurte, etwa 10 cm auseinander. Die Spitzen der Federn sollten auf die Stuhlmitte gerichtet sein.

Fädeln Sie ein langes Stück Zwirn in die Rundnadel. Fühlen Sie mit der linken Hand die Position der Federn von unten, und stecken Sie die Nadel von unten in die Gurte, so daß sie direkt außerhalb einer Feder oben herauskommt. Ziehen Sie die Nadel durch, und lassen Sie ein kurzes Ende Faden unten hängen. Stechen Sie dann von oben wieder in den Gurt, innerhalb der Feder, so daß die unterste Spirale festgenäht ist. Verknoten Sie unten das Ende des Fadens mit dem langen Stück ohne es abzuschneiden. Nähen Sie dann die Feder auf dieselbe Weise von unten an zwei weiteren Stellen fest, so daß die drei Stiche ein V ergeben.

Gehen Sie zur nächsten Feder über, ebenfalls ohne abzuschneiden, und wiederholen Sie dort das Ganze.

Nähen Sie alle Federn mit einem langen Faden in dieser Art fest, machen Sie am Ende einen Schlaufenknoten, und danach schneiden Sie den Faden ab.

Das Befestigen der Federn. Schlagen Sie auf der Höhe jeder Feder einen 13-mm-Nagel halb in den Rahmen. Schneiden Sie genügend Schnur oder Sisal ab, um sie zweimal über den Rahmen spannen zu können. Wickeln Sie die Schnur um einen Nagel in der hinteren Kante des Rahmens, aber lassen Sie ein Stück Schnur hängen, lang genug, um zur Spitze der nächsten Feder zu reichen und dort verknotet zu werden. Schlagen Sie den Nagel jetzt ganz ein.

Verknoten Sie das lange Stück Schnur mit der zweitobersten Windung der nächsten Feder und dann gegenüber in derselben Feder mit der obersten Windung. Benutzen Sie Schifferknoten dazu.

Gehen Sie zur nächsten Feder in derselben Reihe nach vorn und verknoten die Schnur dort mit der obersten Windung der Feder auf der am nächsten liegenden Seite. Halten Sie den Abstand zwischen den Federn dabei genauso wie unten. Führen Sie die Schnur durch die Feder, und verknoten Sie die zweitoberste Windung. Binden Sie die Schnur fest um den Nagel in der Vorderkante des Rahmens, und hämmern Sie ihn dann ein.

Führen Sie die beiden Enden der Schnur zurück zur nächsten Feder, und verknoten Sie sie mit der Außenseite der obersten Windung. Ziehen Sie sie dabei so fest, daß sich die Feder leicht zum Rahmen neigt.

Wiederholen Sie das Ganze mit dem anderen Federnpaar, wobei die Schnur parallel zum ersten Paar läuft, und dann mit zwei Stücken Schnur quer über die Federn. Nach sorgfältiger Angleichung werden die Sprungfedern eine gewölbte Form ergeben.

Die Hauptpolsterung. Der Drillich: Legen Sie das Stück in die Mitte auf die Federn. Falten Sie 2,5 cm auf einer Seite des Stoffes um, und befestigen Sie diesen Saum, nach oben umgeschlagen, auf der hinteren Rahmenkante mit 13-mm-Nägeln, 2,5 cm voneinander entfernt und 13 mm von der Falte. An den Ecken passen Sie den Stoff um die nach oben gehenden Rahmenteile, indem Sie den Stoff diagonal so falten, daß er gerade das Holz berührt. Schneiden Sie den Stoff bis auf 13 mm von der Falte ab. Ziehen Sie den Stoff an den Ecken so fest Sie können, und nageln Sie ihn fest. Es kann sein, daß Sie danach die anderen Nägel leicht verändern müssen.

Glätten Sie dann den Stoff über die Federn, ziehen Sie ihn sehr fest, und nageln Sie ihn ohne Falte vorübergehend an der Vorderkante fest. Der Fadenlauf muß wieder akkurat gerade sein. Glätten Sie den Stoff, ziehen und nageln Sie ihn an die Seitenkanten. Erst wenn der Stoff vollkommen fest und gerade sitzt, schlagen Sie die Nägel endgültig ein. Schneiden Sie den Stoff bis auf 2,5 cm von den Nägeln ab, falten Sie ihn über, und nageln Sie ihn in etwa 5-cm-Abständen ringsum fest.

Nähen Sie die Sprungfedern an den Drillich mit einem durchgehenden Faden und einer Rundnadel, aber machen Sie jedesmal einen einzigen Knoten, um ihn fest zu verankern.

Schlaufen (siehe Seite 101 für Anleitung).

Stopfen: Nehmen Sie eine Handvoll Füllmaterial, das Sie sorgfältig auseinanderziehen, so daß alle Klumpen verschwinden. Stopfen Sie es unter alle Schlaufen, und füllen Sie dann die Mitte. Zupfen Sie es gut, so daß eine

Stuhlsitz mit Sprungfedern

1 Die Federn sind in einem Quadrat auf den Gurten angeordnet.

2 Mit Rundnadel und Faden wird der Boden jeder Feder an die Gurte angenäht.

3 Die Federn werden fest miteinander und dann mit dem Rahmen verbunden, so daß sie nicht verrutschen können.

4 Dies ist eine Möglichkeit, die Federn festzuhalten.

5 Die Federn werden mit einem Stück Drillich bedeckt. Ihre Spitzen werden dann auf dieselbe Weise an den Drillich genäht, wie unten an den Gurten. Nähen Sie mit einer Rundnadel und einem durchgehenden Faden, und machen Sie bei jedem Stich einen Knoten.

6 Nähen Sie dann Schlaufen auf dem Drillich, um die Polsterung zu halten. Zupfen Sie das Polstermaterial gut auseinander, und stopfen Sie es dann unter die Schlaufen.

7 Verankern Sie die Polsterung in der Mitte, indem Sie mit der langen Nadel durch das Sackleinen bis zum Drillich stechen und sie festnähen. Berühren Sie dabei nicht die Federn.

1

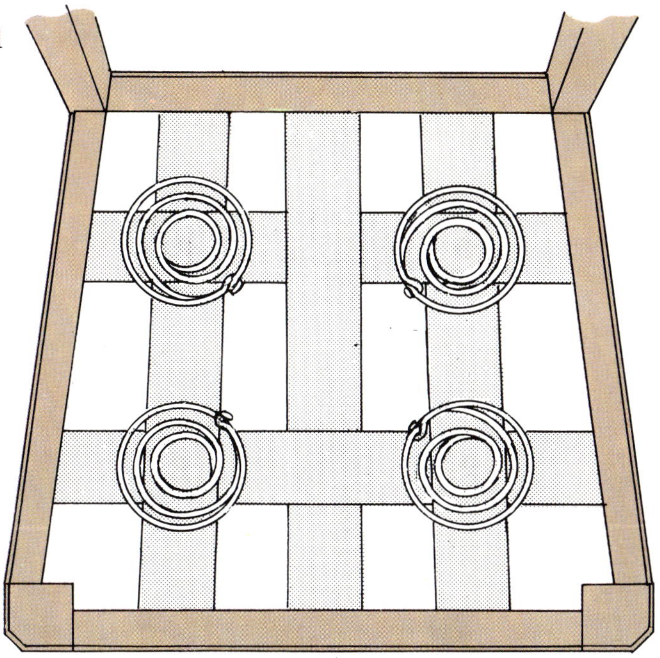

5

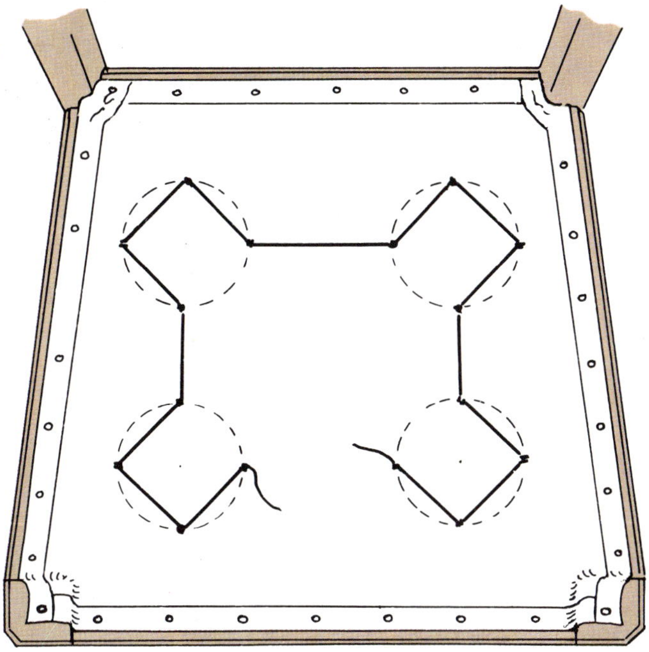

2

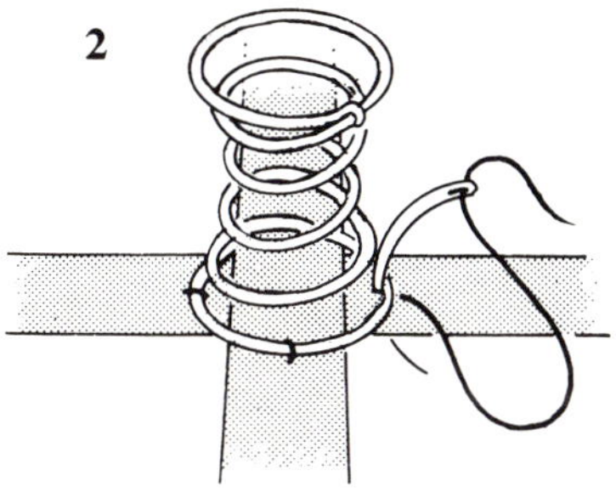

6

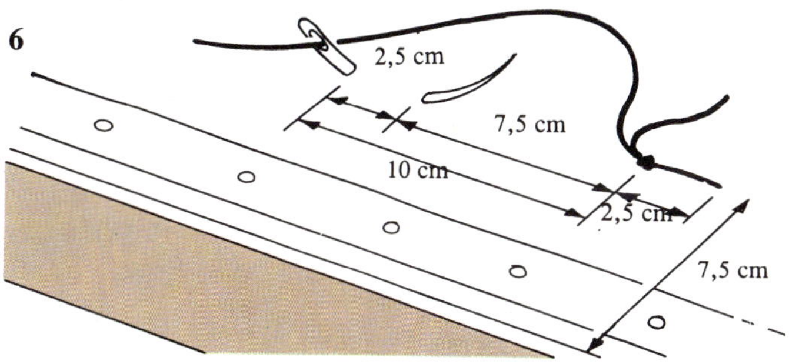

3

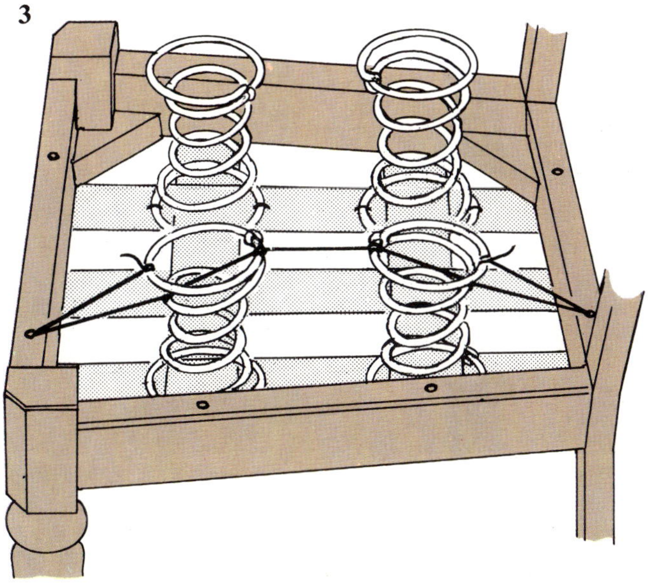

7

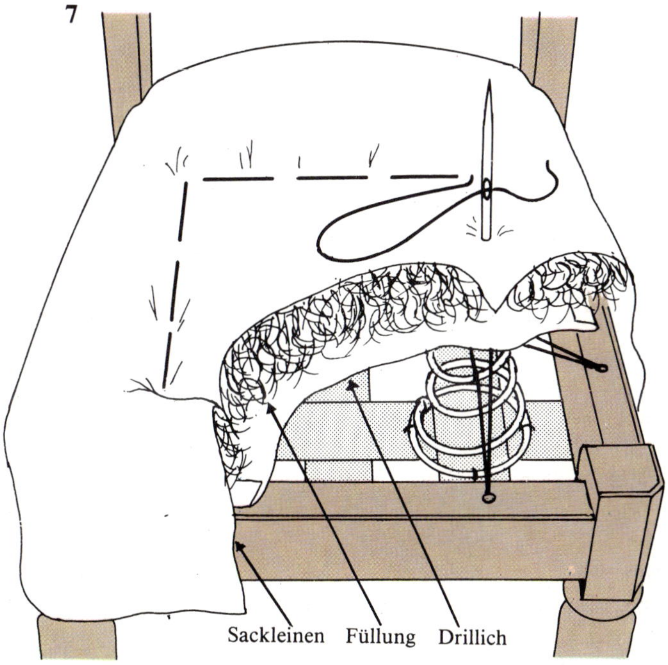

4

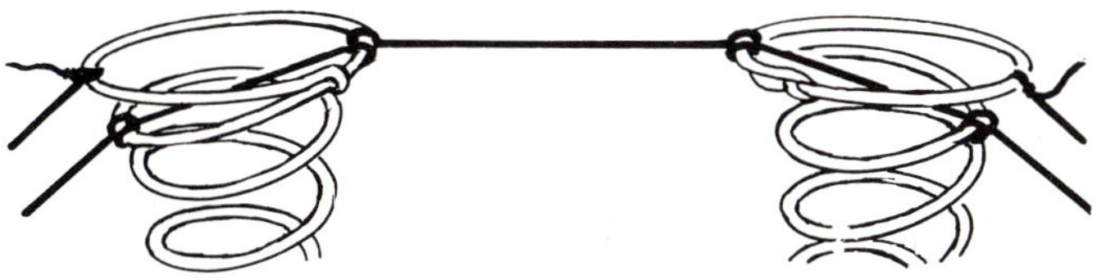

1

2

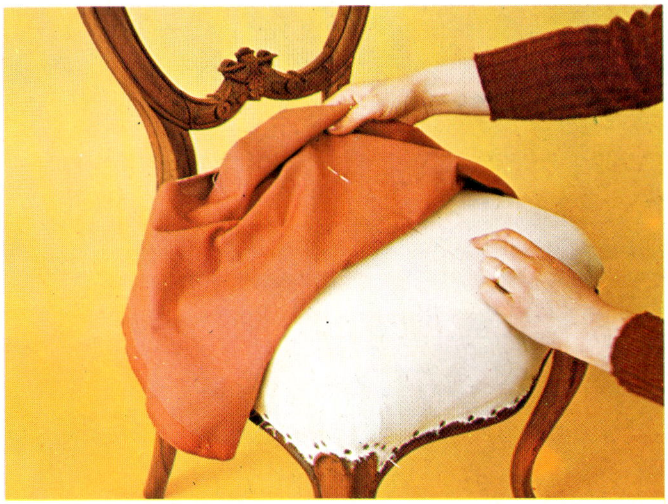

3

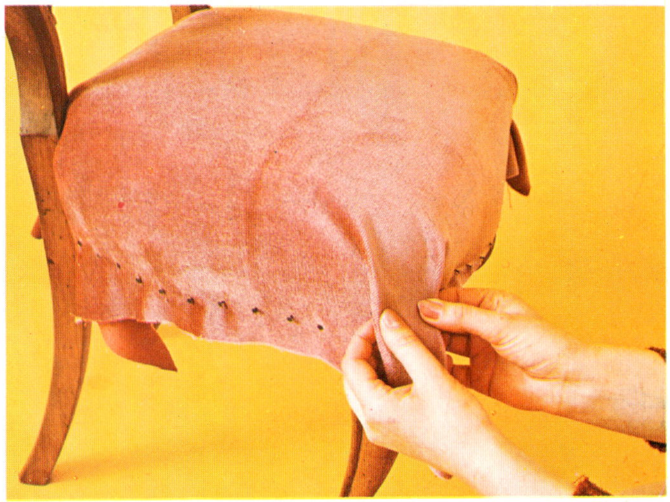

1 Formen Sie eine feste Polsterkante rings um den Stuhl, indem Sie sie wie bei dem Fußhocker im vorangehenden Abschnitt festnähen. Bauen Sie die Mitte mit zusätzlichem Polstermaterial auf.
2 Wenn Sie den Bezug anbringen, achten Sie darauf, daß der Fadenlauf gerade ist. Markieren Sie die Mittelpunkte der Stuhlseite und des Bezugs, und legen Sie die beiden genau aufeinander.
3 Von Seite zu Seite muß der Stoff ebenfalls gerade laufen. Bringen Sie die Nägel erst provisorisch an, und nageln Sie sie erst richtig fest, wenn der Bezug wirklich gut liegt. Machen Sie die Falten an den Ecken gleichmäßig und ordentlich. Schneiden Sie die hinteren Ecken so, daß sie um die Rückenlehne passen. Bedecken Sie die Reihe von Polsternägeln mit einer Borte.

gleichmäßige Form entsteht und die Ränder leicht überhängen.

Sackleinen: Legen Sie das Sackleinen in die Mitte auf das Polster, und nageln Sie es vorübergehend in der Mitte auf jeder Seite fest. Bringen Sie dann zwei weitere Nägel auf jeder Seite der ersten Nägel an. Der Stoff sollte jetzt recht locker auf der Polsterfläche liegen. Fädeln Sie einen langen Bindfaden in die Sattlernadel, und nähen Sie vom Sackleinen zum Drillich in einem Rechteck, etwa 7,5 cm von den Kanten des Sitzes. Führen Sie dazu die Nadel durch den Stoff und die Polsterung und zwischen den Gurten auf der Stuhlunterseite heraus, mit einem Fadenende oben zum Verknoten. Wenn Sie die Nadel durchgezogen haben, behalten Sie sie in der gleichen Haltung mit dem fadenlosen Ende nach unten, und stecken Sie sie etwa 1,5 cm weiter wieder durch das Material. Ziehen Sie sie oben heraus, und verknoten Sie das lange Ende mit dem kurzen in einem Schlaufenknoten.

Machen Sie einen etwa 7,5 cm langen Stich oben, und stechen Sie die Nadel dann wieder durch. Machen Sie so ringsum weiter, mit etwa 1,5 cm Abständen zwischen den Stichen.

Ziehen Sie den Faden fest, so daß das Sackleinen heruntergezogen wird, und passen Sie auf, daß Sie dabei nicht an die Federn geraten. Ebnen Sie mit der Sattlernadel alle Klumpen im Polster. In diesem Schritt wird die Haarfüllung verankert.

Entfernen Sie jetzt die vorübergehend angebrachten Nägel (mit denen das Sackleinen an den Rahmen befestigt war), zuerst von der Vorderkante, dann von den Seiten und zuletzt von der hinteren Kante. Ordnen Sie das Roßhaar entlang den Kanten des Sitzes, und fügen Sie mehr hinzu, wenn nötig, um eine feste Rundung zu erhalten, die gerade über den Rand hinaushängt. Glätten Sie das Material über der Polsterrundung, und stopfen Sie die Schnittkanten unter das Haar. Halten Sie den gefalteten Rand des Sackleinens mit 1-cm-Nägeln an der abgeschrägten Kante. Ziehen Sie den Stoff nicht zu fest über die Abrundung.

Abnähen vom Rand: (siehe Anleitungen auf Seite 102) An der ersten Phase, den blinden Stichen, wird Material an die Seite gezogen; in der zweiten Phase, den oberen Stichen, wird aus diesem Abschnitt eine Abrundung geformt. Die Abrundung muß wirklich fest sein, weil der Bezugsstoff darüber gezogen wird und sich jede Unregelmäßigkeit deutlich zeigt. Fangen Sie hinten links an, und arbeiten Sie entgegen dem Uhrzeigersinn um den Stuhl. Achten Sie darauf, daß die Verdrehungen im Stich nicht auf die Ecken kommen. Verknoten Sie den Faden am Ende fest, und korrigieren Sie mit der Sattlernadel alle Unebenheiten.

Die Stiche oben auf dem Material werden genauso gemacht wie die blinden Stiche, jedoch wird die Nadel jedesmal oben ganz durchgezogen, so daß sich oben eine durchgehende Linie ergibt (siehe S. 102).

Die zweite Polsterschicht: Arbeiten Sie, wie bei der ersten Polsterschicht, Schlaufen in das Sackleinen. Füllen Sie die Vertiefung, die sich im Innern durch den runden Rand ergeben hat, mit mehr Polstermaterial. Bedecken Sie den Stuhlsitz mit einem Stück Kattun, und heften Sie es mit 1 cm langen Nägeln provisorisch an die Vorderkante, die hintere Kante und zuletzt die Seiten, mit geradem Fadenlauf. Wenn die ursprüngliche Polsterung auf den Stuhlseiten statt auf der Unterseite endet, dann achten Sie darauf, die Nägel von der Linie entfernt einzuschlagen, an der das Holz sichtbar wird. Schneiden Sie hinten in die Ecken des Kattuns, so daß er um die senkrechten Holzteile paßt. Nageln Sie den Stoff ringsum fest.

Wenn die vorderen Ecken abgerundet sind, machen Sie eine Doppelfalte, oder eine nach innen gekehrte Falte, sofern es eine übliche Ecke ist, legen Sie eine einfache Falte. Um eine weiche Linie zu halten, ziehen Sie den Kattunstoff fest über die Rollenkanten, aber achten Sie darauf, den Fadenlauf gerade zu halten, indem Sie den größten Druck von hinten nach vorn ausüben statt von Seite zu Seite.

Der Bezug. Damit das Ganze wirklich glatt aussieht, bedecken Sie den Kattun mit Polsterwatte, um zu vermeiden, daß sich das Polstermaterial hervorarbeitet. Schneiden Sie dann ein Stück Bezugsstoff, an der Faser entlang, groß genug, um den Sitz zu bedecken. Nageln Sie es mit feinen Polsternägeln fest. Arbeiten Sie die Ecken wie beim Kattunbezug, und schneiden Sie überschüssigen Stoff weg.

Wenn der Bezug an den Kanten des Stuhls angebracht ist, wo man ihn sieht, können die Schnittkanten und Nägel durch eine Borte oder Besatzschnur verdeckt werden, die aufgeleimt ist. Bedecken Sie die Stuhlunterseite mit Sackleinen.

Ein recht widerstandsfähiger Samt ist das ideale Material für diese Eßzimmerstühle.

Das Formen einer Rollenkante

In den meisten Fällen ist der Aufbau einer traditionellen Polsterung derselbe, ganz gleich, um was für ein Möbelstück es sich handelt, groß oder klein: Gurte überspannen den Rahmen und stützen das Polster; Sprungfedern (an größeren Möbeln); Sackleinen als Unterlage für das Füllmaterial; der Bezug. Die Art und Reihenfolge diese Materialien zu verarbeiten, können dem jeweiligen Möbelstück angepaßt werden.

Die nächste Phase in der Polsterung kann jedoch Schwierigkeiten bereiten. Das Füllmaterial wird an der Kante zu einer Rolle geformt und festgenäht. Dies ist ein wesentlicher Schritt in fast jeder herkömmlichen Polsterung und erfordert Übung.

Rollenkanten

Sie werden immer dann gemacht, wenn die Polsterung „überstopft" ist. Dies bedeutet nicht, daß es zuviel Füllmaterial gibt, sondern daß das Füllmaterial auf dem Rahmen aufgebaut ist, so daß seine Seiten im rechten Winkel zum Rahmen stehen, statt sich davon wegzuneigen. Rollenkanten findet man um die Sitze von Eßzimmerstühlen, Chaiselonguen, Sesseln, um die Vorderseite von Armlehnen und mitunter auch um die Rücken von größeren Sesseln. Dies sind alles Stellen, an denen die Polsterung besonders stark abgenutzt wird. Wäre die Rolle dort nicht angebracht, würde die obere Kante der Füllung nicht ihre Form behalten, die Oberfläche klumpig und unbequem werden, da die Füllung an den Rändern zurückgeschoben, und der Bezugsstoff Falten schlagen würde.

Wenn ein Rollenrand mit traditionellen Polstermethoden gemacht wird, dann wird die Füllung in zwei Lagen angebracht, wie beschrieben. Die erste

Zeigen Sie Ihre Polsterfähigkeiten an diesem Viktorianischen Stuhl.

Schicht ist die wichtigste, mit zwei- oder dreimal so viel Füllmaterial wie in der zweiten Schicht. Die erste Schicht wird mit Sackleinen bedeckt und ist diejenige, die zu einer Rollenkante geformt und abgenäht wird. Die zweite Schicht hilft, die gewölbte Form der Polsterung zu bilden. In manchen modernen Polstermöbeln wird die Rolle mit Schaumgummi oder mit einer fertigen Rolle von Füllmaterial hergestellt, die an den Rahmenrand geheftet wird. Aber beide vertragen nicht so viel Abnutzung wie die traditionell genähte Rolle.

Das Formen der Rolle. Wenn Sie bereits einmal versucht haben, eine Rollenkante zu machen, haben Sie wahrscheinlich bemerkt, daß es nicht schwierig ist, sie fest zu machen; aber daß man sehr viel mehr Übung braucht, um das Polstermaterial zu gleichmäßiger Dicke zu formen und in eine Form, die den Linien des Rahmens folgt. Der wichtigste Schritt dabei ist die Sichtlinie.

Sichtlinie: Dies ist eine gedachte Linie entlang dem Rand des Polsters, dort, wo die horizontale Fläche in die vertikale übergeht. Wo diese beiden Flächen sich im rechten Winkel treffen würden, wäre die Sichtlinie. Bei einer runden Kurve liegt die Sichtlinie mitten in der Kurve. Die Sichtlinie muß immer den gleichen Abstand vom Rahmen haben, an den Kanten entlang und sollte auch direkt über der Linie des Rahmens liegen. Wenn Sie über dem Stuhl stehen und auf den Sitz hinunterschauen würden, dann wäre die Außenkante des Sitzes genau auf der Sichtlinie. Es hilft auch, der Sichtlinie zu folgen, wenn Sie, bevor Sie polstern, eine Richtlinie auf das Sackleinen zeichnen. Legen Sie dazu das Sackleinen auf den Drillich, mit den Mittelpunkten aufeinander, und heften Sie es vorübergehend an. Zeichnen Sie dann mit einem Filzstift eine Linie rings um die Kanten des Rahmens auf das Sackleinen. Lösen Sie es wieder vom Rahmen, und zeichnen Sie eine zweite Linie, außerhalb der ersten, mit einem Abstand von derselben Größe wie die gewünschte Höhe der Polsterung plus etwa 1,5 cm. Lassen Sie einen weiteren Rand von mindestens 2,5 cm außerhalb der zweiten Linie, und schneiden Sie die überschüssige Leinwand ab.

Das Anbringen der Polsterung. Es ist wichtig, sich Zeit zu nehmen und die erste Polsterschicht mit viel Sorgfalt anzubringen, sowie das Sackleinen darüber. Denn wenn diese Schicht gut gemacht ist, wird das Abnähen der Rolle viel einfacher. Befestigen Sie die Gurte, Sprungfedern und den Drillich. Machen Sie Schlaufen in den Drillich — siehe Seiten 88, 101, 105.

Abgeschrägte Kanten: Das Sackleinen, das die erste Polsterschicht bedeckt, wird immer an die zuvor abgeschrägten Kanten des Rahmens genagelt. Die Nägel müssen nahe am Rand angebracht werden, und wenn sie nicht in die abgeschrägten Kanten gehauen würden, könnten sie das Holz splittern lassen. Nachdem Sie das alte Polster entfernt haben, prüfen Sie, ob die abgeschrägten Kanten stark genug sind, um mehr Nägel aufzunehmen. Wenn es sehr viele Löcher darauf gibt, füllen Sie sie mit Holzkitt, und schleifen Sie sie ab, wenn sie trocken sind. Wenn der Stuhl keine abgeschrägten Kanten hat, können Sie das mit einer Feile selbst machen. Die Kante sollte im Winkel von 45° zu Ober- und Seitenflächen des Rahmens sein und sollte genauso groß sein wie der Kopf eines Polsternagels.

Das Formen des Polsters: Stecken Sie das Polstermaterial in die Schlaufen zur gewünschten Höhe (siehe S. 106). Notieren Sie immer die ursprüngliche Höhe der Füllung, bevor Sie das alte Polster entfernen. Da das Polster zusammengedrückt sein kann, prüfen Sie dann die ursprüngliche Höhe an irgendwelchen Richtlinien, die der Stuhl haben kann. Am Stuhl im Bild sollte die Polsterung z. B. bis an die Nagelschiene hinten reichen, sowie vom Sitzrahmen bis an das Stück Holz an den Seiten unter den Armlehnen. Drücken Sie das Polster mit Ihrer flachen Hand zusammen, um die richtige Höhe zu schätzen. Legen Sie das Sackleinen in die Mitte auf, nageln Sie es provisorisch an die Seiten, und nähen Sie die Stiche, die das Polster in der Mitte des Stuhls festhalten, wie auf S. 106 beschrieben. Arbeiten Sie jeweils auf einer Seite, entfernen Sie die provisorischen Nägel, heben Sie das Sackleinen, und formen Sie das Polster in eine Rolle der gewünschten Größe. Es hilft oft, eine Rolle zurechtzuzupfen, das Sackleinen darüber zu glätten und provisorisch an der zweiten markierten Linie auf die abgeschrägte Kante zu nageln. Das Sackleinen sollte dann glatt, aber nicht straff sein.

Das Abnähen der Kanten. Blinde Stiche (wie auf S. 102 beschrieben): Die geformte Schlaufe zieht die Polsterung zum Rand des Stuhles. Bei gerundeten Stühlen machen Sie die Stiche nur halb so groß, um Markierungen auf dem Sackleinen zu vermeiden.

Obere Stiche: Es hilft, wenn Sie bei jedem Stich die Rolle zwischen Fingern und Daumen der linken Hand formen. Sie können dann die Nadel auf der Höhe Ihres Daumens einstechen und oben auf der Höhe Ihrer Finger herausziehen. Arbeiten Sie wieder mit kleinen Stichen, um ein Ziehen des Sackleinens zu vermeiden. Die Polsterung ist nun fertig für die zweite Polsterschicht und für den Bezug.

Ecken: Arbeiten Sie besonders sorgfältig an den Ecken. Bei eckigen Teilen vorn am Rahmen, packen sie viel Füllmaterial hinein und falten das Sackleinen zu einer eckigen Falte. An aufrechten Streben hinten am Rahmen falten Sie den Stoff diagonal zurück und schneiden in die Ecke, genau bis zur Falte. Ziehen Sie den Stoff über das Polster auf jeder Seite der aufrechten Streben, und nageln Sie die spitze Ecke zwischen Polster und Schiene. Falten Sie den Rest in eine ordentliche Falte. Prüfen Sie, daß das Polster auf jeder Seite der Schiene fest ist und nicht vom Rand schräg weggeht.

Wenn Sie mit der Form der Rolle zufrieden sind, nageln Sie das Sackleinen auf die schrägen Kanten. Die äußeren Ränder der Polsternägelköpfe dürfen nicht über den Rand der schrägen Kanten hinausragen, da sie sonst den Bezug verderben. Die Linie der Rolle muß dem Rahmen genau folgen. Kippen Sie sie etwas vom Rahmen hoch, und schauen Sie sie von unten an. Wenn nötig verbessern Sie die Form.

1

2

3
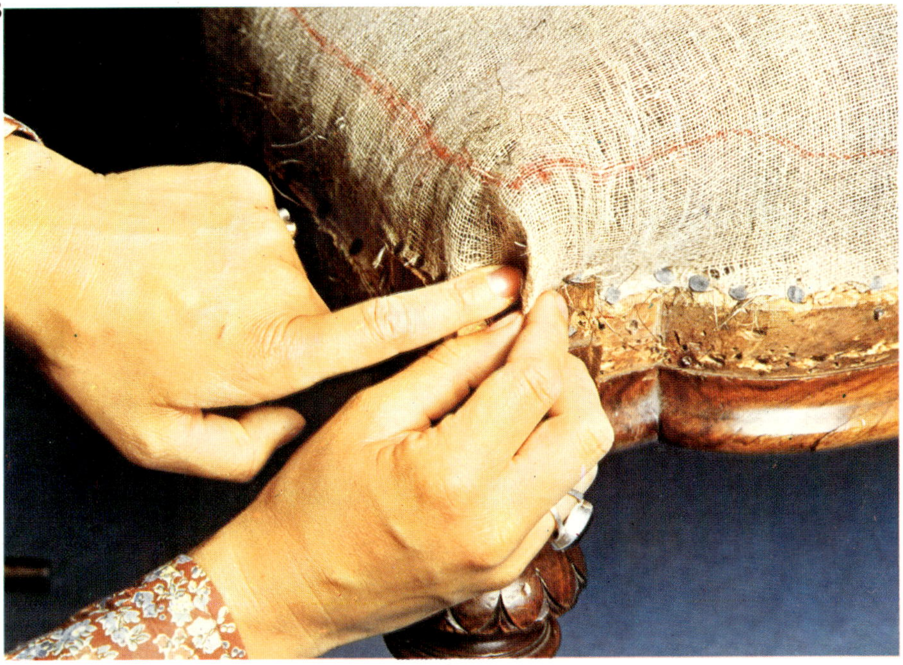

Das Formen einer Rollenkante

1 Stellen Sie immer zuerst die ursprüngliche Tiefe des Polsters fest, bevor Sie es entfernen. Da die alte Polsterung zusammengedrückt sein mag, überprüfen Sie die Dicke an anderer Stelle am Stuhl. Im Bild sollte die Dicke der Polsterung genauso hoch sein wie die Höhe vom Sitz bis zur Nagelleiste an der Rückenlehne, und außerdem genauso hoch wie die Entfernung vom Sitz bis zu dem Schmuckholz an den Seiten.

2 Feilen Sie die vorderen Ecken schräg ab, so daß Sie dort Nägel einschlagen können.

3 Falten Sie das Sackleinen an den vorderen Ecken. Beachten Sie die Polsternägelköpfe auf der abgeschrägten Kante.

4 Stoßen Sie die Polsterung mit blinden Stichen zur Kante.

5 Formen Sie eine Rolle mit Stichen oben auf dem Sackleinen.

4

5

Ein Sessel wird neu gepolstert

Ein Polsterer würde etwa zwei bis drei Tage brauchen, um einen gepolsterten Sessel vollkommen auseinanderzunehmen und mit herkömmlichen Methoden mit Gurten, Sprungfeder, Füllung und Nähen wieder aufzubauen. Der Anfänger braucht natürlich wesentlich länger dazu. Wenn Sie sich mit den bereits beschriebenen Techniken vertraut gemacht haben, können Sie wahrscheinlich mit einiger Zuversicht an diese und andere schwierige Polsterungen gehen. Sie müssen sich jedoch Zeit nehmen, jeweils für kurze Zeiträume arbeiten, oft über einige Wochen hinaus, und ohne zuviel auf einmal machen zu wollen. Als erstes suchen Sie sich dazu einen geeigneten Arbeitsplatz, den Sie nicht jedesmal abräumen müssen. Eine Arbeitsecke oder die Garage ist viel besser dafür geeignet als der Küchentisch, der für kleinere Arbeiten gut genug gewesen sein mag. Wenn möglich, sollten Sie ein paar Böcke kaufen, herstellen oder leihen, auf die Sie den Stuhl stellen können. Sie können natürlich auch auf einem Tisch arbeiten, aber der Stuhl wird möglicherweise immer wieder herunterrutschen. Auch der Boden bietet sich an, jedoch ist es auf Dauer sehr ermüdend, da Sie einen großen Teil der Arbeit auf den Knien verbringen müssen.

Die Vorbereitung des Stuhls

Entfernen Sie zuerst den alten Bezug wie S. 91 beschrieben, sodann die Polsterwatte und den Bezug darunter. Sie können dann die Polsterung überprüfen. Sehen Sie sich die Gurte und das Sackleinen genau an, die die Füllung an Rücken- und Armlehnen stützen, auch den Stoff darüber. Ist das Material gerissen und die Füllung klumpig oder zerfallen, müssen sie wahrscheinlich ersetzt werden. Prüfen Sie die Festigkeit der abgenähten Rollen. Wenn sie lokker sind, aber noch in guter Form und das Material in Ordnung ist, kann meist repariert werden, ohne daß Sie alles entfernen müssen. Wenn der Rand jedoch vollkommen zurückgefallen ist, ist es besser, alles zu entfernen und neu abzunähen. Drehen Sie den Stuhl um, so daß Sie die Gurte und die Sprungfedern von unten prüfen können. Wenn die Gurte zerrissen sind, aber die Sprungfedern noch gut, dann können die Gurte von unten ersetzt werden, ohne daß der Stuhl auseinandergenommen werden muß. Wenn jedoch die Sprungfedern ihre Form verloren haben, oder die sie verbindende Schnur gerissen ist, dann sollten Sie den Sitz ganz freilegen. Wenn Sie zweifeln, sollten Sie ebenso das alte Polster entfernen, obwohl dies sehr mühevoll ist. Da der Bezugsstoff viel Geld kostet und die Arbeit Ihnen viel Mühe machen wird, ist es wichtig, daß das Innere des Stuhls vollkommen in Ordnung ist. Beachten Sie während Sie arbeiten, sich von allem Notizen und Skizzen zu machen.

Die Reihenfolge der Arbeiten

Im allgemeinen ist die zweckmäßigste Reihenfolge, den Sitz zuerst, dann die Rückenlehne, danach die Armlehnen zu reparieren.

Einen Unterschied kann es geben, der Ihnen Probleme macht, wenn Ihr Stuhl Sprungfedern an der Vorderkante hat, die von allen anderen unabhängig sind. Hier sind die Federn an den vorderen Rand statt weiter nach innen gesetzt worden. Sie werden einzeln vernäht und anders als die übrigen Federn. Wenn Sie runde Armlehnen haben, sollten diese genauso wie Sitze gepolstert und abgenäht werden.

Der Bezug

Die Art, nach der man traditionell gepolsterte Sessel bezieht, ist derjenigen sehr ähnlich, die man für Schaumstoffgepolsterte Sessel verwendet, wie auf S. 89 beschrieben. Wenn Sie den Stuhl nur neu beziehen, ohne ihn neu zu polstern, zupfen Sie das oberste Polstermaterial etwas auseinander und fügen, wenn nötig, neues dazu. Fügen Sie neue Polsterwatte auf den Kattunbezug hinzu. Es ist immer gut, einen Kattunbezug zu verwenden, selbst wenn er ursprünglich nicht in dem Sessel vorhanden war, weil damit das oberste Polstermaterial in Form gebracht wird. Außerdem lernen Sie daran, den Bezug zuzuschneiden und anzupassen, bevor Sie sich den teureren Bezugsstoff vornehmen müssen. Die häufigsten Fehler sind das falsche Anpassen des Fadenlaufs, ein ungenügend festes Ziehen der verschiedenen Bezugsstoffe über das Polstermaterial, um es fest und straff zu machen, und das falsche Schneiden des Stoffes rings um die aufrechten Teile des Sessels.

Der Fadenlauf muß immer rechtwinklig zum Rahmen sein, mit den Fäden parallel zur Webkante lotrecht zum Boden in der Mitte des Stoffabschnitts, obwohl der Fadenlauf an den Kanten, wo die Polsterung dünner wird, nicht

ganz rechtwinklig sein muß. Straffheit ist bei jedem Bezug wesentlich, und sie müssen alle so glatt wie möglich gezogen werden, ohne das Gewebe zu überspannen. Sie können feststellen, ob der Stoff glatt genug ist, wenn Sie mit der Hand darüber streichen und keine Falten spüren. Wenn der Stoff nicht straff ist, wird er beim Hinsetzen knittern. Ziehen Sie den Stoff immer in Faserrichtung: ziehen Sie ihn schräg dazu, wirdersichausdehnenunddurchhängen.

Ein Stuhl mit Kopfseitenstützen ist auch eine hübsche Sitzgelegenheit im Wohnzimmer.

Sessel

1 Wenn Sie Gurte ersetzen, wo Sie die Federn stehen lassen, legen Sie die Gurte zwischen die Federn, so daß diese dann in die Gurte geschoben werden können.
2 Lassen Sie die hintere Kante offen, wenn Sie das Sackleinen an den Kopfstützen anbringen, so daß die verschiedenen Bezüge durchgezogen werden können. Die ursprüngliche, genähte Rolle oben wurde wieder verwendet.
3 Die alte Polsterung wurde in einem Stück entfernt, so daß sie wieder verwendet werden kann. Neues Sackleinen wurde angebracht, und neue Stiche, oben, entlang der Rollenkante.
4 Damit der letzte Bezug durchgezogen werden kann, wurde die hintere Kante an den Kopfstützen am Kattunbezug offen gelassen, und der Innenbezug der Armlehnen wurde außen an der Nagelleiste angebracht.
5 Der Hauptbezug wurde über einer Schicht Polsterwatte befestigt. Um den Bezug an den Rahmen anzupassen, wurde die Kante zurückgefaltet und in Form eines „Y“ geschnitten.
6 Der Bezug für die Innenseite der Arme wurde unter der Nagelleiste durchgezogen, so daß keine Lücke zwischen den Lehnen und dem Sitz entstehen konnte.
7 Der Stoffrand wurde eingeschnitten, damit er einfacher um die Kopfstützen gelegt werden konnte. Der obere Rand wurde festgezogen, so daß keine Stoffülle am vorderen Rand bleiben konnte.
8 Die oberen und vorderen Außenkanten des Bezuges für die Kopfstützen wurden festgenäht. Hintere und untere Kanten wurden festgenagelt, da die übrigen Stoffabschnitte sie bedecken würden.

1

2

5

6

1
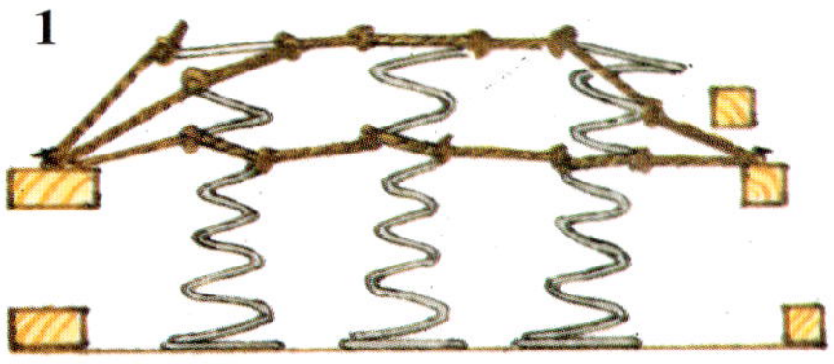

Sprungfedern

1 Mit zwei Schnüren werden die mittleren und die oberen Ringe der Federn festgehalten.
2 Ein Gurtstreifen wird durch die Federn geführt und festgenagelt. Dies verhindert das Quietschen, wenn die Federn zusammengedrückt werden.
3 Ein Stück Rohr oder dicker Draht wird vorn mit den Federn verbunden, so daß ein fester Rand entsteht.
4 Stiche mit Kordel, zur vorderen Leiste gezogen und genagelt, um die Rille zu halten.

2
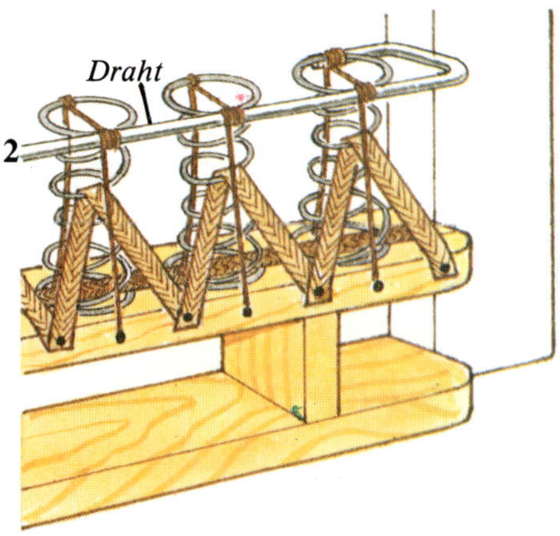

3

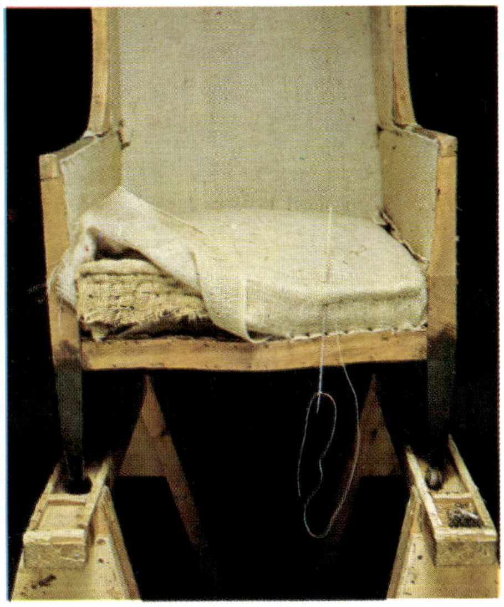
3

4

7

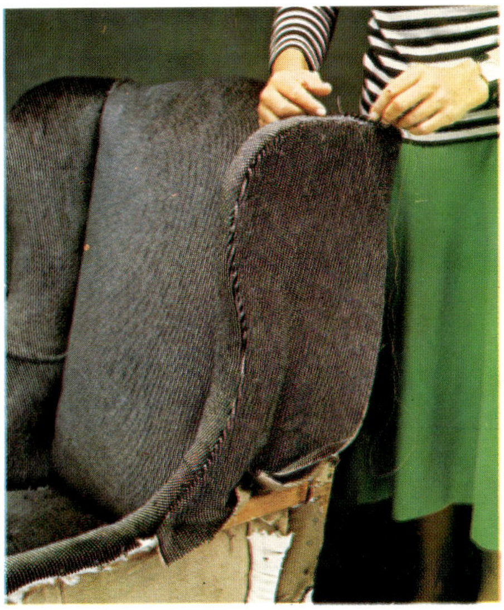
8

4

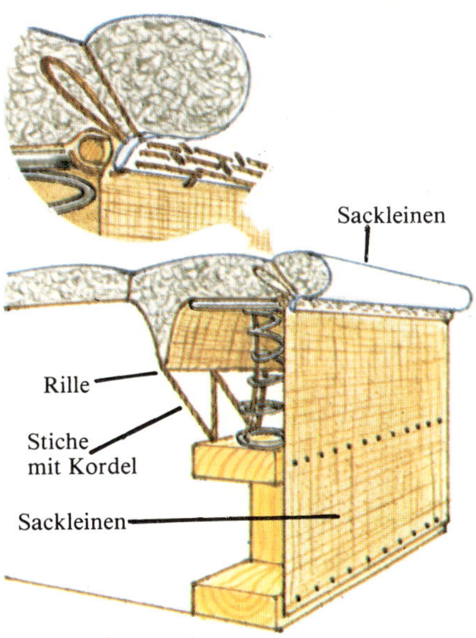

Schneiden. Um den Stoff um die aufrechten Teile des Rahmens zu passen, falten Sie ihn so zurück, daß die Falte auf derselben Höhe wie der Rahmen ist. Schneiden Sie vom Rand her ein, in einer Linie parallel zur Falte, die genau auf den Mittelpunkt der Aufrechten führt, bis auf etwa 1 cm von der Falte. Dann schneiden Sie im Winkel zu jeder Ecke des aufrechten Abschnitts.

Kanten mit unabhängigen Sprungfedern

Diese sollen die Vorderkanten der Sitze bequemer machen. Die vordere Leiste des Rahmens ist höher als die übrigen drei Leisten, und die hier verwendeten Federn sind 7,5 bis 10 cm niedriger und außerdem weicher als die sonstigen verwendeten Sprungfedern. Fangen Sie wie zuvor an, indem Sie die Hauptsprungfedern in der üblichen Weise in Reihen am Sitz anbringen, siehe S. 105. An manchen Sitzen ist es einfacher, die Federn doppelt zu verbinden, einmal durch die mittleren Windungen, einmal oben. Bringen Sie die Randfedern in Position mit starkem Garn oder Metallklammern. Schneiden Sie einen Gurt entsprechend der Länge der Leiste, führen Sie ihn durch die untersten Windungen, und nageln Sie ihn zwischen den Federn fest. Dadurch wird vermieden, daß die Federn beim Zusammendrücken quietschen und die untere Leiste berühren. Schneiden Sie einen 15 cm langen Gurt in der Mitte durch für jedes Paar von Randfedern. Nageln Sie ein Streifenende links von der ersten Feder an die Leiste, und führen Sie das andere Ende hoch, um die mittlere Windung der Spirale, und ziehen diese dadurch leicht nach vorn. Nageln Sie es dann rechts von der Feder fest. Wiederholen Sie dasselbe für die übrigen Federn. Um einen festen Rand zu formen, werden die Vorderseiten der obersten Windungen miteinander durch ein Stück Rohr oder starken Draht verbunden. Wenn Sie Draht benutzen, biegen Sie die Enden um wie gezeigt. Verbinden Sie dann jede der vorderen Federn von hinten unten über die Spitze an die Vorderkante.

Schneiden Sie ein Stück Sackleinen zu, das groß genug ist für die Oberfläche und Vorderseite des Sitzes plus 20 cm für eine Rille. Die Rille wird hinter den Randfedern gemacht, so daß sie sich frei bewegen können. Sie wird mit Stichen befestigt, wobei die Schnur jeweils zur Vorderleiste heruntergezogen und mit Nägeln zwischen den Federn gehalten wird. Nageln Sie das Sackleinen fest, und nähen Sie es an Federn und Nähten an. Bringen Sie die erste Polsterfüllung über dem Sackleinen an, siehe S. 101, und stopfen Sie dabei reichlich in die Rolle. Befestigen Sie den zweiten Sackleinenbezug über der Polsterung, und nähen Sie eine Rolle vorn (siehe S. 111). Wegen der Randfedern können Sie den Rand der Rolle nicht an den Rahmen heften; nähen Sie sie statt dessen mit Rundnadel und Zwirn an das Sackleinen. Nähen Sie dann wie üblich den Rand zu einer Rolle ab (siehe S. 112).

Polsterung mit Knopfheftung

Knopfheftung ist eine dekorative Art der Polsterung. Sie wurde im 19. Jahrhundert entwickelt, um lose Füllmaterialien (Roßhaar und Fasern) auf vertikalen Flächen wie Stuhl- und Sofarücklehnen am Platz zu halten.

Der Bezugsstoff wird auf der Oberfläche in gleichmäßigen Abständen tief in das Polstermaterial gezogen und mit Knöpfen und Faden an den Gurten angenäht. Das Füllmaterial ist in den so geformten Taschen eingeschlossen.

Der Stoff kräuselt sich dadurch zwischen den Knöpfen und wird in ordentliche Falten gelegt. Die Falten bleiben am besten liegen, wenn sie diagonal zu den Fasern des Stoffes sind, so daß das häufigste Muster für Knopfheftungen eine Diamantform ist.

Damit Knopfheftung wirklich gut aussieht, muß der Stoff straff und glatt sein, mit wenig Kräuselung, und die Hügel zwischen den Knöpfen müssen dieselbe Größe haben und gut gerundet sein. Dazu braucht man beachtliche Fertigkeit, wenn man mit losem Füllmaterial arbeitet, aber es ist viel einfacher mit Schaumstoff —, wenn hier die Technik auch zu einem rein dekorativen Effekt benutzt wird.

Zuerst wird beschrieben, wie man die Knopfheftung auf Schaumstoffpolster an einer massiven Holzunterlage anbringt, wie z. B. einem Bett-Kopfteil; dies ist das einfachste Projekt, um Übung in der Handhabung des Materials zu bekommen. Dann wird gezeigt, wie man die Technik für traditionelle Polsterungen weiterentwickelt.

Kopfteil mit Knopfheftung

Die Grundlage. Hier kann es sich um ein altes Kopfteil handeln, einen Kauf aus dem Trödelladen, ein neu gesägtes Kopfteil aus 1,5 cm Sperr- oder Spanholzplatten mit einer einfachen gerundeten Form, oder um ein fertig zugeschnittenes Kopfteil. Es kann gerundete Kanten, aber es sollte keine komplizierte Form haben, weil Sie sonst das Polster nicht gut in eine glatte Linie bringen können.

Die Füllung. Benutzen Sie Polyurethan-Schaumstoff von geringer Dichte und weicher Beschaffenheit, auf dieselbe Größe wie das Kopfteil geschnitten, plus 2,5 cm ringsum. Schaumstoff von 2,5 cm Dicke sieht zwar eleganter aus, ist aber schwieriger zu verarbeiten als 5 oder 6,5 cm dickes Material.

Wenn die Dicke der Polsterung das Kopfteil so breit macht, daß die Matratze unten aus dem Bett heraushängen würde, dann lassen Sie am besten unten am Kopfteil einen Abschnitt von derselben Höhe wie die Matratze ungepolstert. Um den genauen Punkt festzustellen, wo die Polsterung aufhören sollte, bringen Sie das Kopfteil an, legen die Matratze auf und markieren auf dem Holz, wo die beiden zusammentreffen. Geben Sie 1 cm zu für die Dicke des Bezugsstoffes.

Der Stoff. Dies ist kein Bezug, der einfach zum Säubern entfernt werden kann. Benutzen Sie deswegen einen Stoff, auf dem Schmutz nicht so leicht zu sehen ist, und der mit Schaum oder Spray gesäubert werden kann, ohne daß man ihn dazu abnehmen muß. Ein waschbarer, synthetischer Samt ist ideal. Nähte sehen häßlich aus auf dieser Art Kopfteil. Wenn Sie also ein Doppelbett-Kopfteil haben, wofür die normale Breite von Möbelstoffen nicht ausreicht, dann wählen Sie einen Stoff, der seitlich verwendet werden kann (so daß die Webkanten horizontal verlau-

Lernen Sie die Kunst der Knopfheftung, indem Sie ein altes Kopfteil in einen attraktiven Bestandteil Ihres Schlafzimmers verwandeln.

fen statt vertikal wie gewöhnlich). Sie benötigen genug Stoff für Kopfteil und Polsterung, für die Rückseite, mit etwa 1,5 cm extra in Länge und Breite für die Knopfheftung. Zum Bedecken der Knöpfe rechnen Sie etwa 23 cm Stoff. Wenn Sie einen Abschnitt unten am Kopfteil ungepolstert lassen, brauchen Sie einen geraden Streifen Stoff, um ihn zu bedecken. Sie brauchen dieselbe Menge Kattun zum Füttern, sowie genug Stoff, um 10 cm breite Streifen zu schneiden, die rings um den Schaumstoff passen.

Wenn Sie Stoffteile zusammennähen müssen, um die richtige Breite zu erreichen, dann sollte dies nicht mit einer normalen Naht geschehen, sondern mit einer speziellen Technik, dem sogenannten Vandyken, wodurch die Stoffnähte in den Falten der Knopfheftung versteckt werden.

Sie benötigen: Hölzernes Kopfteil; Polsterstoff; Kattun; Schnittmuster; Schaumstoff; Knopfformen von 1 bis 1,5 cm Durchmesser. Kaufen Sie ein oder zwei Knöpfe mehr als Sie brauchen, falls einer verlorengeht. Lassen Sie die Knöpfe beziehen, wenn Ihnen das lieber ist. Einen 1,5 cm langen Polsternagel pro Knopf; Hammer; einige 1 cm lange Polsternägel; Heftmaschine und Heftklammern (wahlweise); Zwirn oder Polstergarn, extra stark; Kleber; Bohrgerät mit 3-mm-Bohrer; Sattlernadel, 20 cm lang; Lineal, Schneiderkreide.

Schnittmuster. Nachdem Sie die Höhe der Matratze markiert haben, entfernen Sie das Kopfteil, legen es auf ein Stück Papier, und zeichnen Sie die Umrisse an. Schneiden Sie sie entlang der Linie aus. Markieren Sie dann die Höhe der Matratze auf dem Papier, und schneiden Sie sie dort ab. Sie erhalten dann ein Schnittmuster von dem Teil des Kopfteils, der gepolstert und mit Knöpfen geheftet wird. Die Fläche darunter wird lediglich mit Stoff bezogen.

Das Knopfmuster: Um die Position der Knöpfe planen zu können, markieren Sie die Mittelpunkte jeder Seite des Papiermusters. Ziehen Sie Linien von jedem Mittelpunkt zum gegenüberliegenden. Gehen Sie dann von diesen Linien aus, und ziehen Sie alle 10 cm vertikale Linien beziehungsweise alle 15 cm horizontale Linien. Ziehen Sie danach diagonale Linien durch die Schnittpunkte, so daß sich die Form von Diamanten in der gewünschten Größe ergibt. Markieren Sie die Position der Knöpfe in den Winkeln der Diamanten. Lassen Sie einen Rand von mindestens 5 cm rings um die Kante frei.

Stoff-Schnittmuster. Fertigen Sie ein Muster für den Stoff auf einem Stück Papier, etwa eineinhalb mal so groß wie das Polstermuster, indem Sie darauf ein Raster mit derselben Anzahl von Linien, diese jedoch etwa 3 cm weiter auseinander ziehen, weil Sie insofern mehr Stoff benötigen, als der Stoff in die Polsterung gezogen wird. Markieren Sie die Position der Knöpfe wie zuvor.

Gehen Sie von den äußeren Linien aus, und markieren Sie die unbeknöpfte Fläche entsprechend dem Polstermuster. Zeichnen Sie dann eine zweite Linie ein, mindestens 5 cm von der anderen entfernt für den Saum. Schneiden Sie entlang dieser Linie.

Übertragen Sie die Markierungen der Knopfpositionen vom Polstermuster auf die Rückseite des Kopfteils. Bohren Sie an diesen Stellen Löcher durch das Holz. Schlagen Sie dann provisorisch einen Polsternagel unter die Löcher auf der Rückseite.

Die Vorbereitung des Schaumstoffs. Reißen Sie 10 cm breite Kattunstreifen, so daß sie auf jede Seite des Schaumstoffs passen und sich an den Ecken um 2,5 cm überschneiden. Bei anderen als rechteckigen Formen schneiden Sie mehrere kurze Stücke Kattun. Falten Sie sie längs auf die Hälfte, und kleben Sie eine der Hälften bis etwa 2,5 cm vor dem Ende an. Markieren Sie mit dem Filzstift, 5 cm breit vom Rand des Schaumstoffs, eine Grenze auf einer Seite und bestreichen den Rand mit Leim. Wenn der Leim klebrig wird, bringen Sie die Streifen auf dem Schaumstoff an, mit der Falte genau auf einer Kante. An den gerundeten Kanten legen Sie die Streifen übereinander.

Das Anbringen des Schaumstoffs: Entfernen Sie alle Stützen von der Rückseite des Kopfteils. Legen Sie den Schaumstoff mit den Kattunstreifen nach unten auf Ihre Arbeitsfläche. Legen Sie dann das Kopfteil mit der Vorderseite nach unten darauf, so daß ein 2,5-cm-Rand vom Schaumstoff rings um die Kanten zu sehen ist (oder nur oben und an den Seiten, wenn Sie einen Abschnitt unten am Kopfteil ungepolstert lassen). Drücken Sie den Rand des Schaumstoffs zusammen, so daß er mit dem Rand des Kopfteils gleich hoch ist; bringen Sie dann den Streifen oben am Brett auf die Rückseite, und heften Sie ihn alle 15 cm provisorisch fest. Verfahren Sie genauso mit den Seiten und der unteren Kante. Wenn Sie unten einen ungepolsterten Abschnitt haben, dann befestigen Sie den Kattunstreifen auf der Vorderseite des Kopfteils.

Fangen Sie dann oben in der Mitte an, arbeiten Sie nach außen hin, und befestigen Sie den oberen und unteren Rand mit Heftklammern im Abstand von 2 cm voneinander und 0,5 cm vom Rand. Entfernen Sie dabei jeweils die provisorischen Nägel. Achten Sie darauf, daß alle Heftklammern flach aufliegen, und schlagen Sie sie, wenn nötig, leicht ein.

An den Ecken schneiden Sie die Kattunstreifen auf der Höhe der Seite des Brettes bis an die Ecken auf. Öffnen Sie den Schlitz dann, und falten Sie ihn in die andere Richtung, so daß die Streifen um die Seiten gewickelt werden. Nageln Sie sie fest, und schneiden Sie überschüssiges Material ab.

Bezug. Schneiden Sie den Stoff nach dem Papiermuster zu. Wenn Sie Stoffteile miteinander durch „Vandyken" verbinden müssen, dann lesen Sie den Abschnitt darüber, bevor Sie beginnen (S. 123).

Für den ungepolsterten Abschnitt unten am Kopfteil schneiden Sie ein rechteckiges Stück Stoff auf die benötigte Größe zu, plus ringsum 10 cm. Vom übrigen Stoff schneiden Sie die benötigte Anzahl von Bezügen für die Knöpfe aus. Markieren Sie mit Hilfe des Schnittmusters die Knopfpositionen auf dem Bezugsstoff mit Schneiderkreide. Legen Sie den Stoff so auf den Schaumstoff, daß die mittleren Knopfpositionen aufeinander treffen.

Fangen Sie mit dem mittleren Diamanten an, und stechen Sie die Nadel mit dem Öhr zuerst von hinten durch das Loch im Holz, durch den Schaumstoff und den Stoff. Die Nadel muß gerade sein und soll etwa 5 cm herausstehen. Fädeln Sie dann etwa 50 cm Zwirn durch das Knopfloch, und dann

1

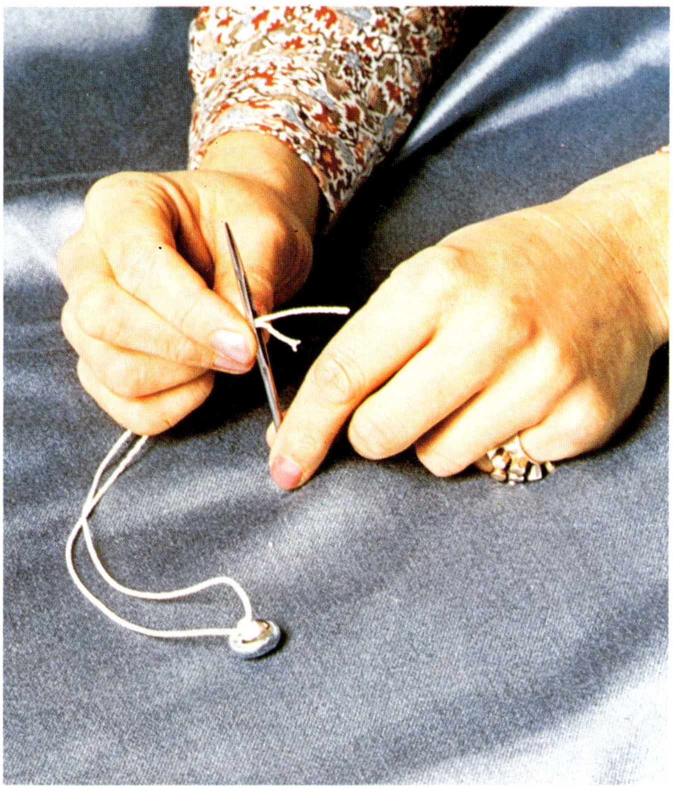

2

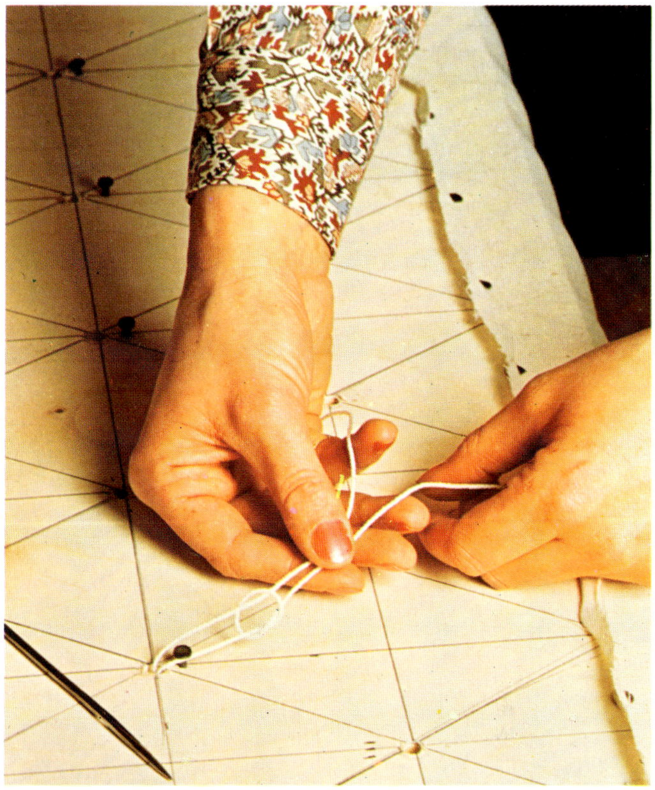

3

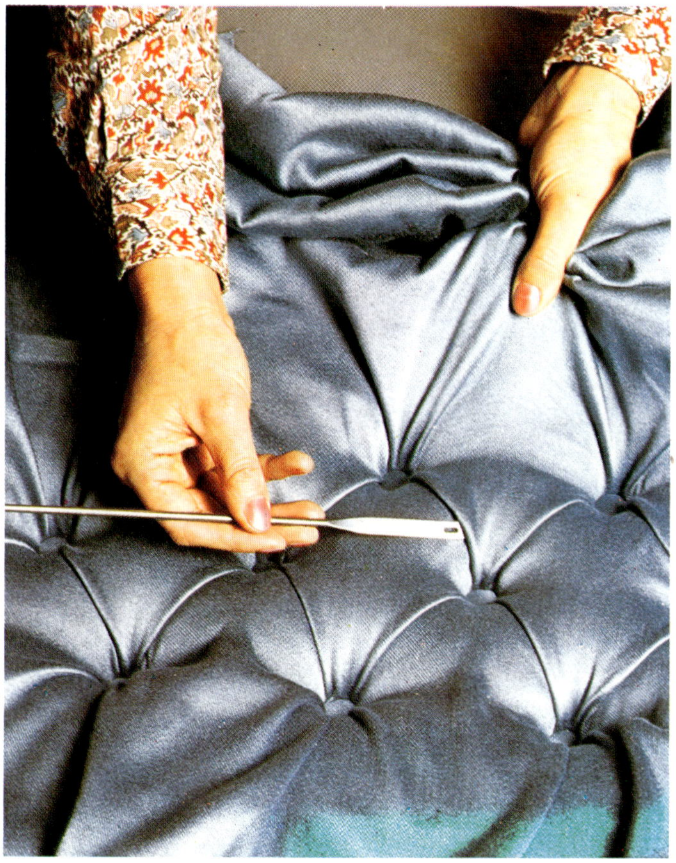

4

1 Fädeln Sie beide Fadenenden durch die Nadel und auf die Rückseite des Brettes.

2 Ziehen Sie den Knoten fest um den Nagel hinten auf dem Kopfteil, um den Knopf auf der rechten Seite des Brettes in den Schaumstoff zu ziehen.

3 Ordnen Sie die Stoffülle zwischen den Knöpfen in Falten mit dem flachen Ende eines Holzes und einer Sattlernadel.

4 Falten Sie die Stoffülle an den Rändern sorgfältig.

Ein gut gepolstertes Kopfteil.

fädeln Sie beide Enden durch das vorstehende Nadelöhr. Ziehen Sie die Nadel zurück durch das Brett, ziehen den Faden heraus und verknoten ihn in einem Schlaufenknoten unter dem Polsternagel. Befestigen Sie den Knoten, so daß die Enden lose hängenbleiben. Wiederholen Sie das Ganze mit den anderen Knöpfen vom mittleren Diamanten, und ordnen Sie die Fülle, die sich zwischen den Knöpfen bildet, in Falten. Die sichtbare Seite der Falten sollte jeweils nach unten gerichtet sein. Gehen Sie dann zu anderen Diamanten weiter nach außen über, und beenden Sie jeweils einen ganzen Diamanten. Es ist meist am einfachsten, die Falten zu legen und die Fasern gerade zu halten, wenn Sie zuerst einen Diamanten fertig bearbeiten, bevor Sie den Faden ganz festziehen. Wenn alle Knopfpositionen geformt sind, ordnen Sie die Stoffülle an den Rändern in Falten, die im rechten Winkel zu den Rändern liegen, so daß sie von der Mitte oben nach außen gerichtet sind und an den Seiten nach unten.

Glätten Sie die Stoffränder, und ziehen Sie sie auf die Rückseite des Kopfteils oben und an den Seiten. Ziehen Sie nicht zu stark, sonst verlieren sich die äußeren Falten. Wenn Sie ein Teil ungepolstert gelassen haben, dann nageln Sie den unteren Stoffrand dicht am unteren Rand des Schaumstoffs auf der Kopfteilvorderseite fest. Ziehen Sie die Knoten fest, und hämmern Sie die Nägel ein. Bedecken Sie den ungepolsterten Abschnitt mit Stoff. Wenn Sie die

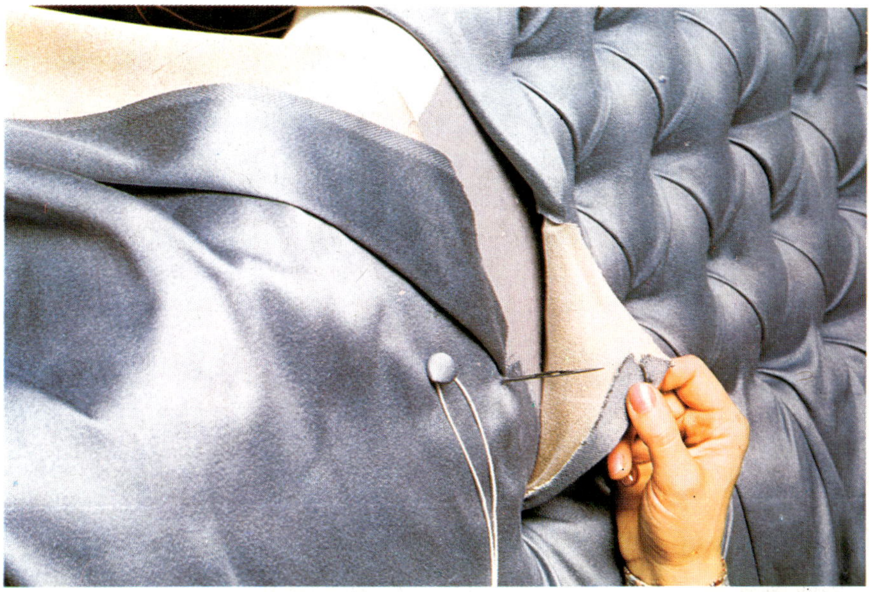

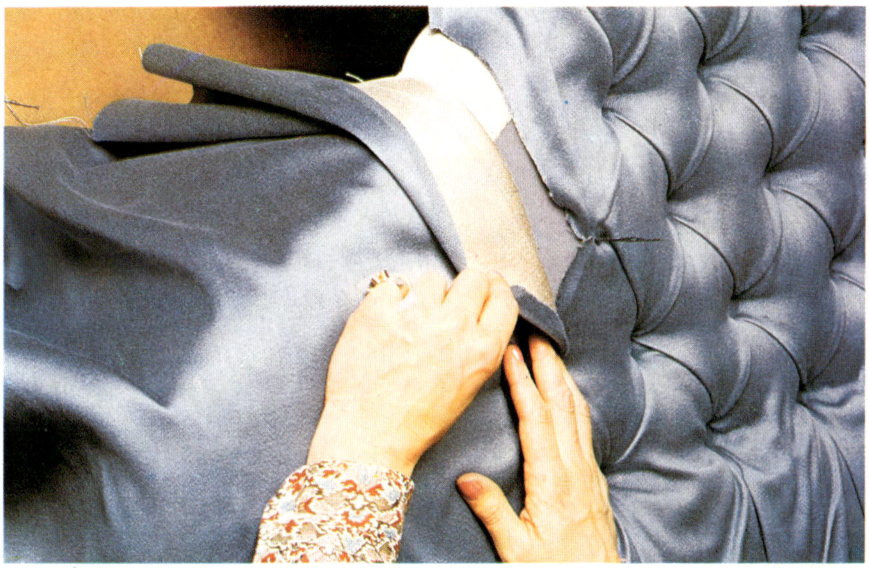

„Vandyken" heißt eine Technik, in der man Stoffteile miteinander bei der Knopfheftung verbindet, ohne dabei zu nähen. Oben: Die Zick-Zack-Kante wird an den Winkeln eingeschnitten und umgefaltet.

Unten: Stopfen Sie die Schnittkanten unter die gefalteten Ränder, um die Verbindung zu verstecken. Die Knöpfe halten den Stoff fest, wenn sie wie üblich festgenäht werden.

Rückseite des Kopfteils bedecken wollen, bringen Sie ein Stück Polsterwatte darauf an, schneiden ein Stück Stoff auf die richtige Größe mit einem Rand ringsum zu. Heften Sie den unteren Rand zurück (wie auf Seite 100 beschrieben) und an das Brett. Falten Sie den Stoff auf das Brett, und ziehen Sie ihn fest über die Pappe, so daß ein sauberer Rand entsteht. Falten Sie die übrigen drei Ränder um, und schneiden Sie die Ecken gerade. Stecken Sie die Ränder fest, und vernähen Sie dann die Falte mit dem Bezug (siehe S. 94).

„Vandyken". Bei dieser Technik werden zwei Stoffteile ohne Nähen miteinander verbunden. Man schneidet den Stoff vielmehr in einem Zick-Zack-Muster, so daß die Ränder unter den Falten des Diamanten versteckt und mit dem Faden der Knöpfe zusammen festgehalten werden können.

Fangen Sie mit der Knopfheftung für eine volle Stoffbreite an, von der Mitte des Kopfteils aus zu den Seiten, wie zuvor beschrieben. Wenn Sie die letzte Reihe von Knöpfen auf dieser Breite erreicht haben, formen Sie die Falten, ziehen Sie aber den Faden nicht ganz fest. Schneiden Sie allen überschüssigen Stoff an den Seiten ab, bis auf 1,5 cm zu den Falten, den Zick-Zack-Linien der Diamant-Formen folgend. Behalten Sie die Falten bei, aber entfernen Sie die letzte Reihe von Knöpfen. Markieren Sie das Knopfmuster auf dem neuen Stoffabschnitt, und legen Sie es auf den Abschnitt des Kopfteils, der noch bedeckt werden muß, so daß der Fadenlauf vollkommen gerade ist und die Stoffteile sich 2,5 cm überschneiden. Schneiden Sie entlang diesem Rand in einem Zick-Zack-Muster entsprechend dem ersten Rand, und schneiden Sie 1,5 cm tief in die Winkel.

Falten Sie die Ränder 1,5 cm um, auf die Seiten, die am oberen Rand jedes Diamanten des zweiten Stoffteils sind. Legen Sie diese dann über den oberen Rand des letzten Diamanten, der vom Hauptstoffteil geformt wurde, so daß die Falten auf gleicher Höhe sind. Stopfen Sie die Ränder unten an den Diamanten des neuen Stückes unter die Falten am Hauptstück. Nähen Sie alle wie üblich fest.

Stuhl mit Knopfheftung

Wenn es Ihnen gelang, einen Eßzimmerstuhl nach beschriebener Art zu polstern, und wenn Sie etwas Übung mit Knopfheftung am Schaumstoff haben, dann können Sie die Techniken an einem traditionell gepolsterten Stuhl mit Sitz oder Rückenlehne mit Knopfheftung kombinieren. Die Methode für die Knopfheftung ist sehr ähnlich, wenn die Rückenlehne „überstopft" ist (siehe S. 111) — wobei das Füllmaterial auf dem Rahmen aufgebaut ist, und der Bezugsstoff über die ganze Fläche gezogen wird und außen auf der Rückseite festgenagelt. Die Methode ist jedoch anders für Stühle mit einer flacheren eingesetzten Polsterung, die von einer hölzernen Zierleiste umgeben ist.

Sie benötigen: Holzhammer und Stechbeitel; Gurt und Gurtspanner; Sackleinen, Polsterwatte; Roßhaar-Füllmaterial; Zwirn; Kattun, Polsterbezug; Knopfformen; Rundnadel; gerade Nadel, auf beiden Seiten spitz; Polsternägel, Hammer; Sattlernadel (S. 91), Schere; Schneiderkreide; Borte für Kanten, und Kleber, um sie anzubringen (nur für Stühle mit sichtbaren Holzteilen).

Die Füllung. Um den Bezug zwischen den Knöpfen glatt zu halten, muß die Füllung dicht gepackt sein, wodurch die Oberfläche ziemlich hart wird. Das läßt sich mit qualitativ gutem Roßhaar ausgleichen, das selbst bei sehr dichter Füllung noch viel Sprungkraft hat. Gutes Roßhaar hat lange Haare — 15 bis 20 cm lang — im Vergleich zu den kurzen, billigeren Haaren. Wenn Ihre ursprüngliche Füllung gutes Roßhaar war, dann ist es wert, dies wieder zu verwenden. Sie können die Sprungkraft wieder herstellen, indem Sie es in mildem Seifenwasser waschen, gut ausspülen und an einem warmen Ort trocknen lassen.

Der Stoff. Der traditionelle Bezug für Stühle mit Knopfheftung ist Leder oder Samt. Samt ist das leichter zu behandelnde Material, weil er sich unter dem Druck der Hand wie natürlich in Falten legt, während Leder flach gehämmert werden muß und im Grunde Arbeit für einen Profi ist. Der ursprüngliche Bezug kann als Muster für die nötige Stoffmenge dienen. Man sollte jedoch ringsum 10 cm dazugeben, um etwas Spielraum zu haben, besonders, wenn man mehr Polstermaterial hinzufügen möchte. Sie werden dieselbe Menge Kattun benötigen für den inneren Bezug. Die Metallknöpfe werden mit passendem Material bezogen; Sie können dies selbst tun oder machen lassen.

Rückenlehnen und Sitze ohne Sprungfedern. Entfernen Sie den alten Polsterbezug, und wenn die ursprüngliche Oberfläche eine Knopfheftung hatte, dann behalten Sie auch diese als Muster für die benötigte Stoffmenge.

Überprüfen Sie, ob das Polstermaterial darunter ersetzt werden muß: wenn das Sackleinen nicht zerrissen ist, reicht es oft, die zweite Polsterschicht zu waschen und auseinanderzuzupfen, eventuell etwas mehr dazuzufügen, und dann Kattun und Bezug wieder anzubringen.

Entfernen Sie das alte Polstermaterial (S. 91), und behalten Sie das Sackleinen, das die erste Polsterschicht bedeckt, als Mustermarkierung für das Knopfmuster. Fangen Sie mit der neuen Polsterung an, wie auf S. 105 für Eßzimmerstühle mit Sprungfedern beschrieben, und nähen Sie sie fest, siehe S. 102. Arbeiten Sie genauso auf der Rückseite.

Das Knopfmuster. Fertigen Sie ein Schnittmuster von der zu bedeckenden Fläche, indem Sie ein Stück Papier darauf legen und die Umrisse umfahren. Finden Sie den Mittelpunkt von jedem Rand, und ziehen Sie jeweils Linien

Ein Viktorianischer Eßzimmerstuhl mit Knopfheftung und ballonförmiger Rückenlehne.

zum gegenüberliegenden Mittelpunkt. Wenn die ursprüngliche Oberfläche Knopfheftung hatte, dann messen Sie den Abstand zwischen den Knopfreihen auf dem Sackleinen (das Sie beim Entfernen des alten Polsters aufbewahrt haben), und zeichnen Sie dasselbe Raster auf das Papiermuster. Wenn die alte Oberfläche nicht geknöpft war, dann fangen Sie von den mittleren Linien an, und ziehen Sie ein Raster von Linien wie bei dem Kopfteil S. 120. Markieren Sie die Positionen der Knöpfe in der Form von Diamanten (oder Rauten), mit einem 5-cm-Rand ringsum.

Stoff-Schnittmuster. Machen Sie ein zweites Muster für den Polsterstoff, mit den Linien jeweils 4 cm weiter auseinander als bei dem Kopfteil. Geben Sie ringsum Stoff zu für die ungeknöpften Ränder und für die Tiefe der Polsterung. Nach diesem Muster kaufen Sie die entsprechende Menge Kattun und Polsterbezug.

Die zweite Polsterschicht. Übertragen Sie die Knopfpositionen mit Schneiderkreide vom Knopfmuster auf das Sackleinen, das die erste Polsterschicht bedeckt. Um Löcher herzustellen, die die Knöpfe in der Füllung verschwinden lassen, schneiden Sie in jeder Knopfposition einen Schlitz in das Material, stecken Sie Ihren Zeigefinger in das Loch, bis Sie das Sackleinen darunter fühlen können (siehe Bild 1). Markieren Sie die Knopfpositionen, damit Sie sie wiederfinden können, wenn die zweite Polsterschicht aufgelegt ist. Fädeln Sie dazu einen etwa 30 cm langen Faden in die lange Nadel, den sie in das Loch und das Füllmaterial einstechen und unten herausziehen. Machen Sie einen kleinen Stich in das Sackleinen, und stechen Sie die Nadel zurück. Verknoten Sie die Enden des Fadens. Wiederholen Sie dasselbe für alle Knopfpo-

1

2

3

4
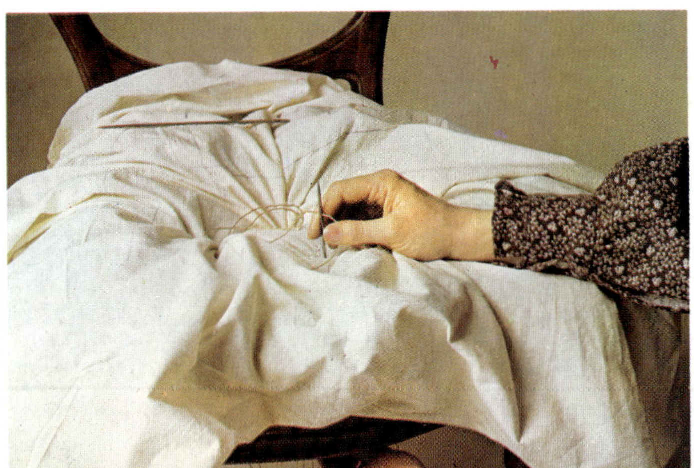

Stuhl mit Knopfheftung
1 Stecken Sie an jeder Knopfposition den Zeigefinger in die Polsterung durch das Loch im Sackleinen, so daß die Knöpfe tief in den Sitz einsinken.

2 Machen Sie Fadenmarkierungen für jede Knopfposition. Die Nadel wird durch die Polsterung geführt, um einen kleinen Stich im Sackleinen unten zu machen, bevor sie zurückgestoßen wird.

3 Wenn die zweite Polsterschicht angebracht wird, werden die Fadenmarkierungen durchgezogen, um die Knopfpositionen anzuzeigen.

4 Führen Sie die Nadel durch Kattun und Polster zur Stuhlunterseite. Das Fadenende oben wird nach einem kleinen Stich genauso behandelt.

sitionen. Machen Sie Schlaufen für die zweite Polsterschicht (siehe S. 101), und ziehen Sie die Markierungsfäden durch.

Kattunbezug. Hier handelt es sich um einen der wichtigsten Schritte, weil dabei die zweite Polsterschicht in das Material zwischen den Knöpfen geformt wird. Nehmen Sie sich also Zeit. Übertragen Sie mit Schneiderkreide die Markierungen der Knopfpositionen vom Stoff-Schnittmuster auf den Kattunbezug. Legen Sie den Kattunbezug auf die zweite Polsterschicht und bringen die Knopfpositionen aufeinander. Drücken Sie das Material auf die Füllung und in die Löcher im Sackleinen. Fangen Sie mit dem mittelsten Knopf an, und arbeiten Sie jeweils an einem ganzen Diamanten. Fädeln Sie für jeden Knopf einen 30-cm-Faden in die gerade Sattlernadel. Stechen Sie die Nadel in den Kattunbezug durch das Loch, und bringen Sie sie auf der Rückseite hervor (das gleiche auf der Unterseite eines Sitzes oder der Außenseite der Rücklehne). Ziehen Sie sie durch, und lassen Sie ein 15 cm langes Ende auf dem Kattun stehen. Ziehen Sie die Nadel heraus, und fädeln Sie nun diese 15 cm ein. Machen Sie einen Stich von etwa 0,5 cm, und stechen Sie die Nadel wieder in den Kattun. Ziehen Sie die Nadel durch, und entfädeln Sie sie. Verknoten Sie die Fadenenden auf der Rückseite in einem Schlaufenknoten, und binden Sie den Knoten um eine kleine Rolle aus irgendeinem Materialabfall, um zu verhindern, daß der Knoten wieder durch die Polsterung gezogen wird.

Wiederholen Sie dieses an den übrigen Knopfpositionen, und ordnen Sie die Stoffülle, die sich zwischen den Stichen formt, in Falten. Auf den Stuhlrücken sollten die Falten nach unten gerichtet sein; auf Sitzen sollten sie zur

6

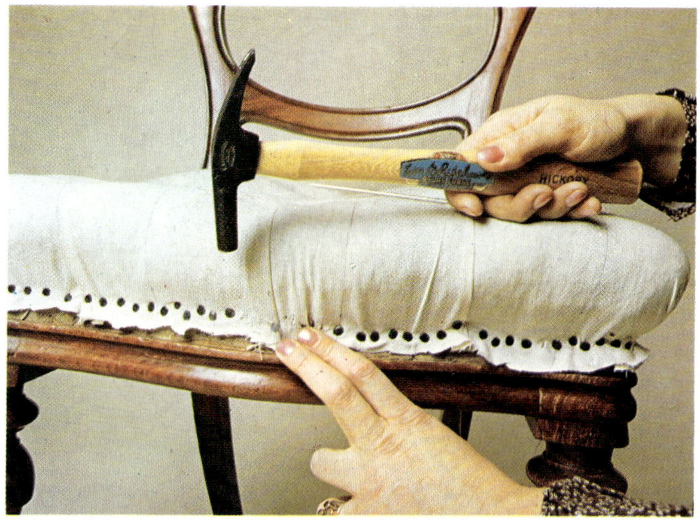

8

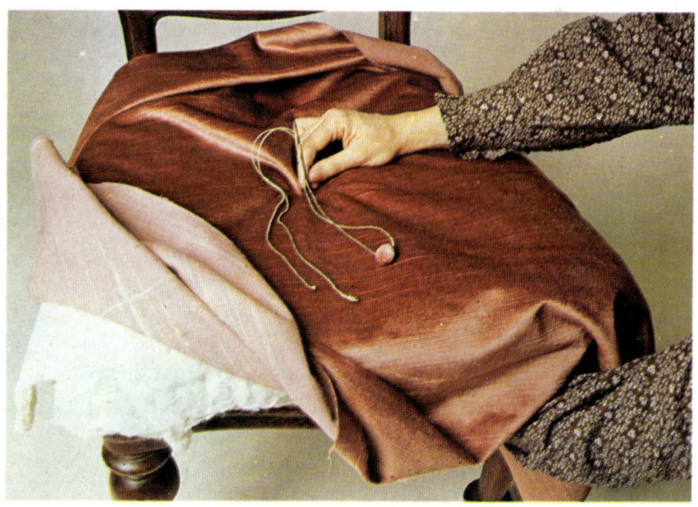

5 Verknoten Sie den Faden unter dem Stuhl um einen Rest Sackleinen.

6 Nageln Sie den Kattun fest, mit den Nägeln über der Nagellinie für den Bezug. Die Fülle an den Kanten ist in Falten geordnet, mit geradem Fadenlauf.

7 Schneiden Sie an jeder Knopfposition Schlitze in die Polsterwatte, so daß die Knöpfe fest heruntergezogen werden können. Die Polsterwatte verhindert das Durchstechen der Roßhaare.

8 Bringen Sie den Bezug an. Der Knopf wird zuerst auf den Faden gezogen, so daß beide Fadenenden durch die Nadel gefädelt und zusammen durch das Polster geführt werden.

Behandeln Sie einen Viktorianischen Stuhl auf einfache Art; machen Sie Knopfheftung an der Rückenlehne, aber lassen Sie den Sitz glatt.

Vorderkante gehen. Fühlen Sie das Polstermaterial im Diamanten; es sollte fest und glatt sein. Wenn es zu locker ist, stopfen Sie mit der Sattlernadel etwas mehr Material hinein, und stoßen Sie es, bis es die richtige Form hat. Wenn der Kattun sehr straff ist, kann es schwierig sein, den Fadenlauf gerade zu halten, wenn Sie an dem benachbarten Diamanten arbeiten. Es kann sein, daß Sie zuviel Polstermatererial haben; dann sollten Sie mit der Sattlernadel etwas herausholen. Ordnen Sie die Ränder in Falten mit geradem Fadenlauf, und nageln Sie den Kattun am Sitz fest, und zwar mit den Polsternägeln kurz über der Linie von Polsternägeln für den ursprünglichen Bezug.

Der Hauptbezug. Markieren Sie die linke Seite des Bezugs genau wie den Kattun. Benutzen Sie die restlichen Stoffreste, um die Knöpfe zu bedecken. Schneiden Sie ein Stück Polsterwatte zu, um den Kattun zu bedecken, und legen Sie es mit der rechten Seite nach außen in Position. Machen Sie einen Schlitz in die Polsterwatte bei jeder Knopfposition. Pressen Sie sie jedoch nicht in die Löcher. Die Polsterwatte muß nicht festgenagelt werden. Legen Sie den Bezug auf, und fangen Sie mit dem Knöpfen an, wie beim Kattun. Fädeln Sie dieses Mal den Faden zuerst durch den Knopf, so daß dann beide Enden in die Nadel gefädelt und zusammen durch den Stoff geführt werden können (s. S. 127). Verknoten und befestigen Sie den Knoten um dieselbe Sackleinen-Rolle wie für die Knoten auf dem Kattun. Nähen Sie weiter, und halten Sie dabei den Fadenlauf absolut gerade. Nageln Sie den Bezug entlang denselben Linien fest wie den ursprünglichen Bezug, und schneiden Sie allen überstehenden Stoff ab. Kleben Sie, falls erwünscht, eine Borte herum.

Sitze mit Sprungfedern. Diese werden auf ähnliche Weise mit Knopfheftung versehen wie Sitze ohne Sprungfedern. Der Unterschied besteht darin, daß der Faden auf der richtigen Seite statt auf der Rückseite der Federn wegen verknotet wird. Um den Stich zu machen, stechen Sie die Nadel von der rechten Seite ein, und lassen Sie ein Ende hängen. Sowie das Nadelöhr durch das Sackleinen über den Federn ist, stechen Sie die Nadel mit dem Öhr voran zurück und machen dadurch einen kleinen Stich auf der Rückseite des Sackleinens. Stecken Sie die kleine Rolle Sackleinen in den Stich auf der Rückseite (das mag zuerst etwas knifflig aussehen, aber Sie werden bald damit vertraut sein). Verknoten Sie die Enden des Fadens auf der rechten Seite, während Sie den Knopf auf das eine Ende des zweiten Fadens fädeln, der während des Beziehens mit dem Hauptbezug benutzt wurde. Ziehen Sie den Knoten fest. Wenn alle Knopfpositionen genäht sind, dann schneiden Sie die Enden der Fäden ab. Lassen Sie jedoch etwa 1,5 cm von den Fäden stehen, die während der Kattunverarbeitung benutzt wurden, und 0,5 cm von den Fäden, die Sie während der Hauptbezugverarbeitung benutzten. Stecken Sie die Enden unter die Knöpfe. Schneiden Sie ein Stück Bezugsstoff für die Außenseite der Rückenlehne zu, und nageln Sie es an den Rahmen. Schneiden Sie den Stoff auf gleicher Höhe mit den Polsternägeln ab, und bedecken Sie sie mit Borte. Wenn der Bezug von vorn nach hinten herübergezogen und dort festgenagelt worden ist, dann sind die Schnittkanten von dem Stoffteil für die Rückseite bedeckt und werden damit vernäht (siehe S. 94).

Stuhlrückenlehnen und gepolsterte Flächen

Traditionell gepolsterte Stuhlrückenlehnen unterscheiden sich im Stil von leicht gepolsterten Rücken an Eßzimmerstühlen bis zu dicker gepolsterten Rückenlehnen mit Knopfheftung an größeren Sesseln.

Wenn die Polsterung aus Füllmaterial, das auf dem Rahmen aufgebaut ist, besteht, dann ist die Technik derjenigen für Polstersitze sehr ähnlich. Unterschiedliche Methoden werden jedoch verwendet, wenn die Polsterung eingesetzt und von einem Holzrahmen umgeben ist, der an den Rändern sichtbar wird.

Besondere Ausrüstung

Um das Holz nicht zu beschädigen, verwendet man am besten ein Stemmeisen mit gekrümmtem Schaft, zum Entfernen alter Polsternägel. Sie werden einen Hammer mit feinem Kopf benötigen, um die neuen Nägel einzuschlagen. Für die Rückenlehnen mit dickem Polster brauchen Sie eine Rundnadel zum Vernähen, da Sie mit einer geraden Nadel das Holz treffen würden.

Um alle Schäden am Holz zu vermeiden, machen Sie folgendes:

— Legen Sie eine Unterlage unter alle Teile, die mit Ihrem Arbeitstisch in Berührung kommen.

— Legen Sie einen Holzblock (oder den Kopf eines Holzhammers) unter alle Leisten, wenn Sie Nägel einschlagen.

— Lassen Sie einen freien Rand von 0,5 cm zwischen den Rändern des Sackleinens und des Holzes, so daß Sie Platz für die Polsternägel, die den Bezug halten, haben.

— Vermeiden Sie den Gebrauch des Gurtspanners gegen das Holz, oder legen Sie ein weiches Kissen zwischen Spanner und Holz.

Leichte Polsterung

Ersetzen Sie die Gurte, bringen Sie das Sackleinen an, machen Sie Schlaufen, stopfen Sie das Füllmaterial hinein, und fügen Sie Polsterwatte dazu, sodann werden der Kattun und der Bezug, wie zuvor beschrieben (siehe Seiten 88, 101, 106), behandelt. Schneiden Sie schließlich alles überschüssige Material sorgfältig ab, so daß alle Ränder innerhalb des sichtbaren Holzes sind. Leimen Sie eine Borte fest, so daß ihr äußerer Rand gerade innerhalb des Holzes ist. Statt Roßhaar können Sie für die Polsterung auch Filz verwenden.

1

Links: Viele hübsche Stilmöbel haben leicht gepolsterte, von Schmuckholz umgebene Tafeln, die an den Rückenlehnen sind. Mit Sorgfalt und vorsichtigem Umgang mit Werkzeug und Material kann man sie neu polstern und beziehen.

2

Gepolsterte Rückenlehne

1 Ein Stück Filz wurde zugeschnitten und für eine kaum gepolsterte Rückentafel verwendet. Man braucht genau die richtige Polstermenge, um das richtige Aussehen zu erreichen. Schlagen Sie die Polsternägel mit einem Hammer mit feinem Kopf vorsichtig ein, so daß das Holz nicht beschädigt wird.

2 Schneiden Sie die Stoffränder sorgfältig ab, so daß sie innerhalb des Schmuckholzes sind, und verdecken Sie dann die Schnittkanten und Nägel mit Polsterborte.

Renovieren einer Chaiselongue

Die Chaiselongue, was bekanntlich soviel heißt wie „Langer Stuhl", war im 19. und frühen 20. Jahrhundert ein sehr beliebtes Möbel. Ihre Bestandteile sind trotz vieler Varianten im wesentlichen immer gleich: der verlängerte Sitz, auf dem man der Länge nach liegen kann, eine stark gepolsterte Kopflehne an einem Ende, und eine geformte Rükkenlehne, meist mit eingesetzter Polsterung und sichtbarem Holz. An allen Arten ist die Bauweise der Polsterung dieselbe und der bereits beschriebenen sehr ähnlich. Die Hauptunterschiede sowie die unterschiedliche Art, den Bezug anzubringen, werden nachstehend beschrieben. Eine leicht unterschiedliche Art der Knopfheftung wird ebenfalls vorgestellt. Obwohl die neue Methode einfacher und schneller zu arbeiten ist, hängt sie von absoluter Genauigkeit bei der Markierung der Knopfpositionen auf dem Bezug sowie den Zugaben für die Falten ab.

Sie benötigen: Holzhammer und Stechbeitel; Gurtspanner, wenn neue Gurte gespannt werden müssen; große Schere; Rundnadel; starke gerade Nadel; leichte gerade Nadel; kleine Rundnadel; Sattlernadel; Polstermaterial; Gurte; Polsternägel; Sackleinen; Kattun; Füllmaterial; Zwirn; Filz.

Reihenfolge der Arbeiten

Fangen Sie an, indem Sie die alten Bezüge entfernen und die ursprüngliche Polsterung daraufhin prüfen, was erneuert werden muß. Wenn Sie die neue Polsterung anbringen, arbeiten Sie zuerst an der Kopflehne, dann am Rükken (der unter Umständen entfernt werden kann und dadurch die Polsterung einfacher macht), und schließlich am Sitz.

Die Kopfstütze. Wenn Sie hier alles bis auf den Rahmen entfernen müssen, bringen Sie neue Gurte an (siehe S. 88, 101), nach dem ursprünglichen Muster. Bedecken Sie sie mit Sackleinen.

Schlaufen. Diese werden mit einer Rundnadel und Faden auf dem Sackleinen genäht, in Reihen, die etwa 15 cm voneinander entfernt sind, siehe S. 101. Befestigen Sie den Faden am Rand des Sackleinens, und machen Sie einen Stich zur Mitte der Kopflehne, lassen dabei eine Schlaufe, groß genug, um zwei Finger durchzustecken. Verknoten Sie ihn dann auf der gegenüberliegenden Seite, und lassen Sie dabei eine Schlaufe von derselben Größe.

Erste Polsterschicht. Stecken Sie das Füllmaterial in die Schlaufen, und machen Sie es etwa 10 cm dick, bevor es zusammengedrückt wird. Lassen Sie die Füllung nur am Vorderrand überhängen. Bedecken Sie die Polsterschicht mit Sackleinen, und stechen Sie von diesem Sackleinen durch, zu dem, das die Gurte bedeckt (s. S. 106). Nageln Sie das Sackleinen fest, und machen Sie eine feste Rolle (S. 112), entlang der vorderen Kante, die etwa 2 cm über dem Rahmen hängt. Wenn Sie oben die Ecken unterstecken, ziehen Sie leicht diagonal am Material. Dies hilft, um den Schnörkel zu formen. Nähen Sie Vorderseite, Hinterseite und den oberen Rand mit blinden Stichen fest (s. S. 102), direkt über der Nagelreihe. Nähen Sie dann oben nur den vorderen Rand fest, so daß die Rolle etwa 4 cm hoch wird.

Zweite Polsterschicht. Machen Sie wie zuvor Schlaufen in das Sackleinen, im selben Muster, und bringen Sie das Polstermaterial an. Bauen Sie es auf, so daß es eine hügelartige Form ergibt, etwa 6 cm und zusammengedrückt in der Mitte, und zum Rand hin dann flacher.

Kattunbezug. Bedecken Sie diese Polsterschicht mit einem Kattunbezug wie auf S. 114, und nageln Sie ihn provisorisch auf der Unterseite der oberen Leiste fest. Glätten Sie ihn nach unten, und nageln Sie ihn auch hier provisorisch fest. Schneiden Sie den Kattun so, daß er um die aufrechten Teile paßt, und nageln Sie ihn auch hier vorübergehend fest. Ziehen Sie das Material über die oberen Ecken mit diagonalem Zug, und heften Sie es an. Machen Sie dasselbe mit Vorder- und Hinterseite von unten nach oben. Ziehen Sie den oberen und unteren Rand fest, und schlagen Sie dann die Polsternägel fest ein. Schneiden Sie den überstehenden Kattun ab.

Oberbezug. Wenn der Hauptbezug einfach glatt oder flach geknöpft ohne Ränder sein soll, dann bringen Sie den Bezug genau wie den Kattun an. Wenn Sie einen Rand haben wollen, dann informieren Sie sich zuerst über die verschiedenen Endtechniken, auf S. 133, ehe Sie das Material zuschneiden.

Knopfheftung

Wenn Sie den Bezug mit Knopfheftung versehen, dann verfahren Sie folgendermaßen. Folgen Sie dem Muster auf dem ursprünglichen Bezug, und markieren Sie danach die Position der Knöpfe auf dem Kattun. Wenn Sie kleine Diamanten als Muster vorziehen, dann markieren Sie das Muster entsprechend. Schneiden Sie mit einer großen Schere einen diagonalen Schlitz hinein, und machen Sie dann ein Loch mit einem Durchmesser von 2,5 cm durch beide Polsterschichten bis auf das Sackleinen an jeder Knopfposition. Machen Sie eine Knopfmarkierung durch jedes Loch wie auf S. 126 bis 127 gezeigt. Legen Sie eine Schicht Filz oder Polsterwatte auf den Kattun, machen Sie je ein kleines Loch an die Knopfpositionen, und ziehen Sie die Markierer durch. Markieren Sie dann das Knopfmuster auf der linken Seite des Hauptbezugs mit Zugabe für die

Falten, und legen Sie ihn auf den Filz oder die Polsterwatte.

Das Knöpfen. Fangen Sie mit der unteren Reihe an, und ziehen Sie die Knopfmarkierer durch den Stoff an den entsprechenden Knopfpositionen. Fädeln Sie einen Knopf auf jeden Markierer, und verknoten Sie ihn. Ziehen Sie den Knopf fest, bis die ganze Stofffülle aufgenommen ist. Wiederholen Sie dieses für die nächste Knopfreihe, und ordnen Sie die Stofffülle zwischen den Knöpfen in diagonale Falten mit Hilfe der Sattlernadel wie auf S. 120 beschrieben. Ordnen Sie die Stofffülle an den Rändern in Falten, die im rechten Winkel zum Rand des Rahmens liegen, und nageln oder nähen Sie sie fest.

Der Rand. Wenn Sie einen Rand anbringen, um am Hauptteil Stoff zu sparen, dann nehmen Sie die Maße für das Hauptteil, nach der zweiten Polsterschicht, und nachdem der Kattun angebracht wurde. Messen Sie von etwa 2,5 cm hinter der Nagelleiste hinten bis gerade unterhalb des Rollenrandes vorn. Nachdem Sie alle Knopfheftung angebracht haben (s. S. 120 bis 122), befestigen Sie den hinteren Rand des Bezugs in der normalen Form, glätten Sie den Bezug nach vorn, und befestigen Sie ihn an der Polsterung direkt unterhalb der Rolle. Nähen Sie ihn mit einer Rundnadel und Faden fest. Schneiden Sie den Rand auf die richtige Größe, mit ringsum etwa 2,5 cm zum Befestigen. Stecken Sie ihn entlang der Rollenkante dort fest, wo er an das Hauptstoffteil anstößt, und markieren Sie diese Linie auf dem Rand mit Kreide. Nehmen Sie die Nadeln wieder heraus, und nähen Sie alle Paspeln oder Nahtstreifen, die Sie anbringen wollen, auf dieser Kreidelinie an. Stecken Sie den Rand unter diese Linie, stecken Sie den Rand wieder mit Nadeln an der Chaiselongue, und nähen Sie ihn an wie auf S. 94. Nageln Sie die übrigen Ränder fest.

Der Rücken: Der Rücken wird auf dieselbe Weise wie die Kopfstütze aufgebaut und bedeckt. Wenn Sie die erste Polsterschicht anbringen, halten Sie alle Ränder, die versteckt sind, flach, so daß der Rücken fest an Kopfstütze und Sitz paßt. Nähen Sie nur den oberen Rand mit blinden und oberen Stichen fest (siehe S. 102).

Eine Viktorianische Chaiselongue, zu früherem Glanz restauriert.

Chaiselongue

1 Schaufen zum Festhalten des Polstermaterials werden horizontal angebracht. An der Vorderkante müssen Sie mehr Füllmaterial einstopfen, damit Sie hier eine Rollenkante formen können.

2 Nach der ersten Polsterschicht bedekken Sie den Rücken mit Sackleinen, und nageln Sie den vorderen Rand fest, so daß sich eine gute Rolle ergibt, die über den Rahmen hängt. Obenauf hilft ein leicht diagonales Ziehen am Stoff, um die Form einer Schnecke herzustellen.

3 Markieren Sie das Knopfmuster auf der linken Seite des Bezugsstoffes mit Zugaben für die Falten, wie gezeigt.

4 Dies ist eine Art, die Knopfpositionen zu markieren. Es geht gut, wenn Sie kleine Diamanten mögen. Sie können genausogut die Knopfpositionen auf dem ursprünglichen Bezug benutzen.

5 Fügen Sie den Rand hinzu, falls erwünscht, mit Paspel, und nähen Sie ihn mit der Rundnadel fest.

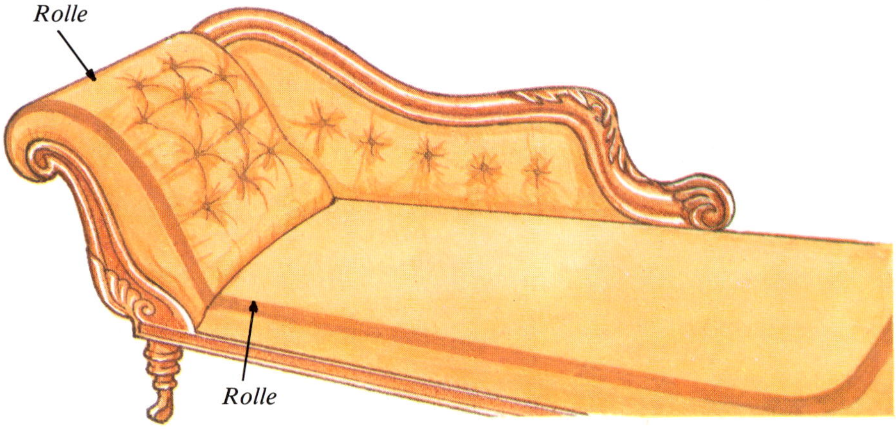

Rechts: Auf der Zeichnung der Chaiselongue sehen Sie, wo normalerweise Rollenkanten auf dem Rahmen aufgebaut werden. Sie werden etwas Übung für die Knopfheftung brauchen, bevor Sie sich an ein Stück wie dieses wagen.

Der Sitz. Der Sitz wird genauso bearbeitet wie beim Eßzimmerstuhl (siehe S. 106). Machen Sie die erste Polsterschicht etwa 1,5 cm tief, und lassen Sie sie am vorderen Rand überhängen. Nähen Sie nur vorn und unten mit oberen und blinden Stichen fest. Rand: Wenn der Bezugsstoff mit Rand angebracht wird, dann nähen Sie das Hauptstoffteil direkt unter der Rolle mit Rundnadel und Faden fest. Schneiden Sie den Rand auf dieselbe Weise wie für die Lehne zu.

Endverarbeitung. Schneiden Sie ein Stück Bezugsstoff zu, um die Außenseite der Kopfstütze zu bedecken, und bringen Sie es an wie bei der Außenseite der Rückenlehne des Sessels (S. 94). Bei manchen Chaiselonguen kann der hintere Rand dieses Stoffabschnitts auf den Rücken des Sofas gezogen und dort festgeheftet werden, wo er schließlich von dem Stoffteil auf der Rückseite des Sofas bedeckt wird.

Bedecken Sie alle Schnittkanten mit Borte, und bringen Sie den Stoff auf der Rückseite wieder an. Bedecken Sie die Unterseite des Sitzes mit einem Stück Sackleinen, deren Ränder nach innen gefaltet und dann ringsum angenagelt werden.

Diverse Arten der Verarbeitung

Es gibt drei Möglichkeiten, Polsterstoff an der Kopfstütze einer Chaiselongue anzubringen. Er kann glatt und

2

3

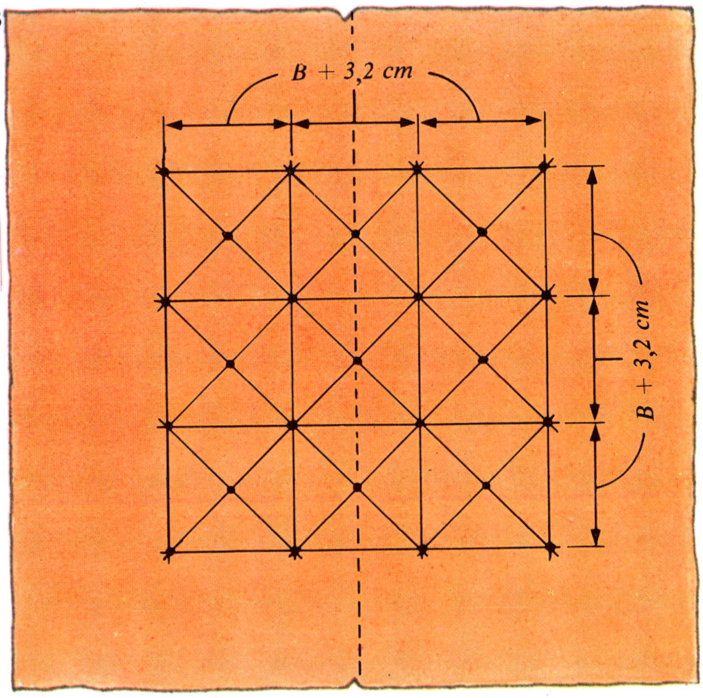

4

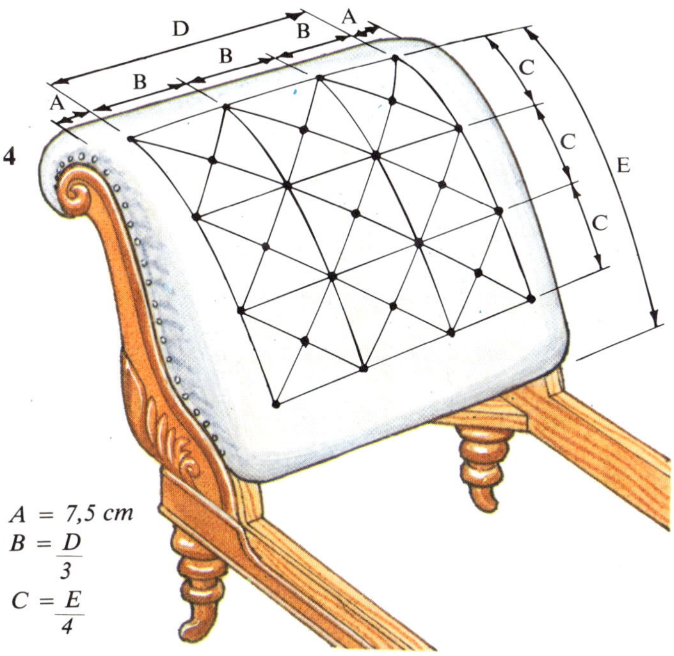

5

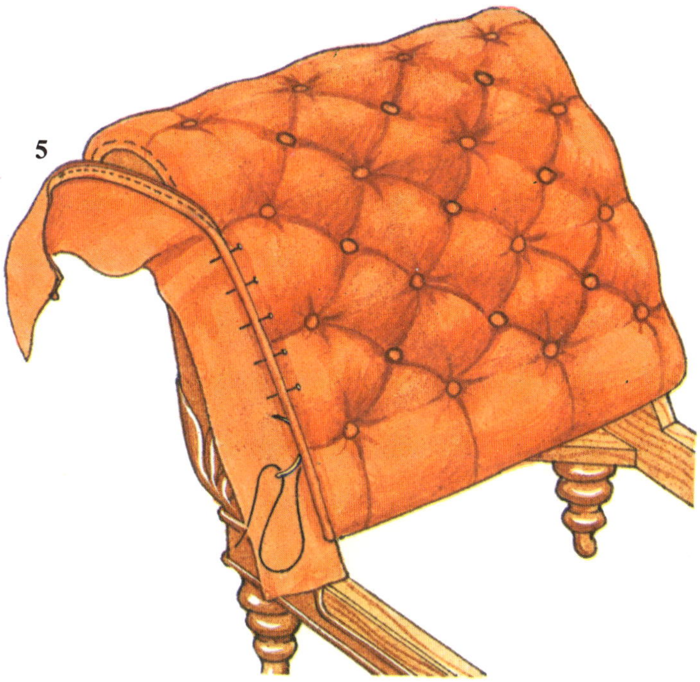

einfach sein; er kann eine flache Knopfheftung haben (so daß die Knöpfe nur etwa 1 bis 1,5 cm tief in den Stoff gezogen sind, und sich leichte Kräusel statt tiefer Falten rings um jeden Knopf bilden); oder er kann eine tiefe Knopfheftung haben.

Das Rückenteil kann leicht gepolstert sein, wie beispielsweise bei Eßzimmerstühlen, oder es kann eine dickere Polsterung haben mit einer abgenähten Rollenkante, wie auf S. 112, und auf ähnliche Weise beendet werden wie die Kopfstütze. Der Sitz ist üblicherweise flach.

Ränder. Der Sitz sowie alle Arten von Kopfstützen können mit Rändern verarbeitet werden. Dies sind einzelne Stoffteile, die vorn angebracht werden, nachdem das Hauptteil befestigt wurde. Bei Verwendung von Rändern muß man nicht den Stoff rings um den Schnörkel am Kopfteil in Falten legen, um die Stoffülle zu verringern, und es sieht so oft besser aus. Die Wahl der Bezugsart bestimmen hauptsächlich drei Kriterien — die ursprüngliche Verarbeitung (es ist oft einfacher, dies nachzuahmen), die Art des gewählten Stoffes (einige Muster und Streifen sind nicht für Knopfheftung geeignet) und die Breite des verwendeten Stoffes. (Sie können oft Stoff sparen, indem Sie separate Ränder zuschneiden.)

Restaurieren eines Chesterfield-Sofas

Ein sogenanntes Chesterfield-Sofa mit Knopfheftung war einstmals der Aristokrat unter den Wohnzimmermöbeln; und die Kosten spiegeln das hohe Ansehen wieder. Warum sollten Sie jedoch nicht ein altes Chesterfield-Sofa kaufen — nicht unbedingt mit Knopfheftung —, es bis auf den nackten Rahmen auseinandernehmen und dann neu beziehen? Für den Bruchteil des einstigen Ladenpreises haben Sie dann ein fantastisches Möbelstück.

Die nachstehend beschriebenen Techniken sind auf alle Arten von Sitzmöbeln anwendbar, mit Sprungfedern und Polsterung, und sie werden Sie in die Lage versetzen, ganze Sitzgruppen zu einem wesentlich niedrigeren Preis als neue Möbel oder die professionell renovierten kosten würden, zu renovieren.

Dieses Sofa mit Knopfheftung wurde gewählt, weil es eines der kompliziertesten Objekte bei der Polsterung ist. Während es der Anfänger auf diesem Gebiet schwer haben wird, können Sie sich mit einiger Erfahrung im Polstern von Sitzen und Sofas durchaus daran wagen. Es ist wichtig, daß Sie im Knöpfen und Faltenlegen Übung haben (S. 118). Ein Polsterer kann diese Arbeit vielleicht in zwei Wochen erledigen, Sie werden mindestens zweimal so lange brauchen. Überstürzen Sie also nichts, und versuchen Sie nicht, auf „eigene Faust“ daran zu gehen.

Sie benötigen: Holzhammer; Stemmeisen, um Polsternägel zu entfernen; Hammer; Gurtspanner; große Schere; Rundnadel für die Sprungfedern; große starke Nadel (25 cm); kleine gerade Nadel für die Knopfheftung; kleine Rundnadel (7,5 cm), um die Verbindungen an den Rändern zu nähen; Sattlernadel, um Polstermaterial und Falten zu ordnen (S. 91).

Polstermaterialien

Die Mengen werden je nach Größe des Objekts unterschiedlich sein, aber Sie benötigen das folgende:
Gurte, um die Sprungfedern zu befestigen; Sprungfedern; starken Drillich, etwa 340 g; leichten Drillich oder Sackleinen, etwa 210 g; Sackleinen; billigen Kattun für das Bezugsmuster; Bezugsstoff; Kokosnuß- oder Moosfasern für die erste Polsterschicht; Roßhaar für die zweite Polsterschicht; Polsterwatte; Polsternägel; dreifache Sisal-Kordel, um die Federn miteinander zu verbinden; Flachsfaden zum Nähen und Knöpfen; Knöpfe, wenn Sie Knopfheftung wünschen. Die Knöpfe müssen mit passendem Material bezogen sein.

So abgenutzt Ihr Sofa auch sein mag, nach dem Restaurieren und mit neuem Bezug wird es noch viele Jahre halten.

Das Entfernen des alten Polsters

Legen Sie das Sofa bis auf das nackte Rahmengestell frei, und entfernen Sie dabei jeden einzelnen Polsternagel und jeden Stoffrest. Seien Sie dabei vorsichtig, benutzen Sie Holzhammer und Stemmeisen, um die Nägel herauszuheben, aber beschädigen Sie dabei nicht das Holz. Behalten Sie alle Sprungfedern (und das Roßhaar), wenn sie in gutem Zustand sind, um sie wieder zu verwenden. Jetzt werden einige Reparaturen am Rahmen notwendig sein. Zumindest müssen die Löcher der alten Polsternägel mit Holzkitt ausgefüllt und abgeschliffen werden, wenn der Kitt getrocknet ist. Alle anderen Schäden, beispielsweise lose Verbindungen, müssen dann auch behoben werden. Nachdem Sie alle Reparaturen ausgeführt haben, behandeln Sie von Holzwürmern befallene Stellen.

Das Anbringen der Federn im Sitz. Drehen Sie den Rahmen auf den Kopf, und bringen Sie die Gurte unten an den Leisten an, siehe S. 88. Fangen Sie mit den Gurten an, die von hinten nach vorn führen. Nageln Sie sie fest, immer nur einen, und zuerst hinten, ziehen Sie sie dann mit dem Gurtspanner über die Vorderleiste, und nageln Sie sie noch fester. Wenn alle befestigt sind, spannen Sie die Gurte von Seitenleiste zu Seitenleiste. Bevor Sie diese festnageln, weben Sie sie über und unter die Gurte, die von hinten nach vorn gehen.

Stellen Sie dann das Gestell auf die Füße, und nähen Sie mit der Rundnadel und jeweils drei Stichen alle Federn fest (s. S. 105). Binden Sie die Federn oben fest, um sie zusammenzupressen und in Position zu halten. Verknoten Sie zuerst ein Stück Sisal mit der äußeren Windung einer Feder, wo sie einer Leiste am nächsten ist. Nageln Sie dann das Sisal unten an der Leiste fest, führen es über die Reihe von Federn zur gegenüberliegenden Leiste, und binden dabei jede Feder fest. Bild 3 zeigt diese Arbeitsphase im Detail. Während jede Feder verbunden wird, drücken Sie sie jeweils etwa 4 cm zusammen. Wiederholen Sie dieses über den ganzen Rahmen, um die Federn in Form zu halten.

1

2

3

7

8

9

13

14

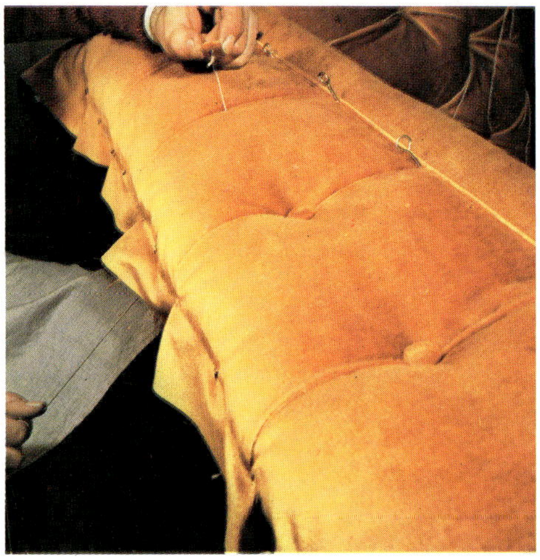

15

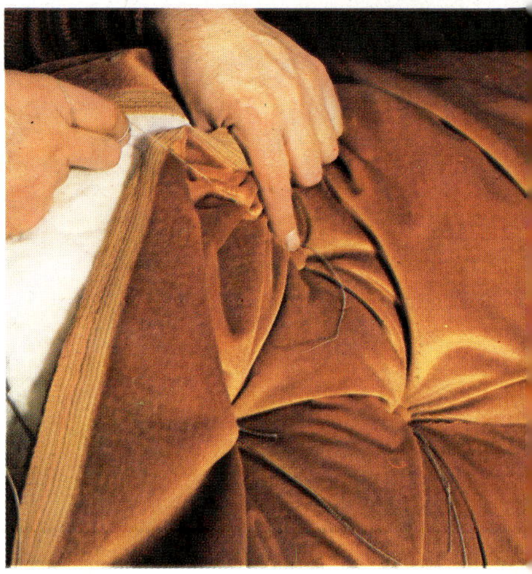

Chesterfield-Sofa

1 Mit dem Gurtspanner werden die Gurte über den Rahmen gezogen und dann festgenagelt.
2 Nachdem die Gurte angebracht und miteinander verflochten sind, werden die Federn darauf festgenäht.
3 Die Federn werden zusammengedrückt und durch eine Schnur festgehalten, die an den Spitzen verknotet ist, und dann an den Rahmen genagelt.
4 Über die Federn wird sodann ein schwerer Drillich gelegt und an den Rahmen genagelt.
5 Die Federn an Rücken und Armlehnen werden jetzt an den ursprünglichen Positionen angebracht und horizontal miteinander verbunden.
6 Kokosnußfasern werden normalerweise für die erste Polsterschicht benutzt. Sie werden unter leichtem Drillich zusammengedrückt.
7 Nachdem der leichte Drillich verarbeitet worden ist, wird er durch Nähen mit dem schweren Drillich darunter verdeckt.
8 Schneiden Sie diagonale Schlitze für die Knöpfe, und räumen Sie die Löcher bis auf den untersten Drillich.
9 Roßhaar wird auf den zweiten Drillich gelegt. Fäden halten es fest.

4

5

6

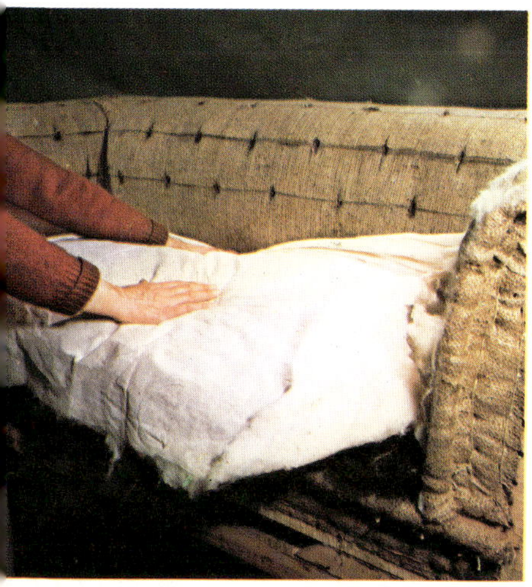

10

11

12

16

17

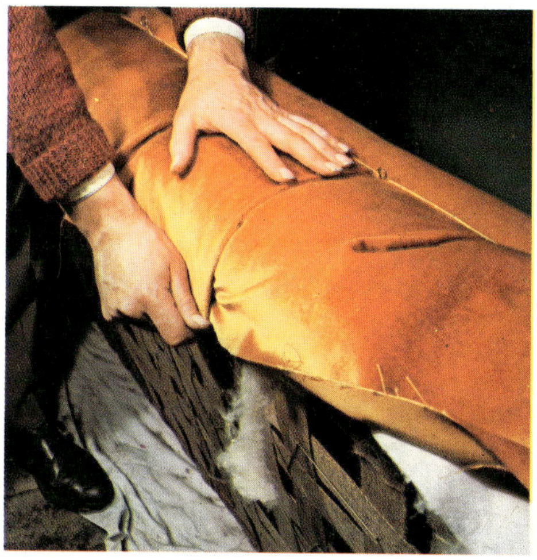

18

10 Polsterwatte wird jetzt über das Roßhaar gelegt und die Fäden durchgezogen.
11 Falten und ordnen Sie die Vorderseite der Armlehnen so, daß sie die Form für den endgültigen Bezug erhalten.
12 Schneiden Sie zunächst grobe Muster aus billigem Stoff zu, um Fehler zu vermeiden.

13 Legen Sie die letzte Drillichlage auf den Sitz, und halten Sie sie mit Nadeln fest, während Sie nähen.
14 Ziehen Sie die Knöpfe durch. Sie werden auf der Rückseite am untersten Drillich mit Hilfe eines Restes Gurt oder Sackleinen festgehalten.
15 Das Falten und Heften der Knöpfe muß der Stoffmenge wegen gleichzeitig geschehen.

16 Legen Sie die Vorderseite der Armlehne vorsichtig in Falten. Die Nägel werden von einem spearaten Stoffteil versteckt.
17 Bringen Sie den gefalteten Stoffabschnitt an der Vorderkante an. Nach dem Nähen wird der Stoff runtergefaltet und unter der Leiste festgenagelt.
18 Bringen Sie den oberen Sitzteil an. Er wird an der Vorderseite festgenäht, zum Rücken übergefaltet und dort festgenagelt.

Das Polstern des Sitzes. Bedecken Sie die Federn mit starkem Drillich. Falten Sie den Rand um, und nageln Sie ihn oben auf die hintere Leiste, danach ziehen Sie ihn und nageln ihn über die Vorderleiste und schließlich an den Seiten fest. Nähen Sie den Drillich an die Spitzen der Federn fest, und zwar genauso wie Sie die Federn an den Gurten festgenäht haben. Legen Sie dann eine 10 cm dicke Schicht von Kokosnußfasern über den Sitz, und bedecken Sie diese Polsterschicht mit leichtem Drillich. Ziehen Sie den Drillich so fest, daß das Polster auf etwa 4 cm zusammengedrückt wird. Nageln Sie ihn dann hinten und an den Seiten fest, und vernähen Sie ihn vorn (s. Bild 24), um eine Rolle zu formen. Halten Sie die Polsterung an der Stelle, indem Sie zwischen den beiden Drillichlagen mit der langen Nadel nähen, wie in Bild 7 gezeigt.

Die Sprungfedern hinten und an der Seite. Weben und befestigen Sie die Gurte an der Rückenlehne und den Armen genau wie am Sitz. Bringen Sie die Sprungfedern an, und nähen Sie sie wie zuvor an den Gurten fest. Befestigen Sie die Spitzen der Federn ebenso, jedoch nur der Länge des Sofas nach, nicht längs und quer wie beim Sitz. Bedecken Sie die Federn mit starkem Drillich, in Position gezogen und festgenagelt und dann an den Federn festgenäht.

19

20

21
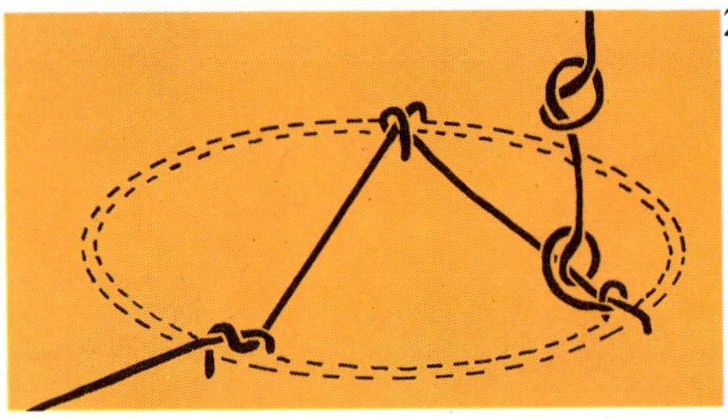

22
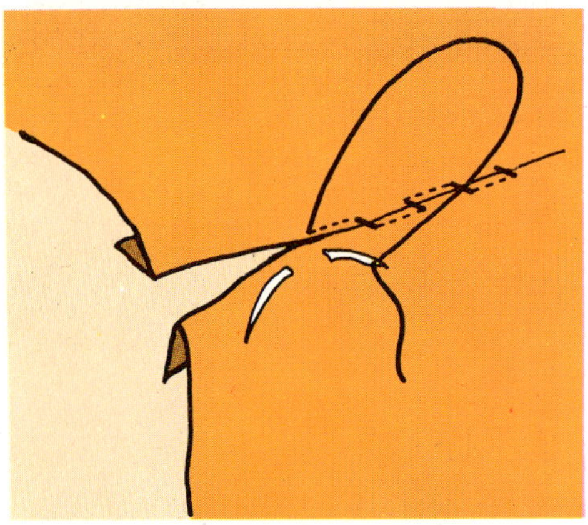

23

24
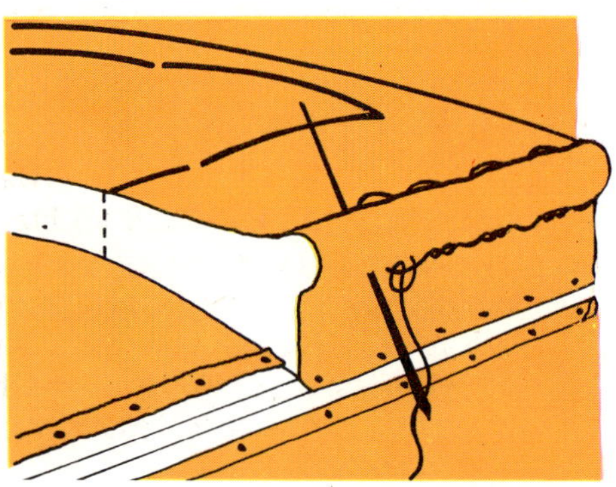

25
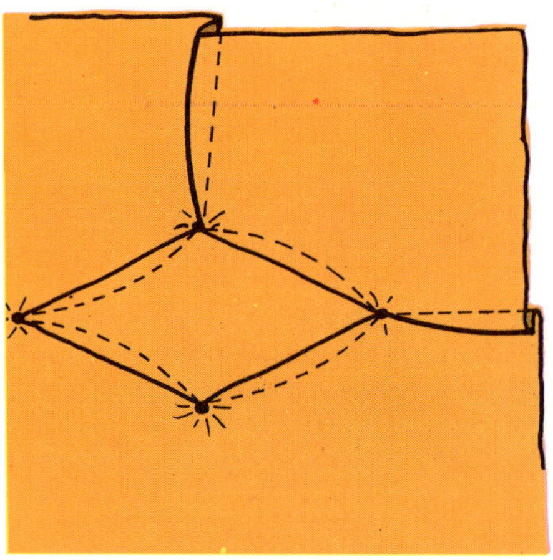

Details verschiedener Bearbeitungstechniken
19 Das Annähen des Bezugs für die Armlehne mit der Rundnadel.

20 Der Bezug für die Seite wird unten festgenagelt.

21 Der schwere Drillich wird an den Federn festgenäht.

22 Zwei Stoffstücke werden miteinander vernäht, nachdem die Schnittkanten nach innen gefaltet wurden.

23 Dieser Schlaufenknoten wird benutzt, um die Knöpfe herunterzuziehen.

24 Die Vorderkante des Sitzes muß zu einer Rolle genäht werden.

25 Ein Falten-Detail: Falten und Knopfheftung werden gleichzeitig vorgenommen. Der Vorderabschnitt des Stoffes wird vertikal gefaltet, Rücken- und Seitenabschnitte in Diamant-Form.

Rücken- und Seitenpolsterung. Legen Sie eine Schicht Kokosnußfasern über Rücken und Arme, und bedecken Sie sie mit leichtem Drillich, wie beim Sitz. Nageln Sie dann den Drillich an allen Kanten fest — außer an den Armlehnenvorderseiten, und falten Sie dabei die Schnittkanten unter. Wo der Rükken und die Armlehnen zusammentreffen, reicht ein Rand über dem anderen. Falten Sie die Schnittkante des oberen Randes um, so daß die Falte genau auf der Verbindungsstelle von Rücken und Armlehnen liegt. Nähen Sie sie mit Rundnadel und Faden fest. Für die Armlehnenvorderseiten wird der Stoff wie in Bild 22 festgenäht, und das Füllmaterial wird mit den Drillichlagen verbunden, die es umschließen.

Vorbereitung der Knöpfe

Markieren Sie die zukünftigen Positionen der Knöpfe auf dem leichten Drillich. Schneiden Sie einen diagonalen, 4 cm langen Schlitz an jeder Stelle, an der ein Knopf angebracht wird. Öffnen Sie die Polsterung, indem Sie ein Loch von etwa 3 cm Durchmesser durch jeden Schlitz freilegen. Tun Sie dies, indem Sie die Sattlernadel in das Loch stecken und das Polstermaterial vom Schlitz aus zu den Seiten schieben, bis auf den unteren Drillich. So können die Knöpfe tief einsinken. Markieren, schlitzen und öffnen Sie die Knopflöcher auf dem Sitz, der Rückenlehne und den Armlehnen.

Das Muster für den Hauptbezug

Wahrscheinlich werden Sie zehn Stoffteile für den Bezug brauchen: den vorderen Rand, Sitz, Rückeninnenseite, Rückenaußenseite, zwei Armlehneninnenseiten, zwei Armlehnenaußenseiten und zwei Vorderseiten für die Armlehnen. Wenn Sie den alten Bezug vorsichtig entfernen, kann er meist als Muster beim Zuschneiden dienen. Um die Dimensionen auszuarbeiten, messen Sie Länge und Breite jeder der angegebenen Flächen und geben dann 10 cm für Polsterung und Knopfheftung zu jedem Maß zu. Übertragen Sie die endgültigen Maße auf den billigen Kattun, und schneiden Sie ihn zu. Diese Stücke werden auf die letzte Polsterschicht gelegt, um zu prüfen, daß das Muster paßt, und werden dann benutzt, um den Hauptbezug zuzuschneiden. Gehen Sie sicher, daß das Stoffmuster richtig liegt. Ein Fehler kann sich hier unangenehm auswirken.

Der Hauptbezug

Legen Sie etwa eine 7,5 cm dicke Schicht losen Roßhaars gleichmäßig auf die Sitzfläche und eine Schicht Polsterwatte darüber. Dadurch vermeiden Sie, daß die Roßhaare durch den Bezug hervorstechen. Es kann sein, daß Sie das alte Roßhaar wieder verwenden können, wenn Sie es sorgfältig waschen und kämmen. Die Polsterwatte wird dann durch das Roßhaar mit dem leichten Drillich verbunden, wie in Bild 10. Legen Sie das Stoffmuster auf. Wenn es genau paßt, dann schneiden Sie den Sitzbezug von dem Polstermaterial zu, und zwar mit geradem Fadenlauf. Wenn Sie ein Noppenmaterial verwenden (wie Samt), dann achten Sie darauf, daß es in dieselbe Richtung läuft wie auf dem Rest des Sofas, sonst haben Sie eine scheinbare Farbveränderung. Der Sitzbezug wird an der Vorderkante festgenäht, über die Füllung gezogen, wobei das Roßhaar auf 2,5 cm zusammengedrückt und dann hinten und an den Seiten angenagelt wird. Rücken, Armlehnen und Vorderseite werden mit Roßhaar und Polsterwatte bedeckt, und der Polsterbezug wird auf dieselbe Weise darübergezogen. Bei diesen Teilen müssen die Knöpfe angeheftet sein, bevor der Bezug angenagelt wird. Er muß vorn an der Lehne in strahlenförmige Falten gelegt werden (Bild 16), bevor man ihn annagelt. Die letzten Bezugsteile hinten am Sitz und an den Lehnen, ihren Vorderseiten und den Vorderkanten werden festgenäht und -genagelt.

Alle Verbindungen von Stoffteilen, um die richtige Stoffbreite herzustellen, sollten in der „Vandyken"-Technik ausgeführt werden, wie S. 123 beschrieben, so daß sie die Falten-Verbindung verdecken. Versuchen Sie, die Verbindungen so zu planen, daß sie immer auf die Verbindung von Arm- und Rückenlehne treffen.

Knopfheftung

Um die Knöpfe zu befestigen, fädeln Sie Zwirn in eine an beiden Seiten spitze Polsternadel, stechen Sie sie durch den Bezug mit dem Öhr voran. Wenn das Öhr gerade durch den Drillich gestoßen ist, legen Sie ein 2,5-cm-Stück Gurt oder Drillich zwischen Faden und Nadel. Damit wird das Ganze verankert, und man vermeidet, daß der Faden wieder durch den Drillich gezogen wird. Ziehen Sie das andere Ende der Nadel wieder zurück durch den Drillich und aus dem Hauptbezug heraus, und verbinden Sie den Faden mit dem Knopf mit Hilfe eines Schlaufenknotens. Ziehen Sie den Knoten fest, so daß er den Knopf in die Polsterung zieht, aber lassen Sie die Enden lose hängen, mit einem losen Ende von etwa 10 cm Länge. Wenn alle Knöpfe angebracht sind, verknoten Sie jedes Stück Faden, schneiden die Enden auf etwa 1,5 cm kurz, und legen Sie sie um die Knöpfe (Bild 14). Während jeder Knopf in das Polster sinkt, muß der Stoff ordentlich mit Hilfe der Sattlernadel in Falten gelegt werden. Der Vorderabschnitt wird vertikal gefaltet, Rücken und Seiten mit Falten in Diamantenform. Fangen Sie in der untersten Reihe mit dem Knöpfen an, und arbeiten Sie immer von der Mitte eines Stoffteils aus zu den Rändern. Bei den Lehnen, fangen Sie an der Vorderkante an in der untersten Reihe, und arbeiten Sie nach hinten weiter.

Wenn alle Knöpfe angebracht sind, können Sie die vorderen Ränder sowie die Vorderteile der Lehnen und die Außenseiten befestigen. Falten Sie die Schnittkanten jeweils unter, und nähen Sie sie fest, so daß auch die Schnittkanten bereits befestigter Stoffteile verdeckt sind. Beenden Sie die Arbeit am Chesterfield-Sofa, indem Sie ein Stück Sackleinen auf der Unterseite des Rahmens anbringen, um alle rauhen Kanten und Polsternägel zu verbergen.

Schaumstoff kann als Ersatz für die zweite Polsterschicht verwendet werden — für Roßhaar und Polsterwatte. Es kann sein, daß Sie damit leichter arbeiten können und einen gleichmäßigeren Effekt damit erreichen als mit den traditionellen Materialien. Sie können das Knopfmuster direkt auf der Oberfläche des Schaumstoffes markieren.

Das Wohnen mit Ihren schönen Möbeln

Sie müssen wirklich Glück haben, wenn sich mal ein Stück aus der großen Zeit der Möbel von 1720 bis 1820 im Angebot eines Händlers befindet. Die meisten dieser Stücke sind in Museen zu besichtigen. Seit Antiquitäten ein großes Geschäft geworden sind, scheint es aber auch, daß viele angepriesene Stücke in Wirklichkeit Nachahmungen sind — selbst Museen sind damit hintergangen worden. Sehen Sie sich also von vornherhein nach einem Möbelstück um, daß man sich leisten kann, statt nach einem teureren, das kaum ein echtes Bein hat. Halten Sie nach Eichenmöbeln Ausschau, solide, standhaft, ganz gleich, ob echtes Stilmöbel oder Nachahmung; suchen Sie nach Bugholz-Möbeln, den ersten massenproduzierten Möbeln, dekorativ, stark und leicht; schauen Sie nach Viktorianischen Stücken, oft gut hergestellt und sehr schmuckvoll; suchen Sie Edwardische Möbel, die man oft billig kaufen kann, weil sie für die heutigen Wohnungen viel zu groß sind, die dann jedoch in kleinere Einheiten zerteilt werden können; sehen Sie sich nach soliden Gegenständen aus der Zeit zwischen den beiden Weltkriegen um, sie sehen wieder wie neu aus, wenn Sie den farbigen Anstrich entfernt haben; suchen Sie nach einfachem Weißholz, und nehmen Sie sich Zeit, um ihm ein individuelles Aussehen zu geben. Lehnen Sie kein Stück von vornherein ab: sondern informieren Sie sich, um alle Möglichkeiten zu erkennen.

Ein Dutzend Ideen für Ihre Wohnung

1 Ihre Wohnung ist hauptsächlich modern eingerichtet — Sie haben eine moderne Sofa-Sitzgruppe. Fügen Sie mit einigen kleineren Stilmöbeln etwas Reizvolles hinzu. Denken Sie z. B. an einen Stil-Kaminsims; versuchen Sie es mit ein oder zwei kleinen Stil-Tischen, einer alten Truhe für den Kaffeetisch, einem Stuhl, neu bezogen, vielleicht mit einem modernen Bezugsstoff. Sie können hierdurch einem durchschnittlich gut aussehenden Zimmer einen Hauch Extravaganz geben.

2 Machen Sie ein Stil-Sofa zum Blickfang des Zimmers, während alles andere modern ist. Ein Chesterfield-Sofa sieht überall gut aus, es verträgt sich mit jedem Einrichtungsstil. Nehmen Sie einen festen modernen Polsterbezug, statt klassischem Samt.

3 Wenn Ihr Zimmer konventionell eingerichtet ist, geben Sie ihm ein frisches Aussehen durch ein modernes Farbkonzept, statt mit Streifen und gedämpften Farben sicherzugehen, weil jeder denkt, daß es so richtig ist. Nehmen Sie moderne Muster, frische Farben, neue Stoffarten, wenn Sie neu polstern.

4 Sie haben Ihre Möbel gern stilvoll, die Hölzer im Aussehen wie Holz, die Teppiche klassisch? Dann sollten Sie eine Modefarbe aus einem der vorherrschenden Muster nehmen, um damit Ihre Wände zu streichen. Mit modernen, schnelltrocknenden Dispersionsfarben können Sie dies an einem Wochenende hinter sich bringen. Wählen Sie einen passenden Lack für die Holzverkleidungen, dadurch ergibt sich ein feiner Ton-in-Ton-Effekt.

Unten: Einige alte, feste, wiederhergestellte Möbel und ein modern gemusterter Boden passen gut zusammen.

5 Wenn Sie einen „Landhaus"-Effekt erreichen wollen — besonders für Stadtbewohner sehr behaglich —, dann kaufen Sie die Möbel, entfernen alle Lacke bis auf das nackte Holz und geben ihnen dann einen klaren, durchsichtigen Lack. Lassen Sie alle verschiedenen Holztöne miteinander spielen, um einen besonders interessanten Effekt zu erzielen. Entfernen Sie ebenso alle Lacke von den Türen, Böden und anderen Holzflächen. Ein vollkommen „farbloser" Raum kann besonders ruhig wirken.

6 Nehmen Sie weiß als Hintergrund für Ihre Einrichtung — weiße Böden (Flokati Läufer sind waschbar), weiße Wände, weiße moderne Möbel. Moderne weiße Farben halten länger, moderne „rauchfreie Zonen" erhalten die Umgebung länger sauber. Nichts zeigt die Formen von Möbeln so gut wie eine weiße Umgebung, und es gibt viele Weißtöne, von warm bis kühl.

7 Beleben Sie eines Ihrer Zimmer mit einem Phantasie-Stück. Dies könnte ein einfaches Möbelstück sein mit einem kunstvoll-dekorativen Anstrich oder ein kompliziert geformtes, das in einer atemberaubenden Farbe gestrichen ist. Es könnte klein sein wie ein Cocktail-Tisch oder ein Blickfang wie ein verschnörkeltes Viktorianisches Sideboard, eine Weißholz-Truhe oder vielleicht ein interessant aussehender Stuhl. Lassen Sie Ihrer Phantasie einfach freien Lauf.

8 Kaufen Sie einen Satz nicht zueinander passender Stühle, und lackieren Sie sie dann alle passend zum gekauften Eßtisch. Schwarz ist immer noch eine exklusive Farbe, oder aber Sie nehmen die letze Modefarbe, die gerade der Handel anbietet. Mit Farbe kann man wunderbar aufgearbeitete Oberflächen betonen, und auch einen Raum voll nicht zueinander Passendem vereinen.

9 Kaufen Sie ein einfaches unbearbeitetes Möbelstück, und passen Sie es Ihren wertvollen Stilmöbeln an, indem

Unten: Ein abgescheuerter Fichtentisch und nicht dazu passende Stühle.
Rechts: Traditionelle Stühle machen eine supermoderne Küche gemütlicher.

Sie alles verändern, was Sie als Stilmöbel hatten: neue Eisenteile, eine körnige Oberfläche, Einlegearbeiten.
10 Andererseits können Sie ein weniger attraktives altes Stück kaufen und es modernisieren — sägen Sie die Beine kürzer, vielleicht entfernen Sie alle Verzierungen, ersetzen Sie die Eisenteile, und geben Sie dem Stück einen Anstrich, in Teak- oder Palisander-Farbton oder lackieren Sie es einfach matt.
11 Versuchen Sie nicht im Übereifer, Stilmöbel zu finden, die es gar nicht gegeben haben kann, wie z. B. Stil-Hifi-Schränke, Cocktail-Tische und Lampen. Moderne Beleuchtung, moderne bequeme Sofas und Sessel, moderne Beistelltische — alle in klassischen Formen, werden viel besser aussehen. Sie können Sie immer lackieren, so daß Sie Ihrem Farbempfinden entsprechen.
12 Wenn Sie ein echtes Stilmöbel finden, dann restaurieren Sie es sorgfältig, und arbeiten Sie es auf. Sie können es eine Weile behalten, und dann wieder verkaufen, wahrscheinlich mit Gewinn.

Unten: Ein gutes Beispiel für ein attraktives Möbel, das sowohl traditionell als auch modern eingerichtete Räume hervorheben kann.

Fachbegriffe

Acrylfarbe = wasserverdünnbare Kunststoffarbe mit fäulnisverhindernden und holzschützenden Wirkstoffen, enthält Titandioxyd und lichtbeständige Buntpigmente.

Äste = eine natürliche Unregelmäßigkeit. Sie können je nach Größe, Zahl und Lage die Festigkeit des Holzes mindern und die Bearbeitung erschweren; gelten aber auch als wertsteigernde Verschönerung (z. B. Zirbelkiefer).

Ahle = auch Reibahle, eine dreikantige Klinge in einem Holzgriff befestigt. Dient zum Vorstechen von Schraubenlöchern.

Alkydharz = durch Esterkondensation gewonnenes Harz, das in Anstrichstoffen diese hochelastisch, sehr widerstandsfähig und temperaturbeständig macht.

Anreißnadel = spitzes Werkzeug für genaue Markierungen auf hartem Holz.

Bohrer = zum Einsetzen in das Bohrfutter einer Hand- oder elektrischen Bohrmaschine mit verschiedenen Durchmessern und Formen je nach Verwendungszweck und Maschine.

Brecheisen = ein starkes Metallstück, das als Hebel angesetzt wird.

Dübel = geriffeltes Rundholz in verschiedenen Dicken.

Einlegearbeiten = um furnierte Flächen mit einfachen ornamentalen Mustern zu beleben, werden andersartige Furniere, auch Metalle, eingelegt. Entweder erfolgt das Einschneiden unmittelbar nach dem Furnieren, wenn der Leim noch zäh ist, oder vorher.

Epoxydharz-Kleber = Kunstharzkleber für starke Beanspruchung.

Fase = angeschliffene Fläche am unteren Teil der Stechbeitelklinge oder des Hobeleisens, die als Schneide dient.

Feilen = zum Bearbeiten von geschweiften Flächen und Kanten, die nicht gehobelt werden können. Auch zum Schärfen von Werkzeugen.

Französische Politur = Schellackpolitur. Hochglänzender, elastischer und transparenter Überzug auf alten wertvollen Möbeln. Besteht aus in Spiritus (Äthylalkohol) gelöstem Schellack (Gummiharz auf tropischen Bäumen).

Füllen = zum Ausfüllen kleinerer Vertiefungen in Holzflächen verwendet man je nach vorgesehener Oberflächenbehandlung „Flüssigholz", Wachskitt, Schellack-Kitt. Zum Füllen der Holzporen (z. B. Eiche) dienen Porenfüller. Sie bestehen aus Füllkörper und Bindemittel. Füllkörper sind Bimsmehl, Alabastergips, Schwerspat, Stärkemehl; zum Durchscheinen Glasstaub und pulverisiertes Harz. Bindemittel sind gelöster Schellack, gelöste Zellulose oder mit Terpentinöl verdünntes Leinöl.

Furnier = ein dünnes Holzblatt, das vom Stamm abgetrennt wird. Man unterscheidet Säge-, Messer-, Schäl- und Radialfurniere.

Holzfaserplatten = aus zerhackten und zerfaserten Holzabfällen entsteht ein Faserbrei, dem Kunstharze beigemischt werden. Unter starkem Druck und großer Hitze zu dünnen Platten mit glatter Oberfläche und hell- bis mittelbrauner Farbe gepreßt. Verwendung bei Möbeln als Rückwand, Schubladenboden und Füllung.

Intarsien = kunsthandwerkliche Einlegearbeit mit Furnieren verschiedener Holzarten, die vor dem Aufleimen zu einem ornamental gegliederten Motiv oder einer bildhaften Darstellung zusammengefügt wurden.

Karborund = Schleifsteine zum Schärfen von Stechbeiteln etc. aus künstlichem Siliziumkarbid.

Knochenleim = vor Einführung der Pflanzenleime aus Häuten, Lederabfällen, Knochen und ähnlichem hergestellter Klebstoff, der auch als tierischer Leim bezeichnet wird; in Tafeln, Perlen, Flocken und Schuppen angeboten, mußte in Wasser aufquellen und zur Verarbeitung erhitzt werden.

Kreuzschlitzschraube = Schraube mit gekreuztem Schlitz im Kopf.

Laminate = auf selbstklebende Träger kaschierte Kunststoffe mit imitierter Holzmaserung bedruckt.

Latex = aus frischem Milchsaft tropischer Bäume gewonnen und als Bindemittel in Emulsionen, Dispersionen verwendet.

Maserung = Zeichnung (Textur) des Holzes durch seine Jahresringe und Farbe.

Nagelleiste = ein Stück Holz, das sich über der hinteren Leiste des Stuhlsitzes befindet.

PVA = Polyvinylacetat, eine polymerisierte Ableitung aus Acethylen als Bindemittel für weiße Holzleime.

PVA-Leim = gebräuchlicher Weißleim (z. B. Ponal).

Schaber = ein besonders geformtes Werkzeug, mit dem aus Ecken und Verzierungen Farbe entfernt werden kann.

Schellack = Ausgangsstoff für Schellackpolituren. In Form von dünnen Blättchen oder Stangen im Handel. Farbton bräunlichgelb bis rotbraun.

Spanplatten = bestehen aus Holzspänen, die mit Kunstharz vermischt sind und durch Hitze und Druck auf die gewünschte Dicke gepreßt werden.
Sie sind auch beidseitig mit Furnier oder Kunststoffen kaschiert im Handel.

Sperrplatten = (Sperrholz) bestehen aus 3, 5, 7 oder mehr aufeinandergeleimten Holzschichten (Furniere), deren Maserung abwechselnd in Längs- und Querrichtung verläuft. Sie werden beim Möbelbau nur zu Füllungen, Rückwänden, Schubkastenböden verwendet.

Stechbeitel = dient zum Ausstechen von Zinken, Schwalbenschwänzen und Gratnuten. Fälschlich auch Stemmeisen genannt.

Thermoplaste = in Wärme verformbare Kunststoffgruppe.

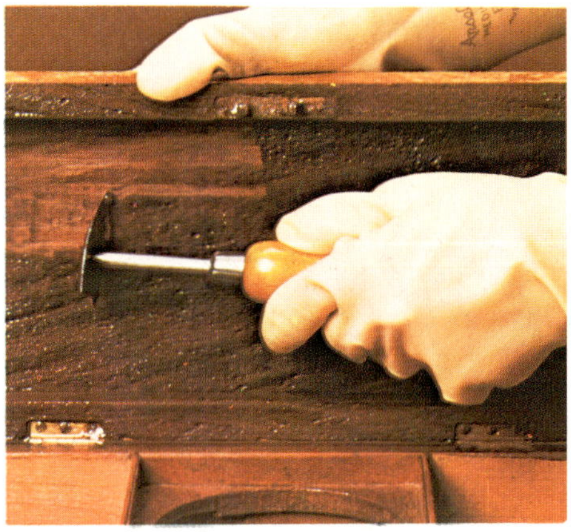

Thixotropie = bestimmter physikalischer Zustand einer Farbe oder eines Lackes. Die Farbe ist pastös, wird beim Umrühren flüssig und erstarrt wieder (thixotropische Konsistenz).

Tischlerplatte = kennzeichnend ist die wesentlich dickere mittlere Schicht dieser Sperrplatte, die aus nebeneinander liegenden Holzleisten besteht. Die beiden äußeren Schichten sind querverleimte Sperrfurniere.

Verblenden = dünner Holzbelag zur dekorativen Gestaltung eines Möbelstückes.

Versenker oder Krauskopf = dient im Bohrfutter eingesetzt zum kegelförmigen Ausreiben oder Ausschneiden von Bohrlöchern zur versenkten Aufnahme von Schrauben.

Webkante = der Rand eines Stoffstükkes, der festgewebt ist, so daß er nicht ausfransen kann.

Werfen = Holz verformt sich durch Aufnahme von Feuchtigkeit oder Einwirkung von Hitze.

Zwinge = die Schraubzwinge oder Klemmzwinge ist ein wichtiges Spanngerät, um geleimte Holzteile zusammenzupressen.

Stichwortregister

BILDNACHWEIS

Picture Credits
Barnaby's Picture Library 110
Mike Benson 28, 29, 54/5, 109, 136/7, 138
John Bethell 128
Steve Bicknell 35, 53, 69, 75, 85, 86, 88, 111, 131
Camera Press 10/11, 13, 19, 20, 21, 140
Cooper Bridgeman 57
Ray Duns 16, 36, 113
Femina 12
Geoffrey Frosh 14, 42
Roger Gain 8
Melvin Grey 58, 77, 90 (inset), 121, 123, 144
Nelson Hargreaves 24, 134/5
Haslam & Whiteley 129BL
Graham Henderson 96/7, 119
Graham Hogben 48, 49
Paul Kemp 9, 23, 43, 46, 51, 73, 98/9, 126, 127
Chris Lewis 27
Bill MacLaughlin 15, 33, 59, 84, 100
Nigel Messet 22, 65, 103, 108, 122, 145
Dick Miller 37, 38, 40
Roger Phillips 47
Paul Redman 142
Kim Sayer 32, 39, 45, 66, 80, 81, 90
Richard Sharp 61, 89
Jerry Tubby 67, 82, 115, 116/7, 124/5, 143
Liz Whiting 18, 141